健康、传承、弘扬
——高校体育教育新模式

薛文忠　杨　萍　著

东北师范大学出版社

长　春

图书在版编目（CIP）数据

健康、传承、弘扬：高校体育教育新模式/薛文忠，
杨萍著. —长春：东北师范大学出版社，2019.12
ISBN 978 - 7 - 5681 - 6624 - 9

Ⅰ.①健… Ⅱ.①薛… ②杨… Ⅲ.①武术—体育
教学—教学模式—高等学校 Ⅳ.①G852.02

中国版本图书馆 CIP 数据核字（2019）第 277969 号

□责任编辑：刘永枚　　□封面设计：优盛文化
□责任校对：王春彦　　□责任印制：张允豪

东北师范大学出版社出版发行
长春净月经济开发区金宝街 118 号（邮政编码：130117）
电话：0431—84568009
网址：http：//www.nenup.com
东北师范大学音像出版社制版
三河市华晨印务有限公司
三河市杨庄镇杨庄村
2019 年 12 月第 1 版　　2021 年 3 月第 2 次印刷
幅面尺寸：170mm×240mm　　印张：18.5　　字数：367 千

定价：69.00 元

前　言

　　我国体育自改革开放以来，在体育理论和体育实践两个方面都有巨大的进步，学科建设突飞猛进，社会体育比赛异彩纷呈，竞技体育再攀高峰，体育产业异军突起。当然，我国体育也为改革开放和中国梦的实现贡献着力量。近年来，体育教学发展迅速，同时带动了体育改革与教学设计的发展，越来越多的学校开始开设教学设计方面的课程。教育观念正在发生深刻的变化，教学方法在经历新的变革，教师角色也随之发生转变，需要教师掌握更多、更新的技能。学校体育应当树立以学生为本的教育教学理念，树立新的体育教学观。体育教学过程不仅包括体育知识的传授、技能的培养及体能的增强，还应包括对学生体育兴趣的激发、个性的培养及情感、态度、价值观的引导，不断寻求身体练习之外的动力，注重学生个体的学习策略与风格对学校体育教育的影响，掌握学生的基本情况，并研究学生个性心理特征。然而，在从应试教育走向素质教育的过程中，体育教学还没有一个比较系统的、与当前教育理论相适应的、操作性强的教学方法体系。

　　当我国启动了中国现代教育史上最深刻、最全面的新一轮教育教学改革时，学校体育教学的改革也在发生质的变化。时间飞逝，为保证体育教学改革的顺利进行，体育教师们倾注了极大的热情，付出了艰辛的努力，学校体育教学发生了可喜的变化。体育教师的教育观念发生了转变，新的教学观、教育观、师生观、评价观正在形成；学生的学习方式也发生了变化，学生逐渐成为学习的主人，在课堂上呈现出自主、探究、合作的良好氛围；师生关系同样发生了变化，逐渐趋向平等、合作、互动的态势……以上这些，都是由精湛的体育教学改革与实践实现的。许多体育教师掌握了体育教学改革与教学设计的方法与技术，使体育教学达到最优化的境界。体育教学改革是以体育教学过程为研究对象，用系统的方法分析参与体育教学改革过程的各个要素，尤其是着重分析学习需要、体育学习内容和学生的特征等方面的内容。教学改革是教师在课堂教学前为完成教学目标，预测教学内容、学习环境、教师行为、学生行为等引起的结果而对教学过程进行改革的过程，它反映了教师在课堂教学中的预期目标和教育观。教学改革过程直接关系到课堂教学的质量和学生的发展。体育教学是一项完整而又复杂的系统工程，不仅在目标上要求健康性，在内容上要求特色化，在形式上要求具有趣味性，在表现形态上要求具有活动性，在作用上要求多元化，而且讲究整体性、连贯性、针对性、科学性、实效性和长远性。因此，方法精简实效、组织连贯合理、手段新颖独特、实施通俗易行、使学生受益终身是新时期体育教学改革的必然要求。

由于作者水平有限，书中难免存在疏漏之处，希望广大专家学者和读者朋友批评指正。

目　　录

第一章　体育教育概述

现阶段，针对体育教学的研究具有重要的理论和现实意义，体育教学的科学化操作和实施是促进学生健康成长、提高国民身体素质重要的和有效的途径。本章主要对体育教学的基本知识进行详细阐述和分析，主要包括体育教学的概念与功能、特点与规律、性质与原则，旨在为全面认识体育教学，理解体育教学的重要性，切实推进体育教学的研究和科学化实施奠定基础。

第一节　体育教育的概念与功能

一、概　念

体育教学是众多学科教学中的一种具体形式，为了更深入地认识体育教学的概念，首先需要了解教学的相关知识，并对教学的基本含义进行分析。

（一）教学的基本含义

教学是一种动态行为，是教学工作者对具体的学科或技能组合进行的一种有组织、有计划的教学行为。下面从宏观和微观两个方面对教学的含义进行具体分析。

首先，从宏观角度分析，教学是一种特殊的教育活动，它是指教学者以一种或多种文化为对象，对受教者进行教育，以期让受教者获得这种文化的活动。其中的教学者是掌握某种知识或技能的人，他与接受教育的人共同构成教学的主体。

其次，从微观意义上讲，教学是一种直观的教师进行教授和学生进行学习的活动，在这个活动中，教师是教学的引导者，是教学活动的组织者和知识的传授者；学生是教学的"受众"和主体。简而言之，教学是一种以特定文化为对象的"教"与"学"的活动。

综上所述，教学是一种教育活动，这种活动需要教师和学生共同参与，并为了实现某一具体的教学目标而相互协作。

（二）概念分析

与其他形式的教学一样，体育教学同样需要系统地组织与管理。但是，与其他学科教学不同的是，体育教学对教学环境的要求更高，所需器材和教学场地更加严苛。因此，体育教学并不是一种随意的、随心而行的教学活动，更不能将其等同于一种课余的休闲娱乐活动，它需要很多要素的配合才可以正常、合理、科学地开展。

从本质上讲，体育教学主要在学校环境中进行，主要参与者是体育教师和学生，具体的活动内容为学生在教师的组织和指导下对体育相关的基本知识、运动技能、运动素养进行了解、掌握和提高，教学的目的在于促进学生身心健康发展，完善学生的个性心理特征，提高学生的社会适应能力，使学生成长为社会需要的人才。

在体育教学过程中，体育教师应在充分认识和理解体育教学概念的基础上，将体育教学的概念与体育相关知识相结合，从而形成新的教学内容与相应的方法。

二、功能分析

与其他课程一样，体育教学不仅要向学生传授生物、生理、心理、医学等自然科学和体育基本知识，还要将科学的锻炼身体的方法与手段传授给学生，使学生正确掌握运动技能，同时达到学习、健身与锻炼的目的。此外，体育教学对培养学生的爱国主义情感、集体主义价值观、互帮友爱、顽强拼搏和积极进取的精神也有极大的促进作用。具体来说，体育教学主要具有以下功能：

（一）传播体育知识

体育教师承担着传播体育知识的重要责任，因此体育教学具有传播体育知识的重要功能。体育教学主要通过改造学生身体的手段来实施教学，从教与学的角度来说，可以将体育知识形容成"身体的知识"。这种知识最初伴随着人类的发展而发展，每个人类社会时期都有相应的"身体的知识"的传承，如在原始社会，身体的知识就是人类通过走、跑、跳、投、打等动作捕获猎物或逃避猛兽的追捕等行为；而在现代社会中，体育知识的传承内容变成了某项体育运动（如篮球、体操）的基本知识或某些体育技能。

现代教育强调以人为本，人们对以人为本的教育教学理念的追求使得人类自我知识的回归不仅代表了体育教学的特殊性，还给予体育教学知识传承的特殊意义。具体到体育教学中，要求教师在体育教学的开展和实施中重视学生的主体性作用，因为学生才是体育文化的继承者和传承人。体育教学就是要发挥体育文化的传承功能，使体育文化通过体育教学获得长久传承。

我们应该认识到，体育教学对体育知识的传承不是简单的"身体的知识"的模仿，更多的是通过体育教学向教学对象（学生）传承体育文化，即体育教师通过体育教学内容向学生展现、传授和体育教学内容相关的文化。

（二）传授运动技能

传统的运动技能等同于生存技能。原始社会的人类通过走、跑、跳、投、打等行为捕猎和采摘，以获得生存能量。

体育教学中涉及的体育运动技能对于人体的要求不再像过去那样严格，主要指（如球类、武术、田径和游泳等）运动技巧和方法。科学研究表明，适当参加体育运动对人的身体素质的发展非常有益，体育教学就成为传授这些运动技能的最好方式。

在当前的体育教学中，体育教学活动的组织过程就是体育教师以体育教学内容为依据，对学生传授体育知识与相关技能的双向信息传送的过程。因此，运动技术成为体育教学的主要内容，也是重要内容。具体来说，教师在体育课中传授的是各项具体运动技术，如足球运动中的传球技术，甚至可以细分到内脚背传球技术。运动技术的学习不同于其他学科，它不仅需要学生对运动理论有深刻的了解，还要身体力行地参与技术练习，在无数次的重复中，逐渐在头脑中和身体上建立起对技术的表象反应，最终到熟悉动作以及可以在下意识的情况下做出正确的动作。因此，对于运动技能的训练，没有实践是无法学会的。

作为运动技术的掌握者和传播者，体育教师在向学生传授运动技能的过程中有着十分重要的作用。体育教师对运动技能的传授应从简单的、入门的、基础的入手，之后逐渐积累，由简到繁，循序渐进。

（三）传承体育文化

体育知识、运动技能的传授都是为体育文化的传承服务的，从某种意义上讲，体育教学真正的目的在于教会学生正确的体育运动方法，在未来的生活中能对学生的身心产生持续的良好的影响，更在于一种体育文化的传承。

传承体育文化是一个长期的、系统的过程，要想真正实现体育教学传承体育文化的功能，就必须让学生通过不同阶段的体育教学学习到较为完整的运动知识、运动文化。具体应从以下两个方面着手：

首先，保证单次体育课内容之间教学的连贯。可以把体育课中传授的各种小的运动技能累加起来，学生学到的是某个运动项目的完整技能，继续累加，就学到了各种运动技能。

其次，保证不同阶段体育教学的可持续发展。体育教学是由每周2~3次的体育课组合而成的一种贯穿全年的教学活动。根据不同的教学周期，可以分为课程教学、周教学、学期教学以及学年教学。比学年教学周期更长的就是多年教学——小学体育教学、初中体育教学、高中体育教学和高校体育教学。因此，应将这几个不同阶段的体育教学有机地统一起来，以促进学生对体育文化系统、全面的掌握和传承。

（四）健康身心功能

增强人民体质是发展体育运动的本质属性。经过长期的改革与实践，现代高校体育课程在规划设计教学大纲、选择教材内容、安排课时、实施教学组织等方面已逐渐合理化与科学化。

促进学生身心的发展，实现体育教学的健身功能是体育教学的本质意义，这要求体育教师做到以下两点：

1. 始终将健康教育放在重要位置

体育教师应根据体育教学的规律和特点，将各种行之有效的健身内容、方法与手段（健身的、竞技的、娱乐的、保健的）应用到体育教学中去，有机协调，将体育教学的教育性、健身性、竞技性和娱乐性等融为一体，从而提高体育教学质量，促使学生积极参与体育运动，科学地进行体育锻炼，进而实现强身健体的目的。

2. 为保证学生身体的健康，体育教师应酌情掌控运动负荷强度

学生亲身参与体育运动实践在体育教学活动中是必不可少的。既然参与运动实践，就必然会使身体承受一定量的运动负荷。合理的运动负荷对发展学生身体素质有极大的帮助，它对学生的机体或多或少会产生刺激与影响，其影响的程度要视运动项目的内容、学生身体素质、持续运动的时间、运动间隙时间、营养补充等状况而定。不同的运动项目对身体的锻炼重点也有区别，如足球运动对人体的耐力、爆发力、速度和灵敏度有着较高要求；游泳对人体心肺功能和协调能力有较高要求等。如果运动负荷过大，体育运动不仅对学生的健康无益，还会对学生造成伤害。因此，体育教师在制订教学计划前，就要对学生的普遍体质与运动基础有一个清晰、全面的认识，并遵循体育教学的规律，运用科学的教法合理地组织体育教学，有效地发挥体育教学的健身功能。

心理健康也是评定人体健康的指标之一。体育教学不仅有利于学生的身体发

展，还对学生的心理健康发展具有重要的作用。

和体育教学的健身功能一样，体育教学促进心理健康的功能主要是通过教师传授实现的，因为教师的一言一行无时无刻不影响着学生的思想，这些行为都是在潜移默化中进行的，因此教师必须身体力行、为人师表，为学生做出表率。

体育教学的健心功能主要表现在以下几个方面：

1. 缓解压力

体育活动可以使学生得到身体和心理上的放松，缓解学习压力。

2. 平和心态

在参与体育运动的过程中，学生要频繁地面对成功与失败，其中失败和挫折的次数远远多于成功，由此可以培养学生在逆境中正确调整心态的能力。作为胜利者，也要做到戒骄戒躁，只有具备这样的素质，才能再接再厉，取得成功。教学更为重要的作用是传授人类社会的各种道德、规范与理念，这是学生走向社会之前必学的内容。

3. 修养品德

体育教学具有帮助学生形成良好思想品德的功能。学生在体育教学与比赛中可以养成遵守纪律的良好习惯。根据体育运动或游戏的规则，运动竞赛或游戏要想顺利进行，就必须依靠参与者自觉遵守既定规则。在体育练习或比赛（游戏）中，学生还要懂得关心同学、尊重对手、尊重裁判，自觉遵守体育课堂秩序。

4. 完善人格

系统的体育教学对陶冶学生情操、塑造学生完美人格具有重要作用。在体育教学中，大多体育运动或体育游戏都需要集体共同参与方能完成。体育运动取胜的关键是靠集体的团结与配合。因此，学生为了取胜，必须认识到团结互助、协调合作、发挥集体力量的重要性。学生作为体育运动团队中的一员，需要处理好个人利益与集体利益的关系，应有克服一己私欲、顾全大局的思维。

（五）美育

正如前面所叙述的，体育中蕴含着丰富的美，健、力、美同时蕴含于体育运动中，静态的人体造型和动态的运动节律都具有美的特质，都表现出人们向往美的情怀。体育运动不仅在运动过程中突出了"美"的要素，而且在运动结果上有淋漓尽致的体现。

体育教学的美育功能具体表现在以下几点：

第一，在体育教学中，体育教师通过组织和引导学生积极参与体育活动实践，进行科学的体育锻炼，帮助学生获得完美的身体曲线。

第二，体育教学活动中会组织体育竞赛，学生通过激烈与公平的比赛取得成绩，能获得成就感。

第三，体育教学可以提高学生审美意识与审美能力。通过系统的体育教学，体育教师可以帮助学生树立正确的人体及运动的审美标准，使学生体验积极、健康的审美情感，进而提高学生的美学素养。

第二节 体育教育的特点与规律

一、特点分析

作为教学活动的一种，体育教学与其他学科教学有许多相似的特点，体育教学与其他学科教学的共性主要体现在以下三个方面：

一是体育教学和其他学科的教学都属于教师与学生的双边活动。教师与学生在教学过程中发生各种形式的交流，如语言上的交流和肢体动作的交流等。以前这种交流更多的是从教师向学生的方向（教师传授给学生某种知识和技能），现代教学要求教师开始注重使这种交流从学生向教师的方向。

二是体育教学和其他学科的教学均是以班级为单位开展教学活动。在实际的教学过程中，班级教学的组成方式会根据需要有所不同，如学生入学时组成的自然班，或根据学生的不同兴趣组成的单项班等。

三是体育教学与其他学科教学的目的都是传授某种知识或技能。

除了以上与其他学科教学共有的特点外，体育教学还有其自身的特点，主要表现如下：

（一）教学环境的开放性

体育教学主要是在室外进行的。目前，我国各级院校的体育教学多以体育实践课为主，体育教师组织的大多数体育课主要在学校操场进行。与其他学科主要是在封闭的教室、实验室等地方开展教学活动不同，体育教学的教学空间富有变化性，环境更加开放。

当前体育教学环境的开放性决定了体育教学具有不同于室内教学的特殊要求，开展教学活动时应注意以下三点：

首先，由于体育课多在操场进行，受到的干扰因素较多，如天气、地形、周边设施与噪声等，体育教学的组织管理工作愈加复杂，需要精心设计与统筹安排。

其次，室外的体育教学是动态的，大部分教学时间里学生都处在不断变化与形式多样的运动中，对于班级内学生较多的，教师可采取分组教学。

最后，由于一些学校的体育基础设施条件较差，体育教师应重视学生的安全教育。

（二）教学过程的直观性

体育教学过程具有直观性特点。这种直观性主要体现在讲解、示范和教学组织管理三个方面，具体分析如下：

首先，教师对教学内容的讲解具有直观性的特点。在体育教学过程中，体育教师讲解体育教学内容不仅要求其与其他学科教师讲解一致，还要求语言更加生动，并且富有一定的肢体表现力，以使学生有形象、贴切、有趣的感觉。尤其是在某些有较难技术动作的体育运动教学中，体育教师不仅要对体育教学重点进行详细描述，还要用生动、形象的语言把复杂的技术动作做简单化讲解，做到深入浅出，便于学生理解。

其次，教师对体育动作技能的示范具有直观性的特点。在体育教学过程中，每一个体育项目的教学都涉及技术动作或战术配合，为了加深学生的理解和认识，教师有必要进行动作示范和实践演示。教师在运用示范法时，需要有非常直观形象的动作示范，其中包括正确动作的演示和错误动作的演示，这些演示都要非常直观地展现在学生眼前，不能有任何的艺术加工和变形，这样才会使学生从感官上直接感知动作的正确与错误，以利于他们建立正确的、清晰的运动表象。当学生建立正确的动作表象后，再配合教师的讲解，与思维结合起来，从而掌握体育知识、体育技术和体育技能，改善身体素质，提高运动水平。

最后，教师对体育教学的组织与管理具有直观性特点。在体育教学中，教师与学生接触得愈多，关系愈融洽。教师对学生的组织与管理带有直观性，如要更加富有责任心、更具有活力，且身体力行，这对学生的身心也是一种无形的教育。融洽的师生关系有助于教师对学生的观察与帮助，把控教学过程，并为学生创造轻松的教学环境，使学生在教学中表现出来的言行都是他们最为真实的一面，从而有利于体育教师获得正确的教学反馈。

（三）人际关系的多边性

在体育教学中，人际交往占据重要位置，体育教学中的人际交往具有多边性的特征。现代体育教学的组织形式主要是在单人、双人、小群体以及全班之间不断转换的，要求学生在不同的时空内完成不同的身体运动，不断地变换角色，彼此之间建立多种不同的联系。因此，在体育教学中，师生之间、生生之间、小群体之间具有频繁且形式多样的人际交往关系。

针对体育教学过程中人际关系的多边性特点，体育教师可以运用多种方式与学生交流与沟通，并引导学生相互配合、鼓励与评判，教会学生在体育课堂中初步体会社会交往，培养学生的合作意识，提高其人际交往能力。

（四）技能学习的重复性

新的《体育（与健康）课程标准》指出，现代体育教学应促进学生完成运动参与，促进学生的身体健康、心理健康，并提高社会适应能力。体育教学的最基本目的是使学生掌握运动技能，而要达成这一体育教学目的，就必须重复学习运动技能。

运动技能的形成具有阶段性和规律性的特点。运动技能形成大致分为四个阶段：练习分解动作阶段、练习连贯动作阶段、独立完成连贯动作阶段和熟练完成连贯动作阶段。学生要想熟练地掌握运动技能，就需要经过长期的反复练习。学生无论是掌握篮球、足球、排球运动中的复杂技能，还是学习体操中的滚翻、田径中的跑等技能，都需要经历由不会到会、由简单初步学习到复杂深入学习、由不熟练到熟练的发展过程。在此过程中，体育教师要严格遵循循序渐进原则，逐步指导学生掌握各种运动技能，根据不同运动技能的特点，合理安排练习内容和时间，通过反复练习，使学生掌握并不断提高运动技能。

（五）身体活动的常态性

体育教学中，学生需要不断重复学习体育运动技能，这也决定了学生在体育教学活动中要经常进行身体活动，即体育教学具有身体活动的常态性特点。在体育课堂教学过程中，教师与学生的身体操练非常频繁，这种几乎常态化的特点成为体育教学非常显著的特点。

一般性（主要是指文化类学科）的教学多在教室（实验室、多功能厅）进行，且要保持相对安静，这样才能激发学生的思维并产生很好的学习效果。和这些学科相比，体育教学刚好相反，其教学的地点多为户外或专用运动场馆，普遍较为宽阔，而且在大多数时间里，运动技术练习环节并不需要刻意保持安静，学生之间、学生与教师之间都可以随时进行相关的交流和沟通，更有利于对运动技术的学习。

体育教学要求学生掌握基本的运动技能，体育教学过程中充满对身体活动的要求，这是体育教学与其他学科教学的最大不同之处。在体育教学中，几乎所有内容都涉及身体活动，或者是为即将到来的身体活动做准备，这也是对作为"身体的知识"的体育教学的最好诠释。在体育教学过程中，不仅学生要进行具有一定运动负荷的运动，教师在做示范、做指导和参与组队教学赛中也需要付出不少体力。可见，体育教学身体活动常态性的特点不只针对学生，也包括教师。

（六）身心练习的统一性

一般认为，身体与心理是两种不同的事物，彼此间没有很多交集，实则不然。现代科学研究发现，身体健康有助于改善心理健康，而心理健康也可以影响身体健康。因此，现代体育教学具有要求学生身心共修的特点。

体育教学重视对学生身体的改造，与此同时，它强化学生的心理与多种适应能力的发展。在其他学科的教学中却无法达到这样的效果，这主要是由于体育教学营造了不同类型的教学情境，一系列积极的情境使得参与其中的人在潜移默化中受到感染。在体育教学中，学生的身心发展看似是多元的，实际上在过程中是一种身心统一的锻炼，即达到身体与心理的共同发展，表现出十足的统一性。身体发展是基础，心理发展依赖并促进身体发展。从这一方面来看，体育教学不仅可以促进学生掌握技能、发展身体、增强体质，而且有利于培养学生的思维方式和良好的心理品质，促进学生身心健康协调发展。

体育教学中学生身心练习的统一性，要求教师做好以下教学工作：

1. 体育教学内容的选择要注重身体与心理统一

体育教学内容是体育教学活动的依据，对教学效果有直接影响。为了使体育教学体现出身心统一的特点，教师应针对学生的身心健康状况合理地选择教学内容，所选教材的编排要符合该年龄段学生的心理特点。除此之外，还要满足其美学、社会学等其他方面的要求。学生通过教学过程中的知识学习、身体练习、情感体验，能使身心获得有益发展。

2. 体育教学中运动负荷安排应注重身心统一

体育教学重在体育实践，它以身体练习为主，学生需要运用身体器官直接参与活动。在此过程中学生不仅要承受一定的身体负荷，还要承受一定的心理负荷。学生在进行大负荷的身体练习时，要承受肌肉活动引起的疲劳与不适，体验不同的心理过程，磨炼思想意志，还要感受克服困难、团结一致、努力拼搏、失败和成功的心境。这种身心练习的统一性更有益于学生的身心健康发展。

3. 体育教学方法的选用要注重身心统一

与其他学科的教学相比，体育教学的教学方法更加多样，便于体育教师结合体育教学实际合理选用教学方法。为了体现体育教学中学生身心练习的统一性，体育教师选择的教学方法都要遵循与学生年龄段相适应的身心变化规律，如此才能有效激发学生的积极性，促进学生身体和心理的共同发展和提高。

（七）教学内容的情感性

体育教学内容是非常丰富的，它会涉及多种与体育相关的内容，不仅限于球类运动、游泳、田径，还包括体育舞蹈、瑜伽等内容。通过对这些内容的学习，学生普遍可以从中体会到源自体育的丰富情感。

在体育教学中，学生丰富的情感体验主要表现如下：

（1）在体育教学过程中，师生可以体会到只有体育才能赋予人的人体美和运动美。一方面，学生通过接受体育教学，掌握体育健身的方法和技能，达到运动塑身的效果，使身体保持优美的线条和良好的身材比例；另一方面，学生通过不同的运动，可以认识到人体不同动作展现出的动作美和肌肉的动态美，这种美只有在运动中才能看到，是极为外显的美。

（2）通过体育教学中对美的感受，学生可以提高审美能力。既然有美的存在，那么就要有欣赏美的人和能够欣赏美、懂得如何欣赏美的能力。

（3）体育教学能使学生真正领悟体育精神。每一项运动都向人们表现了不同的美的特点和审美特征，如球类运动可以表现个人对球类技术的掌握能力，集体球类项目中除了个人能力外，还包含与队友之间的协作和互助精神。这些内容都是人类积累下来的丰富的体育内涵，体育教学能促进学生感受到体育的精神美，掌握体育的精髓。

（4）在体育教学过程中，学生通过参与体育活动可以陶冶情操，平衡心态。如学生在关键时刻始终保持冷静的心态，或是在胜利时表现出谦虚等。

（5）体育教学是一种创造性的社会活动，其创造的成果就是让学生获得内在的顿悟和精神上的启迪。同时，体育教学沟通着学生与学生、教师与学生，对学生提高社会适应能力具有重要作用。

（八）教学条件的制约性

体育教学内容丰富，涉及要素较多，也因此受到更多客观条件的制约，这是体育教学的重要特点之一。体育教学活动受到的制约主要有学生运动基础、学生其他基本情况（年龄、性别、生理和心理特点）、体育教学场地条件、器材、气候等，这些因素都会影响体育教学质量。具体来说，主要表现在以下两个方面：

其一，就教学主体来讲，学生作为体育教学过程中体育知识与技能传授的受众，与学生有关的诸多情况会对体育教学本身造成一些影响。因此，体育教学要想进行得顺利、获得良好的教学效果，就要根据学生的运动基础以及体质等实际情况区别对待。这些差异具体如男生与女生不同的身体形态、机能水平、运动能力等，根据这些差异，学校体育教育部门和体育教师在进行教学设计、教材选择和教学组织等方面的制定时就要考虑周全，否则会影响教学目标和教学效果的实现。

其二，就教学环境来讲，体育教学环境是体育教学的重要载体，其质量会对体育教学产生较大影响。例如，体育教学活动多在户外开展，会面临严重的空气污染或邻近马路带来的噪声污染等问题，这些问题势必影响体育教学主体在教学活动中的状态与情绪。天气对于室外体育教学的影响也是不容忽视的，这一点在早些年越发明显，如遇到雨、雪、大风等恶劣天气时，体育教学就不得不停止，转而来到室内进行一些体育理论课的教学，如此势必影响体育实践课教学计划的顺利开展。

总之，体育教学受多种体育教学条件制约，要想顺利开展体育教学，摆脱各种不利因素对体育教学的影响，从学年的体育教学计划到具体课时计划，从教材内容选择到教学组织方法实施，体育教师必须结合教学实际，科学选择体育教学内容、方法和组织形式，尽量将制约因素的影响程度降至最低。

二、体育教学的规律

（一）体育运动认知规律

体育学科具有独特的运动认知体系，在体育教学中也要遵循体育知识学习和运动认知的规律。体育教学中的运动认知过程具体如下：

（1）广泛进行感性认知，形成感性基础。

（2）进行理性的概括，形成理性认知。

（3）将理性认知应用到各种运动情境中去。

具体来说，体育的运动认知体系是一种"身体—动觉智力"，通过体育教学，可不断提高学生对物体、对自我的速度和对时间、空间、距离、重量、力量、方位、平衡、高度等因素的识别和控制能力。在体育活动中，表现为学生能对体育事件做出恰当的身体反应，具有控制身体运动、操纵物体，使体、脑协调工作的能力。对此，体育教师在体育教学中应注重培养学生的空间感知能力和对方向的判别能力，培养学生对器械的速度、重量、方向等感知能力，从而不断提高学生的运动认知能力。

（二）体育运动技能形成规律

让学生学会和掌握一定的运动技能是体育教学目标之一，而运动技能的形成要经历一个由不会到会、由不熟练到熟练，再到逐渐巩固的发展过程。体育教学安排不可能明显地体现和准确地划分出动作技能掌握的这三个阶段，但从一个掌握动作技能的长链结构上看，仍然是要遵循运动技能形成规律的。

（三）运动负荷变化与控制规律

体育教学追求的并不只是对学生进行生理负荷和生物性改造，还有其他方面的教育意义（如传承体育文化、健心、美育等意义）。因此，在体育教学过程中，既要合理地利用生理负荷，又要合理地控制生理负荷，这就是体育教学运动负荷变化与控制的规律。

在体育教学过程中，学生承受运动负荷的规律应该与人体生理机能活动能力变化的规律相适应，在人体机能活动最强的时段安排较大的负荷，在人体机能活动上升和下降阶段要控制运动负荷。运动负荷的安排要与机能变化的以下三个阶段相匹配：

（1）热身和逐渐加强运动负荷的阶段。结合学生个体情况合理、有序地增加运动负荷。

（2）根据教学的需要调整和控制运动负荷的阶段。学生承受运动负荷的大小要根据现实情况酌情考虑，要及时予以调整和控制。

（3）恢复和逐渐降低运动负荷的阶段。直至学生恢复到运动前的水平。

（四）体验运动乐趣规律

在体育教学中让学生不断地体验运动的乐趣是培养学生体育兴趣、形成运动爱好和专长的首要条件，也是学生掌握运动技能、强身健体的重要前提，更是体育教学过程中教师自始至终要把握的客观规律。

在体育教学中，感受运动快乐是学生学习体育动机的重要组成部分。学生在体育学习过程中的乐趣体验过程具体如下：

（1）学生在原有的技能水平上充分地运动从而体验运动的乐趣。

（2）学生向新的技能水平挑战从而体验运动学习的乐趣。

（3）学生在运动技能习得以后进行技战术创新从而体验探究和创新的乐趣。

第三节　体育教育的性质与原则

一、性　质

性质是事物本身与其他事物最根本的区别，性质不同的两种事物，其带来的表象自然有一定的区别。体育教学和其他学科教学的最根本的区别就在于它本身所具有的体育教学性质。这种体育性质使其具有以下特征:

(1) 体育教学的教学地点多为户外,但现代体育教学场所通常在室内的场馆。

(2) 教学中师生都要承受一定的运动负荷与心理负荷。

(3) 教学过程是身体活动与思维活动的结合,还有比较频繁的人际交往。

(4) 体育教学侧重于发展学生的身体时空感觉以及运动智力。

(5) 教学更加关注学生自我操作与体验等。

现代体育教学最重要的教学形式就是体育运动技能的教学,它是体育育人的主要方式。对于运动技能的传授也是体育教学与其他学科教学的主要区别之一。在体育教学中,学生要全面掌握体育运动技能,需要经过几个教学阶段(认知阶段、联系阶段与完善阶段)才能实现。具体来说,在体育运动技能的认知阶段中,学生与体育运动技能之间的联系最为密切,该阶段教学的主要目的就是学生对所学技能的结构、要素、关系、力量、速度等要素进行表象化的认识,从这一角度来看,体育运动技能仅是学生提高身体素质、完成技术动作的一种方法,因此可以认为,运动技术不具有人的特性,而只是一种"操作性知识"。

通过以上论述,我们可以认识到,体育教学的本质就是"一种针对运动技术和知识的教学"。在体育教学中,学生学会了运动知识并将之转化为运动技能,体育教学的本质就达成了。

二、体育教学的原则

(一) 全面发展原则

体育教学应以提高学生的身体素质为基础,促进学生身心的全面协调发展。在体育教学中,除了促进学生身体健康外,还应结合体育教学与心理学、美学和社会学等学科知识,全面提高学生的智力、心理素质、美育(感)和能力等,以培养适应社会主义现代化建设需要的人才。

1. 体育教学全面发展原则的基本依据

(1) 社会主义体育教学目的的需要。我国社会主义的性质决定了体育教学具有明显的社会主义目的性,就是为培养身体健壮的全面发展人才服务。因此,在体育教学中,要使学生身心双修。

(2) 实现体育教学基本功能的需要。体育具有健身、教养与教育、休闲娱乐、促进个体社会化和美育等功能。可见,体育教学是集中实现体育多种功能的有效途径。

（3）学生发展的需要。在新的历史发展时期，学生的发展并不仅限于身体的发展，在思想、心理、智力、道德品质与行为、审美及表现美的能力等方面也都应得到发展。

2. 体育教学全面发展原则的基本要求

（1）体育教师在体育教学中认真学习和领会体育教学大纲（或课程标准）精神，全面贯彻教学大纲（或课程标准）的目标和要求。

（2）体育教师应树立现代体育教学价值观念。用现代体育教学价值观去评价和衡量现代体育教学质量。现代体育教学除了具有一定的生物学价值外，还具有心理学、教育学、社会学及美学的价值。

（3）在体育教学的准备、实施、复习、评价等阶段中，无论是制定教学任务、选择教学内容，还是运用各种教学手段和方法，都应注意增强学生体质并促进其全面发展。

（4）体育教师在制订各种体育教学工作计划和编写教案时，应在课堂中给予学生足够的身体练习时间，并在教学中重视学生的心理发展。

（二）运动负荷合理安排原则

1. 体育教学合理安排运动负荷的依据

（1）不同学生生长发育的特殊性。这一点对于儿童、青少年的体育教学尤其重要，在针对儿童、青少年进行的体育教学中，由于大多数学生的身体尚处在生长发育期，身体各方面机能的发展并不完善，所以对体育教学的安排应既满足学生锻炼身体和掌握运动技能的需要，又不至于使学生体能透支而出现危险情况。体育教师在为学生安排和设计体育教学活动量时，要以学生可以承受的身体负荷为依据。

（2）人体发展的基本规律。学生在参与体育教学时，不管是身体练习还是运动技能的学习，都需要承受一定量的运动负荷。但人体在体育运动过程中的规律揭示出，任何练习和教学都不是活动量越大越好，运动负荷过大，会对学生的身体造成不同程度的损害；运动负荷过小，不利于良好教学效果的取得。运动负荷安排得是否得当是检验一名体育教师水平高低的标准。

2. 体育教学合理安排运动负荷的基本要求

（1）运动负荷的安排要服从体育教学目标。体育教学的目标是培养学生健康的体魄和健康的心理素质，基于这个目标可以明白，体育教学不是为了让学生不断超越身体极限地挑战自我，也不是为了增加运动负荷而大运动量训练，竞技体育中单纯为了金牌而无限制地加大运动负荷的方法不适用于各级学校的普通学生的体育教学。

（2）运动负荷的安排要服从学生身体需求。体育教学应为促进学生身体发展而服务，在体育教学中，应充分考虑学生的身体发展状况与需要来安排运动负荷。教师要合理地安排运动负荷，就必须了解学生的身体发展情况（包括不同性别学生的生理差异、学生在不同生长发育阶段的特点等）。运动负荷安排要对学生身体无伤害性，同时有利于学生身体发展。

（3）运动负荷的安排要充分考虑学生之间共性与个性关系。这就需要体育教师在运动负荷方面考虑周全，一方面，教师要根据学生的整体情况综合考虑。这个整体情况主要指高校大学生的年龄段有相对趋同性，因此他们的身体素质发展有类似的特点；另一方面，教师在整体趋同性的基础上，还要关注一些个人特殊情况，如对伤病学生的运动负荷安排应酌情减少。

（4）运动负荷安排应为逐步提高学生自我控制运动负荷能力服务。体育教育虽主要以使学生参与身体练习为主体，但是也不能忽视对学生进行体育理论知识的讲授。这种理论教学往往能够让学生更好地理解体育的意义，从而促使他们主动参与到体育锻炼中来，而不是仅在课堂中参与。体育教师应加强学生的体育运动理论知识的教育，提高学生自己判断运动负荷是否合理的基本能力，并使学生能在体育活动中自主调节运动负荷。

（5）体育教学中应重视合理休息。运动负荷的安排与休息方式、休息时间有关。科学合理地安排休息方式、休息时间和心理负荷，对于达到理想的体育锻炼效果有重要作用。

（三）循序渐进原则

1. 体育教学循序渐进原则的基本依据

在体育教学过程中，首先要遵循的就是由简到繁、由易到难、由已知到未知、逐步深化的循序渐进的原则，循序渐进能让学生更好地掌握体育方面的知识、技术和技能。

2. 体育教学循序渐进原则的基本要求

（1）制定好教学文件，安排好教学内容。在保证教学文件和教学内容安排妥当的情况下，才能进行教学工作。在进行教学工作之前，一定要制订系统科学的教学计划方案。在制订教学计划时，每个运动项目、每次课、每学期的内容和教法都应前后衔接，逐步提高。教学计划中内容的安排对教学工作的实施效果具有至关重要的作用。教学计划的制订既要考虑该运动项目由易到难、由简到繁的顺序，又要考虑与其他运动项目的关系。项目的安排应遵循循序渐进的原则，以保证前一个项目的学习有利于后一个项目的学习。

（2）不断提高学生的生理负荷。学生的生理负荷可以采取波浪式、有节奏地逐步提高，因为机体需要一定时间的适应，所以课程需要交替有节奏地安排。合理利用超量恢复是生理负荷提高的有效措施。

（3）教师要不断提高自身的文化素养，深刻了解学生身心发展的一般规律和特点，了解各类教材的系统性及其之间的关系。

（四）巩固提高原则

1. 体育教学巩固提高原则的基本依据

根据遗忘规律和运动条件反射建立与消退的理论，学生学到的知识与技能在一段时间内如果不经常复习，就会遗忘或消退。另外，根据"用进废退"原理，学生对所学习的运动技能进行反复练习时，有助于发展运动能力、身体素质和生理机能，起到强身健体的作用。因此，要注意巩固提高所学到的知识和运动技能。"学习如逆水行舟，不进则退""温故而知新"这些关于学习的语句充分揭示了学习中巩固提高的重要性。体育教学多为身体的练习，一般来讲，如果这种练习不能得到巩固，就会随着时间的延长而消退，在体育教学中遵循巩固提高原则是十分必要的。

2. 体育教学巩固提高原则的基本要求

（1）在体育教学中，教师应合理安排训练计划，让学生进行反复强化的练习，增加练习的密度，不断巩固运动条件反射，使其获得进一步的巩固和提高。制订合理的训练计划能够让机体在巩固提高的过程中避免出现过度疲劳而损伤机体。

（2）体育教师应重视良好体育教学方法和训练方法的选择。在教学中，可采用改变教学方式或者改变练习条件来达到巩固提高的目的。

（3）增加运动密度和动作重复的次数，反复强化，不断巩固运动条件反射，提高技术水平、身体素质和体育能力。

（4）教师要给学生布置适量的课外体育作业或家庭体育作业，将课内课外结合起来，达到巩固提高的目的。

（5）不断提出新的学习目标，培养学生进行体育运动的兴趣和进取动机。

（五）因材施教原则

1. 体育教学因材施教原则的基本依据

作为体育教学的主体，学生之间具有共性与特性。共性体现在身体年龄阶段发育的稳定性和普遍性；特性则是每个学生受性别、遗传、生长环境、教育水平、认识能力等因素的影响，彼此之间存在差异，身心发展显现出很大的区别，具体到学生具备的体育运动能力方面，这种差异性可能更加明显，如有些学生的家长喜爱运动，所以从小就培养孩子参与体育运动或参加业余体育训练，这样孩子的运动水平一定能超越同年龄段的孩子的平均水平，显得格外突出。因此，体育教学中应重视不同学生及同一学生不同阶段的差异，因材施教。

2. 体育教学因材施教原则的基本要求

（1）引导学生正确地对待个体上的差异。如果利用得当，差异的存在还是一个教育鼓励学生互相帮助、培养团队意识和集体精神的好方法。学生的运动天赋和对体育的了解各有不同，要在体育教学中贯彻个体差异性的原则。教师应在自己充分了解学生个体差异性存在的基础上，向学生讲解个体差异的存在，并引导学生正确看待差异。差异的存在是客观的，却不能成为歧视天赋较差的学生的理由，同时，教师不能过分偏爱天赋较好的学生。

（2）深入细致地研究和了解学生之间的差异。一方面，教师要对学生个体的差异性进行全面的了解，这是贯彻个体差异性原则的前提条件。为此，教师可以在学期前进行一些测试或座谈交流，弄清不同学生在身体条件、兴趣爱好和运动技能等方面的差异；另一方面，教师应认识到学生个体差异并不是一成不变的，如有些学生在一开始的测评中被认为没有很好的运动天赋，但是其本人非常热爱体育运动，在平时的课堂上也非常积极地配合教师完成各项教学内容，慢慢地，学生的体育成绩就会突飞猛进。对此，教师要有长远的眼光，要能发现不同学生在运动方面的天赋。

（3）丰富教学实践，选择适当的教学方法。在体育教学中，有些项目是不能根据"等质分组"的原理来处理针对性教学问题的。教师面对这种情况，就要运用其他方法来对待个体差异性，如安排"绕竿跑""定点投篮"等教学方法。这些项目是给那些在某些项目中没有任何特长的学生设立的，目的是让他们依旧对体育产生兴趣，而不会因为某项运动的成绩太差而觉得自己成为体育课堂上的"局外人"。体育教师应让每个学生都能参与到体育教学活动中来，体验运动的快乐。

（4）重视学生个体差异性与统一要求的统一。在体育教学中，提高全体学生的综合素质是每个教师的目标，因此，在制定教学目标时，都会考虑目标的可行性，要满足大部分学生的要求。学生的个体差异是客观存在的，教师应在教学中充分重视这点，但是体育教师也要立足于整个班级的教学，对学生统一要求，以促进学生完成教学任务，达成体育教学目标。

（六）专项教学原则

1. 体育教学专项教学原则的基本依据

体育教学内容丰富，种类多样，不同内容的体育教学对学生的要求是不同的，因此教师应结合体育教学项目的特点和规律开展体育教学，在促进学生基本身体素质提高的基础上，发展运动专项能力，提高运动水平。

2. 体育教学专项教学原则的基本要求

体育教学专项教学原则要求体育教师应重视学生专门性知觉的优先发展。体育运动通常是在具体的运动环境中进行的。以篮球为例，篮球运动围绕篮球、篮球场地以及场地上的器材进行。在运动过程中，学生对环境和器材的感知是专门性知觉发展的过程，其中手指、手腕对球的控制能力对篮球教学至关重要。因此，教师应重视学生对球控制能力的优先发展。

（七）终身体育原则

1. 体育教学终身体育原则的基本依据

通过体育教学长久地影响学生一生对运动健身重要性的理解，并促使学生身体力行地参与其中是体育教学的最终目的。这也是新《体育（与健康）课程标准》对当前体育教学的基本要求。因此，培养学生终身体育思想，促进学生终身体育习惯的养成是体育教学应遵循的基本原则之一。

2. 体育教学终身体育原则的基本要求

（1）培养学生的终身体育意识。在教学中，教师要善于发现学生的体育爱好与技术特长，并加以引导和培养，以此激发学生对体育学习的兴趣，使其树立终身体育意识，养成体育锻炼的习惯。

（2）在体育教学中充分考虑教学的长、短期效益。体育教师不仅要重视体育教材或某项运动技能的教学成果，还要考虑体育教学的长期效益，这与体育教育总体目标的要求是一致的。

（八）活动安全原则

1. 体育教学活动安全原则的基本依据

体育教学不同于其他学术学科教学，在体育教学过程中，教学场所的变化和所需体育器材的参与都对教学安全提出了较高的要求。体育教学既是安全教育的难点，又是安全教育的重点，在体育教学中要保证学生的基本安全。体育运动的美或多或少都建立在一些冒险中，这也是体育的本质属性和魅力之一。在体育教学中，尽管这种隐患不能完全避免，但应尽量减少和避免意外伤害事故的发生。

2. 体育教学活动安全原则的基本要求

（1）对各种隐患考虑周密并做出相应预案。体育教师在长期的教学过程中积攒了足够多的经验和惨痛的教训，将这些内容加以归纳和汇总，并对可能发生的危险做出相应的预案，一旦发生意外，能冷静处理。

（2）对学生加强安全意识教育。体育教学的安全需要教师和学生共同参与，不仅需要体育教师严谨和全面的考虑，还要加强学生的安全意识。对此，教师在日常的体育教学中要不断教导，让每个学生都建立起安全运动的意识。在体育课堂中严格按照教师的要求去做，注意课堂纪律，参与体育活动要量力而行。

（3）建立运动安全的有关安全制度，提供安全设备。

第二章　中国民族体育文化的传承、保护与发展

第一节　民族体育文化的传承

文化传承是指文化在与主体结合的过程中受内在机制的支配而具有稳定性、完整性、延续性等要求，并在整个社会发展中呈现出再生的特性。文化传承是一个动态的历史过程，每个民族都有自己的文化和传统，都不可能强行中断，必将世世代代不断延续和发展，其根源是民族文化自身具备某种传递和延续生命的手段，都有一整套自己的传承机制。这种文化传承机制与人类物质资料的生产和人类自身的再生产并行不悖，甚至与人类的生产和再生产共同构成社会再生产的基本内容。正因为如此，一个民族中的成员虽然一代又一代地随时光流逝消失了，整个民族的文化却一代又一代流传下来，并随着人类的发展越来越强大，越来越丰富。与文化的横向传播不同，它主要在人类共同体内部的代际间纵向传递。从表面上看，人创造文化，文化缔造人，文化与主体的结合都是通过"传"和"承"这两个并存的环节实现的。但在这个过程中，人类的文化元素不是简单地累积起来，而人对文化的承接又是一个逻辑有机的组合过程，才使得文化在传承中呈现出稳定、延续、再生的特点和要求，并最终表现为模式化发展。所以，文化传承是文化本身具有的属性，是人类文化发展的内在机制和动因，民族体育文化的传承涉及许多根本的文化要素。在现代世界经济形势下，过去民族文化的纵向传承是在自然经济的背景下进行的，而现在，它们面临着全球化与现代化的冲击。如果说自然经济曾经是民族传统文化的保护伞，那么如今的全球化与现代化是否对民族传统文化起到冲击和瓦解作用？这就需要我们担负起民族体育文化传承、保护与发展的责任。

一、民族体育文化是宝贵的文化资本

"资本"最早是经济学领域的概念，但是随着社会学研究的不断深入与发展，"资本"的概念被引入社会学及其他研究领域，用于解释不断出现的新的社会现象

和问题。对于文化资本的研究最早产生于社会学和经济学领域，但是真正文化资本概念的产生来源于布迪厄的文化资本理论。布迪厄认为，资本可以分为经济资本、社会资本、文化资本、符号资本等不同形式。他在论文《资本的形式》中提出，文化资本"泛指任何与文化及文化活动有关的有形及无形资产"。在布迪厄看来，"文化资本"划分为三种类型："一是具体的状态，以精神和身体的持久'性情'的形式；二是客观的状态，以文化商品的形式（图片、书籍、词典、工具机器等），这些商品是理论留下的痕迹或理论的具体显现，或是对这些理论、问题的批判，等等；三是体制的状态，以一种客观化的形式，这一形式必须被区别对待（就像我们在教育资格中观察到的那样），因为这种形式赋予文化资本一种完全原始性的财产，而文化资本正是受到了这笔财产的庇护。""第一种是文化资本的客体状态，第三种是文化资本的主体状态，第二种则介于客体状态和主体状态之间，是对主体状态的'客观'承认和证明。文化资本的三种形态可以相互转化。"布迪厄将资本理解为一种社会学概念。对"资本"概念的非经济学扩张问题，其认为资本至少具有"物质的"与"非物质的"两种基本形式，物质资本在交换过程中可以表现出非物质形式，而非物质形式的资本也可以表现出物质的形式。

民族传统体育是民族文化中重要的组成部分，"是民族文化中最活跃、最积极和影响最直接、最广泛而又深远的社会实践活动之一"，孕育了深刻的文化内涵。民族传统体育的形成与发展有其深刻的历史原因，其与自然环境、人们的生产生活方式、军事斗争、信仰、教育和人的思想情感等有着密切的关系。以布迪厄对文化资本的划分来看，这三种形态在民族传统体育中都有所呈现。但是，民族体育文化多以身体形态表现出来，也有的以物化的或客观形态呈现。正如布迪厄的观点所表述的那样，这三种文化资本的形态是可以互相转化的。比如，民族传统体育项目中的龙舟竞渡是中国文化当中龙文化特征的完美体现，它由多个民族所共有，与龙神崇拜、地理环境、生产生活方式相融合，经历漫长的发展过程，成为集思想性、竞技性、娱乐性为一体的民族传统体育项目。至今，南方水乡在每年的五月初五仍然进行龙舟竞渡，居住在云南大理地区的白族在每年农历八月八日要举行传统的"耍海会"，进行龙舟比赛；龙舟竞渡还是傣族"泼水节"的主要内容；苗族的龙舟节多在农历五月中下旬举行。今天我们看到的龙舟竞渡所表现出的竞技性、娱乐性、健身性是在历史的演进过程中原始蕴涵逐渐被置换和遮蔽的结果。鄞州区古为堇子国，春秋时是越国的一部分。1976年在此出土了一件春秋时期的青铜钺，其一面有与铜钺形状一样的边框线，线框的上方有两条相向的龙，下方边框线的底部表示狭长的轻舟，上坐4人，头戴羽冠，双手划船。可以说，在春秋时期，古越国就已经有竞渡的习俗了。我们现在所看到的龙舟竞渡，一直是以具体的和客观的形态呈现出来的，而各地举行的龙舟比赛和四年一届的民族传统体育运动会则使龙舟竞渡成为制度化的文化资本。事实上，龙舟竞渡积淀了深厚的文化内涵，是一笔丰厚的文化资本。

二、民族体育文化存在的意义

民族传统体育是现代体育运动项目的主要源头之一。奥林匹克运动项目被称为现代竞技体育运动项目，虽然这些运动项目大多源自西方，但在历史上它也是西方某个地域或某个民族或某几个民族的传统体育项目。近代工业革命以后，西方成为现代文明的发源地，在各个领域迅速发展，在世界上处于领先地位，对世界的影响越来越大。随着西方经济世界统治地位的形成，其文化对世界的影响也随之增大，反映西方文化价值观念的现代奥林匹克运动也自然变成了世界性的主流体育活动，这也是在现代奥林匹克中西方的运动项目占主要地位的原因之一。

中华民族在其漫长的历史发展过程中创造了独具魅力、丰富多彩的古代文明，形成了世界上仅有的延绵不断、高峰迭起且不断推陈出新的文化体系。在很长的历史时期里，中国文化在世界上处于领先地位，创造了先进的物质文明和精神文明成果，形成了较完备、成熟的文化模式。之后，随着文明大国的衰落，中国文化的地位和影响力不断地下降和被边缘化，甚至被妖魔化。在这之前，中国文化在封建社会创造了高度的文明，并在很多方面成为西方文化的一种资源和精神滋养，像孟德斯鸠、伏尔泰、莱布尼兹这样的大思想家对中国文化做了很多研究，欧洲的文艺复兴同样是在吸收了大量中国文化的基础上完成的。

当前，西方文化作为一种强势文化在世界上占有主要地位，有着独特的文化传播方式和特别旺盛的文化辐射力。但是，文化不同于科技，文化不能同质化；科技可以全球化，但是制度、思想、信仰、生活方式等则不应一体化，而应当是一个逐渐尊重差异化的过程，是一个由趋同到差异内涵丰富的过程。所以，任何民族文化都有其存在的价值和意义。

西方文化在全球的发展，实际上是一种"独语"，而不是一种"对话"。西方文化以强大的制度先进性和经济实力为基础，成为当今世界的"主流"。在这样的背景下，我们既要了解和熟悉世界各民族的思想文化，又要在与世界各民族思想文化的激荡中保护、弘扬和发展民族文化，如此才能完成中华民族的伟大复兴，中华民族才能继续屹立于世界民族之林。面对西方现代体育居于主导地位的现状，民族体育文化更有其存在的意义和价值。因为民族体育文化是一个民族通过长期的生产生活实践、军事斗争、信仰、风俗习惯等的不断积淀而外化的身体行为。它凝聚了一个民族在历史发展过程中不断形成的智慧、理性和创造力，从另一个角度反映了一个民族最本质的特征；是一个民族区别于其他民族的边界之一，表现了一个民族内在的群体意识、群体精神；是一个民族与其他民族进行文化对话的话语形式之一，而这个话语因有着丰富的表现形式，更便于各民族之间的文化交流，更容易产生理解，引发共鸣，成为各民族之间联系沟通的纽带。

三、民族体育文化在体育文化中的价值

民族体育文化深深蕴藏着所属民族的文化基因和精神特质，反映和表现了一个民族共同的心理结构、思维习惯、生活风习等内容，有着规范民族的群体生活方式、思想价值取向的作用，能够促进民族的共识和认同感。

中国自古是一个地域辽阔、民族众多的国家，每一个民族的文化都是中华文化的重要组成部分。历史上，中原汉文化给各少数民族的经济和社会发展带来活力，而中国很多少数民族的文化又为中原汉文化不断输入新鲜血液，使之不断更新，保持活力。汉族和少数民族的先民一直进行着各自文化的双向交流和传播，双方互有影响。在当今开放的信息化时代，中华民族的体育文化如同历史上的中原汉文化与少数民族文化一样，丰富了世界体育文化的内容。2008 年，奥运会在北京成功举办，16 天的奥运会，只有在开闭幕式上中国的传统文化才得以展示，而竞赛的主要内容是西方现代体育唱主角，充分表现了西方的价值观。但是，西方的体育文化并不能代表世界体育文化的全部，世界体育文化应是丰富多彩的。用辩证的观点看，现代文化与传统文化只是相对的，传统文化也不只是代表着落后，没有生命力，而现代文化就代表着先进和旺盛的生命力。西方的现代体育就是继承了古希腊的文化传统，表现了争强好斗的古代竞技体育精神，而且具有以人为本、强调独立自主、奋斗进取、竞争拼搏、民主法治、公平合理的文化特色。所以，西方的现代体育也根植于民族体育文化，民族体育是现代体育的源泉。例如，中国的传统体育项目武术虽然不是奥运会的比赛项目，但是它在世界的影响之广泛、之深入并不亚于奥运会的比赛项目，"习武之人不只是沉醉于其高超的技艺之中，更重要的是被蕴藏于中华武术当中的文化精神所吸引。用文化资本的理论分析武术具有物器技术层、制度习俗层和心理价值层"。武术同样能够达到强健身体、陶冶情操的效果，充分表现体育文化对人类身心的影响。中华民族是由 56 个民族组成的大家庭，各民族有着丰富的体育文化资源，是保持世界体育文化多样性不可或缺的资源。

民族体育文化是我们认识人类历史的活化石。作为历史发展的产物，民族体育文化从另一个角度保存和反映了一个民族在历史进程中不同时代的生产力发展状况、科学技术发展程度、人类创造能力和认识水平的原生态。

四、民族体育文化基因的传承

文化基因是指相对于生物基因而言的非生物基因，主要是指先天遗传和后天习得的、主动或被动、自觉或不自觉而置入人体内的最小信息单元和最小信息链路，主要表现为信念、习惯、价值观等。

英国演化生物学家道金斯（Dawkins）于 1976 年在《自私的基因》中提出了文化基因（Meme）一词，他认为 Meme 是一个表达文化传播的单位，或是一个复制的单位，如旋律、观念、宣传语、流行的服装、建筑式样等。威尔金斯（Wilkins）指出，Meme 是选择过程中社会文化信息的最小单位，《牛津英语词典》把 Meme 定义为文化的一种要素，可设想为一种非基因手段的复制。由此看来，"基因"一词很明显是一个源于生物工程学的术语，是生物体遗传上的一个基本单位的名称，它保持着生命延续复制的密码，可以在相应的组合排列下形成新的生命。这个词语加上"民族体育文化"的前冠词之后，两个不同学科中词语的内涵就发生嫁接，成为"民族体育文化基因"，含义上是指民族体育文化上的一个基本单位，也就是认为民族体育文化中有一种类似于生物体基因性质的东西存在。

民族体育文化基因的概念是很宽泛的，单个概念可以是一个文化基因构造的重要组成部分。如中国传统武术天人合一中的"天"这一概念，它的形成初始于什么时候我们很难弄清楚，文字上最早对"天"的概念记载并不说明什么问题，而只是记录了这个来自远古的概念。"天"的概念大致来源于人类的最初印象，因为天无所不在，肯定是先民最早关心的问题，"天是什么"可能是人类先民最先碰到的一个难题。可以说，人们为它思索了几万年，故而它表面上仅是一个单音节的字词，实际上的文化容量却大大超出了一般字词所能包容的东西。这个从人类初始印象而来的概念一直像血液一样世代相继，并没有什么力量能把它从现存的文化中剔出，或者将它重新界定。当然，某些原始时代的概念在现代的体育文化运行中已经不会再有新的界定，但新的意义应该是存在的，只不过这种意义是在原有概念范围内对其内涵的增减变换，其核心中的文化内涵未变。

再如，某些习俗也可能是一个民族体育文化的构造基因。在远古，人类在精神文化领域里创造了许多观念，这些观念中的某些部分留给人的印象非常深刻，对人的物质生存和精神生存产生过重要作用，并长期影响人们的生活，所以这些观念就有可能被人们有意无意地具象化，成为某种竞赛习俗，成为一个文化构造基因。无形文化中的基因构造还有许多体现，除了体育观念、竞赛习俗、比赛常规外，还有来自远古的禁忌等，它们全都能像基因一样排列于现存的民族体育文化中。

无形文化中的基因构造是民族体育文化基因构成的一个重要部分，但有形文化中的基因构造也很重要。当今社会，人类社会所有形形色色的社会组织形式、政治形式、政党社团的组织形式都受到远古有形文化的影响。例如，民族体育的组织形式、制度，我们不能确定第一个喊出"统一大家精力和体力"的号召者是什么时候出现的，但在人类最初的民族体育社会组织结构形成之后，人类后来纷繁复杂的民族体育组织形式就再也掩不住"号召者"的声音。民族体育文化基因分布在以上的有形文化和无形文化中，从某种意义上说它们很微小，可每个基因的个体又都是一个单位，并表现出民族体育文化的基础性质，即民族体育文化基因可能在民族体育文化的运动中被淹没或过渡，或形成焦点爆发出强大的文化能量。民族体育文化基因自然不是一种实体，也不纯粹是对一种精神概念的表述，而是一种对民族体育文化现象的界定。不是所有的民族体育文化因素都能成为民族体育文化基因，但民族体育文化基因又必须在民族体育文化因素上构造。这表明，民族体育文化基因是游荡在人类体育文化基础结构中最活跃的成分。

在人类早期，先民为了猎取食物而打制石器，并以此来对付飞禽走兽，或奔跑，或跳跃，或投掷，或攀登，或爬越，民族体育也就有了它最初的跑、跳、投、掷的基因。但在当时人类还不能完全理解大自然，而只能依靠幻想中的形式与力量，借助于某些无意中的巧合和自己的努力在自然中生存。于是，强化自身和祈求幻想中的神灵和魔力就成了人们维持生存的需求。这一动力促使人类不断吸取前人经验，改造劳动工具，以各种形式强化自身体能，并将劳动、战争和生活中的自娱形式在劳动间隙演示给神灵，以博神灵之快乐，求得神灵的保佑和支持，这同时促成了民族体育文化的娱神和劳动基因的形成和留存。在原始社会中后期，采猎的食物有所剩余，先民中有了闲散人员、老人和小孩及闲暇时间，他们开始有目的、有计划、有意识地传授劳动（采集、狩猎）技术和娱乐健身本领，出现了最早的教育及娱乐基因。

五、民族体育文化传承的方式

（一）口传心授、效法模仿

传统体育属于传统文化中的技艺类，口传心授、效法模仿是其主要的传承方式。从字面上来理解，口传心授、效法模仿分为两部分：一是言传，二是身教。两者所表达的意思和涉及的内容不完全一样，前者授法，后者授技；二者的侧重点也不同，前者的重点在于学习者对所学技术动作的理解和感悟，后者则注重模仿传授者的肢体动作。

口传心授、效法模仿作为一种原始的传统体育传承方式，在民族体育文化传承的过程中被广泛使用。传承者在长者的教授下逐步学习和掌握传统的体育项目，尤其对那些技巧性和危险性较大的体育项目，更需要长者的口传心授、效法模仿。

（二）生产劳动过程

各民族在原始的生产劳动过程中传承着民族体育文化。例如，渔业生产与赫哲族的生活息息相关，网、钩、叉和船是其主要的生产工具，他们使用最早、最古老的独木舟是用一整棵杨木凿成的，独木舟有一丈多长，船头翘起，名为"杨木雕"（赫哲语：敖拉泌），只能坐一人，还可以用来叉鱼，后来被"桦皮快马子"船（赫哲语：乌末日沉）所代替。"桦皮快马子"以桦木做船架，以桦树皮做船体，船体轻，可由一人扛起带走。赫哲人在闲暇之余常举行"桦皮船"比赛，后来便衍生为一种体育游戏项目。

（三）毗邻交流

毗邻交流也是民族体育文化传承的一种形式。事物总是由发源地向外呈辐射状传播，距离便成为媒介不发达时代游戏或者项目交流的主要障碍。所以，某一项民族体育活动的接受总是由近及远。体操项目18世纪前在瑞士、德国兴起，后逐渐向其周围的波兰、比利时、荷兰、意大利等国扩散。1870年前，德国周边国家都开展了体操运动，然后才逐渐传到世界各地。中国的武术也是由东南亚开始逐渐传遍全世界。地理上的毗邻对民族体育项目的交流传播起到了相当重要的作用。

（四）宗教祭祀、集贸交易活动

在各民族的社会实践活动中，一些宗教祭祀仪式、集贸交易地逐渐演变为体育活动中心，其间形成了极具民族特色的民族体育项目并延续下来。例如，锡伯族的抹黑节以及赫哲族的跳鹿神活动等。在遥远的古代，赫哲先民为祈求出猎吉祥、狩猎丰收，一般在每年的"三月三""九月九"举行隆重的萨满鹿神舞会，赫哲语叫"温吉尼"；还有蒙古族的那达慕大会，集集贸交易与体育比赛活动为一体，他们用这种原始的宗教仪式、集贸交易活动来欢庆娱乐，为本民族消灾祈福，文化色彩十分浓厚。宗教独特的内涵和表现形式，集贸交易的经济沟通作用，对民族体育文化的传承和发展起到了积极的作用。

六、民族体育文化传承中亟须处理好的关系

第一，优秀的民族体育文化遗产和现代奥林匹克先进的思想意识还没有有机

地融为一体，整个民族体育文化的发展出现断层的趋势。比如，竞赛的文化理念及其价值体系导致传统的体系被冲破，而新的体系又没有建立起来，所以文化价值摇摆不定。体育作为现代社会文化的重要组成部分，越来越受到全球化、奥林匹克化的影响，呈现出标准化、统一化的趋势。从这个趋势来看，西方现代体育的价值观对各民族的体育文化形成了冲击，民族体育面临重大抉择：要么对国际大趋势不闻不问，故步自封，通过立足于本民族寻求新的发展空间；要么改头换面，放弃自身的特点和优势，获得世界的认同。可以说，体育奥林匹克化的趋势使得对民族体育的保护陷入困境。尤其是以奥运会为代表的体育全球化的强势介入，一定程度上影响了民族体育文化的梯次发展，造成了整个社会对民族体育文化的忽视。

第二，培养民族体育项目人才，弥补人才缺口。发展和传承民族体育文化离不开人才。人是文化的人、社会的人，一切物质技术的进步都离不开人的社会实践活动，一切物质技术的进步都是由一定社会、文化背景下的人创造的，单个的人不能创造文化，更谈不上推动社会的发展。创造物质财富、推动社会进步的活动本身就具有连贯不间断的内在要求，而人的物质生命又是有限的，作为个体的人将一代代逝去，所以只有通过精神文化的生产和再生产，不断地把人类已获得的知识、信念、价值等文化信息传递给新的社会成员，形成一种文化传承机制，人类社会才能不间断地向前发展。民族体育人才的不足已成为制约民族体育发展的瓶颈。在我国许多少数民族地区，一些少数民族青年因当地发展空间有限而选择到大中城市去寻求发展机会，并潜移默化地接受了所在地强势文化的熏染，逐渐淡化了本民族的传统体育文化。另外，当地政府对少数民族传统体育项目重视程度不足，没有制定出相应的少数民族体育项目人才培养、奖励、激励机制，导致一些少数民族人最终放弃了本民族的传统体育项目。

第三，物质文化繁荣与民族体育文化繁荣并举，提升创新能力。物质文化的繁荣还不够，民族文化的繁荣必须伴有传统文化的繁荣，民族体育文化需要在当今物质文化发展的前提下提升创新能力。任何一种文化想要得到有效传承和发展，都离不开创新，民族体育文化也不例外。各民族特有的体育文化要在全球化过程中生存发展，文化创新是唯一的道路，也是适应全球化时代背景的前提条件。历史上，通过文化整合创新而繁荣发展起来的体育文化不乏先例。例如，日本的柔道、韩国的跆拳道都是具有自己民族特色的体育项目，在国力逐渐增强时，他们选择恰当的时机，在奥运大舞台上通过创新而传向全世界。

第二节　民族体育文化的保护

一、培养对民族体育文化进行保护的自觉意识

（一）唤醒社会的"文化自觉"，保留民族体育文化发展的痕迹

文化的根系总是深培厚植于民族的沃壤之中，文化创新的高度往往取决于对民族文化遗产发掘的深度。"文化自觉"是社会学家费孝通先生在 20 世纪 90 年代提出的，他指出，"文化自觉是生活在一定文化中的人对其文化有'自知之明'，明白它的来历、形成过程、所具有的特色和它的发展趋向"。2006 年，乐黛云在北京国家图书馆"文津讲坛"的演讲中指出，"我们正面临着一个世界的大变局"，要寻求另一种文化全球化，"即一种多极均衡、文化多元共生、各民族和谐共处的全球化"。要想"世界大多数人的思潮"取得胜利，"就要有文化自觉"。文化自觉是文化主体对自身的文化内容、文化渊源及文化发展前途的觉醒，其中不仅包括对文化中优秀元素的认可和对消极元素的批判，还包括对已有文化价值观的反思和建构。文化自觉在实践层面表现为理性的文化态度。

正如联合国教科文组织指出的那样，"对于许多民族，非物质文化遗产是本民族基本的识别标志，是维系社区生存的生命线，是民族发展的源泉"。我们不仅要关注自然生态之河的断流、森林面积的缩小和臭氧层的消失等问题，还要关注对古老深厚的民族文化之河断流的抢救与保护。各民族的优秀文化需要全社会的共同觉醒和努力才能更好地传承、发展。

一种民族体育项目的消失或者失传会让我们永久失去一种民族文化的符号，民族体育文化不能像断线的风筝一样随风而逝。在当今世界经济全球化、科技现代化、政治多极化的趋势中，民族体育文化也面临着单一化的危险，在此背景下探讨对民族体育文化的保护有其独特意义。曾任全国人大常委会副委员长的许嘉璐指出，"在与西方文化的碰撞、冲突乃至吸收中，我们要自觉地加强中华民族文化的建设，而在中华大文化建设中，我们的民族民间文化又处于相对弱势，亟待加紧保护和建设"。保护民族体育文化不仅是保护几项传统游戏、几个比赛项目、几项民俗运动，也是保留民族走过的痕迹，从而唤起民族的文化自觉意识，使体育文化自觉上升到理性的层面，成为全民族认同的价值和行为方式，吸引更多的

人加入保护民族体育文化的队伍。

民族体育方面的文化自觉，从主体上区分为民族体育自觉和个体民族体育的文化自觉。个体的民族体育文化自觉，是人从反思自身的体育思想、行为到自身的觉醒，再到反思孕育了思想行为背后的民族体育文化。民族体育的文化自觉则是整个民族对自身体育文化经历中获得的整体意识的反思。个体的民族体育文化自觉与民族的体育文化自觉是辩证统一的，个体的民族体育文化自觉表现和构成整体的民族体育文化自觉，整体的民族体育文化自觉又融入个体民族体育文化自觉中。这种民族体育文化自觉意识是文化主体在文化自觉中所表现出来的文化主体性特质。民族体育文化自觉意识表达和体现的是对本民族体育文化的起源、形成、演变、特质和发展趋势的理解和把握，对本民族体育文化与其他民族体育文化关系的理性把握是对民族体育文化价值观建构中彰显出的能力的把握。

在经济全球化、体育奥林匹克化的文化浪潮冲击下，世界很多不发达地区出现了民族体育文化危机，出现很多民族只知道西方体育存在的情况，这种文化危机是全球化过程中强势国家凭借其经济、学术、教育以及文化优势所进行的文化扩张产生的结果，引发了当今世界一系列体育文化和价值冲突，进而引发民族体育文化的深刻危机。从一个民族文化形成的历史来分析，一个民族的文化历史愈长，文化积淀越厚，文化的民族性就愈强；历史愈短，文化积淀越薄，民族性就愈弱。我国传统民族文化模式形成于秦汉时期，民族体育文化中所蕴含的"自强不息、厚德载物、天人合一、道法自然"等体育精神源远流长，是世界多元体育文化体系的重要文化资源。

不同的民族、国家和地区产生了不同的体育文化形式，它们的存在和发展呈现出不同的形态。世界上各民族的体育文化之中贯穿着共通的东西，可以被称为共同的普遍属性，也就是文化的世界性。体育文化是一个民族历史经验的积淀，它的功能在于对民族自身历史经验的解读，每一种民族体育文化都有其自身的独特性和限定性。如果一个民族丧失了体育文化的自主性，不能用自己的体育文化解读自身的历史经验，而是任凭其他体育文化超越其限定来进行解读时，就必定会产生对民族自身生活的误读和误导，进而引发民族性生存危机。

包括中华民族在内的许多民族都在长期的历史发展中形成了各自独立的体育文化传统。当今世界仍然是一个多元体育文化并存的世界，不是中国传统体育文化西方化，也不是西方的体育文化中国化，而是双向传播、多样体育文化并存，这一发展趋势不仅是现存的必然，也是全球体育文化生存与发展的必然。

（二）民族体育文化自觉意识的养成要素

当人们深入到民族体育文化的内核层面，就会发现现代人恒定的民族体育文化价值观缺失是普遍现象，还会发现松动的民族体育文化观念是共同特点。这虽然是现代奥林匹克标准化以来由人的体育运动方式和生活方式转变所形成的，但在现代人对民族体育文化价值观的解读日益强化的情况下，民族体育文化自觉意识的养成对于个体体育和民族体育建立恒定的文化价值观具有重要作用。民族体育文化自觉意识的养成需要具备如下要素：

第一，民族体育文化的超越意识。民族体育文化的超越意识是指对民族体育文化的反省、审视和批判。唯物主义的文化观认为，文化存在决定文化思维，文化思维也反作用于文化存在，这正是文化自觉的理论基础。民族体育文化超越意识在表象意义上体现为人作为体育文化的存在总是寻求着自我的超越、极限的突破、自我的意义，它是通过在体育实践中创造体育文化的对象化过程实现的，人在对象化的体育文化存在中找寻自身，又试图通过创造超越的对象化存在达到自我的优化。

民族体育文化自觉意识养成下的民族体育文化超越意识需要深厚的民族文化土壤，这个文化土壤里一定要具有人以外的超越性客体，而这个超越性客体给予人的是终极体育文化价值观，如此，体育文化存在下才可能有相应的民族体育文化超越意识。所以，我们需要检讨在我们的民族体育文化中是否有此因素。民族体育文化自觉意识养成，不仅需要通过文化超越意识的元素来表达，现代民族体育文化秩序的培养还需要我们有超越的意识，用批判的眼光面对传统民族体育文化及其他民族体育文化。文化超越是对自我意识的批判，通过对人类体育文化的整体反思，才能达到民族体育文化对自我的肯定，或扬弃文化实现对自我的否定。

第二，民族体育的文化边界意识。文化边界意识是对主体具有的文化赋予的定性和定位感的获得，属于文化安全范畴。2009年，何星亮在谈到文化安全时指出，要树立文化自觉意识。如果说开放意识是当代人经历各种文化交织后已经培育出的心态，那么在这个心态下，文化边界意识是一种文化生存意识。

人是独特的存在，所以在民族体育文化自觉意识养成中必然要有属人文化与非文化和反文化的区分，民族体育文化边界意识正提供了这种功能。体育文化具有属人性，所以人的体育文化也一定体现人性。体育文化边界意识的功用，在于对自我民族体育文化体系把握中不但了解自我民族体育文化的核心及其衍生的体系，而且对衍生的范围、延续的边界有所觉察。人之所以在民族体育文化自觉意识的养成中建立民族体育文化边界意识，原因在于：首先，人在文化中生成自我，但自我价值一经文化建构，就容易走向绝对化。例如，在历史中人们往往把一些观念绝对化，今天却在把人或自身绝对化，最终是虚无的结果。正是在这样的背景下，人们在审视自身民族体育文化方向时，会发出警戒的底线意识，即边界意识。其次，现代体育文化自觉意识的养成。民族体育文化边界意识能够成为构成元素，在于在物质主义和感觉主义充斥的西方现代体育文化氛围中，民族体育文化边界意识体现了文化主体的理性特征，由理性出发引导出人类健康的体育文化情感，从而在西方主导世界体育文化的现状中，不至于因民族体育文化主体的自主性而丧失民族体育的自主性。人类要建立有恒定民族文化价值观支撑的民族体育文化，力求在民族文化自觉意识养成下的民族体育文化边界意识中，凸显其整合调适作用。

每一个民族的体育文化对于所属民族来说都具有它的合理性和不可替代性，从整个人类来看，不同体育文化之间的互动是人类文明发展的重要动因。在体育文化全球化的历程中，只有保持体育文化的多元化，才能避免体育文化步入"特化"之路。在当今西方体育文化日趋特化之际，保持其他族群的生活方式与体育文化的边界和特性，就如同我们保护濒临灭绝的稀有物种一样，是为了全人类的体育文化永续存在。

民族体育文化是一个民族的黏合剂，是族群认同的根基，民族体育文化被消解，这个民族也会因为失去共同的价值信仰、符号体系而离散。一个民族的体育文化就是该民族的一种自我意识，民族体育文化一旦遭到摧毁，这个民族就会成为缺乏自我意识、没有主体性的民族，也就无从表达民族独特的思想、经验、价值和利益，从而无从建立起解析自身生活世界、生活经验的意义框架，这就意味着一个民族的自我放逐。

第三，坚持民族体育文化的自主意识，并不意味着一个民族体育文化的自我封闭，或是固守本来的体育文化传统，而是主张民族体育文化与异质体育文化多交流，只有在与异质体育文化的交流与碰撞中，对异质体育文化做出选择性反应，民族体育文化才能得以发展。一个民族的体育文化对于所属民族来说，是永存的潜流，它只有在不断地"海纳百川"中才会绵延相继、更新长流。为此，一个民族的体育文化自觉自主意识必定蕴涵着文化的开放意识，我们要学会尊重和欣赏各种不同的体育文化，不但要"各美其美"，而且要"美人之美"。我们要学会与不同的体育文化进行沟通与对话，在自己的历史经验和生活世界中去自主选择异质体育文化的价值，汲取异质体育文化的有益成分，自觉地进行体育文化的继承和嫁接，壮大和发展本民族的体育文化。西方体育文化之所以能不断更新、长期持续发展，正是因为它在一定程度上获取了文化的自觉。

民族体育文化自觉自主意识要求我们：首先，要意识到自身文化的优势和劣势，发扬优势，克服弱点。其次，要对在历史上所形成的旧文化，即体育传统文化进行新的现代性诠释，使其得以更新。最后，要审时度势，深刻了解世界体育运动趋势，明确的发展方向成为世界体育文化新建构中不可或缺的组成部分。

二、树立开放式保护理念

20世纪以来，以现代科技和大工业为核心的现代化成为一种超越民族文化差异的经济力量，这种以普遍一致的理性化、标准化、通用化、模式化为特征的物质力量对全球加以普遍一致的改造，使得人类的外部物质世界和生活方式变得单调、雷同，可以说，现代化正在无情地销蚀着世界各民族文化的个性及多样性特征。任其发展下去，会造成现代人精神世界与文化空间的日益趋同、单调，这种平面式的、单向度的人类思维与精神文化模式可能会抑制人类生机勃勃的创造性、丰富奇妙的想象力和对多元文化、异域文化的理解与宽容，从而使人类丧失在文化上和精神上进行自我更新、自我改造的机会与途径。而人类正是依凭文化上、精神上的多样性和丰富性才得以相互启迪、相互激励、相互弥补的，从而在面临未来发展中可能出现的种种危机时拥有更多的选择机会和克服危机的多样性手段。

美国未来学家约翰·奈斯比特夫妇认为，制约21世纪人类社会发展的将是全球性生活方式的趋同与民族意识的激化。外部世界的日益相似，使人们更加珍视、更要坚持由自己内部所产生的文化传统。"全球生活方式和文化民族主义"是20世纪90年代影响我们生活的十大趋势之一，"即使我们的生活方式越来越相似，却有一种强大的反潮流不可忽视：一种反对统一性的力量，期望保留自身文化和语言的独特风貌，抗拒外来影响"。

面对奥林匹克运动的统一化和标准化，对民族体育文化的保护就显得极为重要。民族体育文化与外来文化以及国际体育文化之间并不是相对立的，不同地区与不同时代的文化完全可以在同一文化空间内存活。对民族体育文化的保护必须保证其发展要与时代发展同步，只有这样，才能不断获得新的能量和补充。事实上，从历史发展进程来看，各民族文化从来就不是单一的、隔绝的和孤立的，而是多种文化并存、相互沟通和交流的。各民族文化之间互相碰撞、影响、学习和渗透，都曾经从其他民族文化中吸收过营养。在世界不同民族文化的交流发展实践中，民族体育文化一直在发挥作用。

因此，在保护我国民族体育文化资源时，应该积极倡导对外来文化、外部文化和现代文明的包容，广为吸纳，从容应对，自我调适，保持个性，"和而不同"，进而实现文化的转型与变迁，以适应现代社会发展的需要。

三、民族体育文化保护的多元化

（一）提高民族体育文化的"认同感"和"自豪感"

保护民族体育文化资源，要在全社会形成对民族体育文化的认同，形成对民族体育文化强烈的自豪感。在体育锻炼活动中，除了进行现代的体育活动项目外，还要自觉参加民族体育项目的运动，以民族体育文化为荣，自觉地维护民族体育文化，弘扬民族文化。我们可以学习的国家有法国、韩国、日本、泰国，上述国家都没有因为现代化而迷失自我、丧失民族文化：法国在 WTO 条款中加上"法国例外"，充分表达了法国对民族文化的自豪和骄傲；韩国、日本的跆拳道和相扑在进入奥运会前后都完整地保留了本民族体育文化的全貌。对民族体育文化资源进行竞技化、产业化开发是体现一个民族体育文化自豪感的关键途径。也就是说，要将民族体育文化进行适当的改造、包装，才能形成体育文化产品。诸如举办武林大会、中外搏击比赛，然后向外输出中华体育文化，这有利于转变民族体育文化自身的封闭性质，使其成为开放性的文化。

为了使各民族更好地提高对民族体育文化的认同感和自豪感，了解并传承本民族体育文化，切实可行的措施是与教育结合。挖掘民族体育项目，开发具有地方特色的民族体育课程并使之进入课堂，是很好的生态保护与活态传承方法。各民族地区中小学乃至高校可以利用课程改革的机会，将民族体育文化项目纳入课程设置，帮助学生了解各民族体育文化，增强学生的民族自信心和民族自豪感，促使学生掌握本民族优秀的健身方法，推动学校体育教学的发展。

（二）推动政府重视民族体育文化的现代化转型

从静态的保护向动态的开发转变，对民族体育文化的保护不是静态的尘封，而应该在保护的基础上进行合理收集、整理、开发，实现"多样性"的终极目标。历史流变性的特点也决定了民族体育文化的保护不是封闭的和一成不变的，而应该顺应大众对竞赛、健身与休闲活动的需要，进行开放式的保护，要在保护与利用、继承与创新、传承与发展的辩证关系中维护民族体育文化系统的平衡性和完整性。民族文化的传承和发展与社会需求密切相关，如果失去社会需求，民族文化就会消失。"在现代社会中，传统文化由于失去市场而消失的情况不少，必须通过开发利用传统文化资源为其寻求新的生存土壤"，而民族体育文化是传统文化的重要组成部分和特色优势资源。

在当前的政府目标考核体系中，即使当地政府与相关主管部门有很强的文化自觉，当区域文化保护与经济发展发生冲突与矛盾时，在社会经济发展压力面前，对区域文化的保护也经常要做一定程度的退让。相对独立的环境的确对保持和传承民族体育文化的完整性和纯正性具有重要意义。因此，民族体育文化资源的保护必须基于区域内民族自觉的意愿，不能完全靠外在的强制力量来限制，民族民间体育文化要与发展当地经济结合起来，发展特色产业，走文化产业化道路，并让人民群众真正参与进去，使他们获得直接的发展红利，从而增强民族文化的自信心，提高自我传习、保护和发展本民族民间体育文化的能力。这就要求：一方面，要尊重地域民族的文化选择；另一方面，力求做到维持现代化与传统性的平衡、商业化与原生性的平衡、开放化与约束性的平衡。要提高民族民间体育文化品位，通过文化的转型使当地民族适应现代文明，在保留自身文化特质的同时，也能享受到现代文明。实现民族文化的现代化转型，要具备民族文化的基本框架、基本内容，在此基础上实现转型。如果民族文化已不复存在，已被外来文化占领，则属于民族文化的消失，而不是转型的问题。民族文化转型，就是对现代化的适应和发展。

（三）制定和完善关于民族体育文化保护的政策和法律法规体系

要从依法保护和发展的高度来认识民族体育项目的保护、发展，加强民族体育项目资源保护方面的立法工作。目前，我国还没有一套保护各民族优良传统体育文化项目的法律法规。

加强立法是各级人民政府对保护民族文化负有的重要责任，应当采取一切措施，切实保护民族文化资源。一是全面贯彻党的民族政策和文化政策，通过落实政策来实现对民族文化资源的保护。要借鉴国内外保护民族文化遗产的成功经验，用法律的手段规范和保证包括民族体育文化在内的民族民间文化。近年来，各级政府和主管部门出台了各种政策法规对民族文化进行保护。例如，云南省颁布《云南省民族民间传统文化保护条例》，贵州省出台《贵州省民族民间传统文化保护条例》，这些政策法规对于保护民族体育文化也起到了重要作用。然而，到目前为止，尚无加强民族体育文化的专门保护条例，各级政府，尤其是体育职能部门应尽快针对我国民族体育现状加强立法保护研究，抢救、保护、传承濒危的优秀民族体育文化。

（四）建立民间体育文化生态保护区

文化生态保护区是指在一个特定的区域中，通过采取有效的保护措施，使有形的物质文化遗产和无形的非物质文化遗产相依相存，并使之与人们的生活生产紧密相关，最终形成与自然环境、经济环境、社会环境和谐共处的生态环境。划定文化生态保护区，将民族民间文化遗产原状地保存在所属的区域及环境中，使之成为"活文化"，是保护文化生态的一种有效方式。到目前为止，国家已经设立多个国家级民族民间文化生态保护区，生活于其中的人们按照民间约定俗成的古老习惯，在确定的时间和固定的场所举行传统的大型综合性民族文化活动，如遍布在我国各少数民族地区的传统体育节庆活动。这些民族民间文化生态保护区都符合联合国教科文组织非物质文化遗产有关"文化空间"的规定，还可以参照非物质文化遗产的其他形式，确立若干以自然环境、物质文化遗产为依托的体育文化空间，建立民族民间体育非物质文化遗产专题博物馆和传习所，或者在已有的国家级文化生态保护区内建立独立的民族体育文化生态保护区，对保护区内的传统体育文化遗产项目加以专门保护与扶持。

第三节　民族体育文化的发展

当今世界，经济文化发展的全球化大趋势使人们过多地注意各国、各地、各民族如何去顺应全球化，而较少反思全球化的单一性、强制性对世界多元文化的破坏，亦较少探讨文化多样性对全球化的匡正、补充乃至完善的意义，更缺乏对公认的文化多样性典范的地域、民族、社区加以实证调查研究以及对于个案化的、可操作性及示范性较强的二者融通关系的研究。

如果我们不能清楚地揭示民族体育文化的内在生命力，不能阐明民族体育文化多样性的丰厚内涵及其价值，就很可能在急剧的、非理性的状况下盲目加入世界体育的一体化，被动地接受奥林匹克文化乃至西方全部体育文化，致使民族体育文化被蚕食、被丢弃。而世界体育的未来发展寄希望于各国各民族优秀体育文化传统的发扬光大，依托体育文化多样性的发展。

民族体育文化的生存和发展需要诸多条件及因素的支持，在文化互动和交流的过程中，作为内在因素，民族体育文化承载主体的作用尤为重要，主体意识的觉醒程度对民族体育文化的延续和发展、对民族体育文化的生态保护和建设影响深远。从主体视角探讨民族体育文化，有助于促进民族体育文化的发展，促进民族文化的繁荣。

一、树立民族体育文化的主体意识

（一）文化的主体意识

什么是文化主体意识？国学大师楼宇烈先生给出了一个很好的解释。他说："所谓的主体意识，其实就体现为对传统文化的自尊和自信，就是对本国文化的认同，包括对他文化的尊重、保护、继承、鉴别和发展等。"在他看来，"在文化层面，如果缺乏主体意识，这个民族的灵魂就没有立足点。我们只有确立了自己的文化主体意识，才能够去跟其他的文化交流、对话，才能够去向别人学习和吸收"。拥有了主体意识，我们就不会在现代化的文化交流中妄自尊大或妄自菲薄，就能做到"有效地、有针对性地吸收外国文化的养料"来滋养、发展本国文化，保持本民族的文化在世界上的独立性。

（二）　中外体育文化的价值互补对民族体育文化主体意识发展的影响

文化的核心首先体现在价值观念上：西方体育文化传承西方文化的核心价值，比较重视个体的价值和实现；而中国传统文化更多地重视群体的价值，强调个人利益服从群体利益，体育文化中竞争对抗的因素薄弱。这种差异来源于不同的生命观。文艺复兴以后，西方的生命观都有基督教的文化背景，认为每个个体的生命都是上帝创造的，个人和父母兄弟姐妹一样，都是上帝的子女，这些个体生命应该对上帝负责。而在中国传统文化中，一直认为天地是一切生命的根源，所谓天地合气，阴阳之气一合，万物就生长，所以天地是生命的根源。而生命是分类的，每一类都有它自己的根源，所以每个个体生命只是价值生命链中的一个环节，只有在整体的生命链中才能体现它的价值。

文化还体现为思维方式。中国传统文化的思维方式特点是强调考虑问题要从全局出发，当各个部分集合成一个整体以后，整体里面的每一个部分都跟其他的部分存在有机联系，人们不能再把它从整体中还原出来；强调在动态中看待问题，而不是静止地看问题等。中国传统文化以人文思维方式为主，西方思维方式是以西方近代理性主义的实证科学思维方式为主。实证科学思维模式在 20 世纪相对论出现以后发生了很大的变化。现代物理学中大量使用庄子所谓的混沌理论、模糊逻辑的理论，把中国的阴阳、道家的自然、禅宗的修禅等概念都用到现代物理学中，科学的研究已经不再是一个静态的研究，而是把很多动态的中国传统文化的研究方式、思考方式融合进去。

现代奥林匹克运动秉承科学的、静态的、逻辑的线性思维模式，采用标准化、统一化、格式化的运作模式，难以理解中国传统文化的人文思路。所以，思维方式非常重要，民族传统体育文化要了解中国传统文化的内涵和要义，弘扬中国传统文化的理念和价值观念，树立起中国传统文化的主体意识，重塑我们的思维方式，或者说重新了解中国传统文化的体育人文方式。在中外体育文化的沟通与交流中，在融入西方体育文化的同时，保持完整的中国传统体育文化的主体性，形成交流和互补。

（三）　大众体育文化对民族体育文化主体的强烈冲击

世界经济一体化引起世界各地区、各国在制度、法律、生活方式、价值观念、信息传播等方面的改变，并且这种进程正在加快。人员、经济、文化交流的日益频繁，不同国家和不同地域民族之间的文化在不断相互吸引、融合、同化、对峙、对抗乃至冲突。经过不断地发展和演变，已形成多元的文化格局。发展民族体育文化，需要积极开展国际的体育文化交流，吸取一切有益于民族体育文化的成分，积极推进民族体育文化的更新和发展。同时，在经济一体化背景下的文化交流中，我们又面对着西方文化的强势入侵，这对于我国本来就处于劣势的民族体育文化来说，会产生非常消极的影响。

大众体育文化是在现代工业社会和市场经济充分发展的背景下，在技术理性支配下形成的由各种媒体推动的一种新的通俗文化形态。在现代社会中，它渗透到日常社会生活的每一个层面。大众体育文化本是一种商品，是与现代大工业生产和当代资本主义密切相关的以工业方式大批量生产、复制的消费性文化商品，这方面的例子数不胜数，诸如篮球的 NBA，足球的英超、德甲、西甲，棒球的美国大联盟，等等。这种现代体育文化以各种令人眼花缭乱、无法回避的声音、颜色、形象等形式，通过广告、流行歌曲、畅销小说、商业电影、电视剧、动漫、休闲报刊等丰富的媒介，创造并开辟了巨大的体育文化消费市场，吸引了大量的观众，通过商业关系实现其文化价值，获取了巨大的利润。当下，大众体育文化以各种通俗的形式在中国社会流行，在中国体育文化和意识形态领域里形成主流，挤占了民族体育文化的生存空间。这种休闲性和娱乐性极强的大众体育在不同程度上通过特殊的消费来影响和支持个体的体育文化心理和意识，不断消解民族主体意识，以貌似松散和自由的形式控制了主体，掠夺了其他文化的受众，使传统体育文化在许多边界上受到强烈的冲击，对于生态相对脆弱的民族体育文化和主体性较弱的民族体育个体来说影响更大。人是文化的承载者和主体，主体意识的迷失和独立性、创造性的弱化，容易使个体对本民族文化产生淡漠感，缺乏责任感，在文化吸收、选择过程中自然会处于麻木状态，积极的拒斥作用和排异功能就会降低。正因为如此，大众体育文化才能随着各种媒介的不断丰富以各种通俗形式潜移默化地侵入民族体育活动的日常生存空间，悄然改变着主体的生活方式、思维习惯和价值观念，影响着主体的宗教信仰和文化习俗。通过改变个体，逐渐影响文化遗传的基因和文化存在发展的基础，进而使民族体育文化湮灭在现代性的体育文化洪流中。

二、民族体育文化与现代西方体育文化的同等价值

民族体育文化作为长期形成的一种最根本的文化信念和价值系统，直接或间接地影响着一个民族的体育文化发展。未来是传统的延伸，是在扬弃传统的基础上产生的，是对传统文化的重组和对新文化的建构，是民族认同和凝聚力的集中

体现。

民族体育文化也是人类共同的财富。随着世界交往的扩大，世界文化市场为民族体育文化的展示提供了更多的机会和适宜的舞台。各国、各地区的民族体育文化不仅具备体育文化的一般特征和属性，而且各有特色，带有强烈的民族文化气息，内含浓厚的民族意识。每一个地区或国家都有自己的传统体育，传统体育项目在一定程度上成为这些地区和国家的象征，如英国的板球、印度和巴基斯坦的曲棍球、美国的棒球、巴西的足球、韩国的跆拳道、日本的柔道、中国的武术等。

不同国家、不同地域的民族在其自我发展的过程中均有自己的文化，存在区域特性，并以此为支撑点，逐渐发展成具有地域特色的文化体系。在这一体系中，从价值观、意识到行为都有自己的评价标准和规范。如果人们将民族体育文化视为一个系统，那么将会看到这些系统都是在与其他体育文化系统的关联中获得自身的存在地位的，而且不同系统间的边界是模糊的，不同系统间总要产生能量、信息等的交换。唯有如此，系统内部才可能获得更大的能量，使自身充满活力。

从历史的角度看，不同社会的运行机制也存在差异，这种差异强化着人们的价值观、意识和行为规范，使社会的习俗沿着一定的方向发展。然而，体育文化在现今的交流更多的是融合，只有不断地交流、充分地融合，才能为地域文化的发展提供动力，才能使地域文化被全球所认同。日本的柔道正是经历了交流、融合的历程，才被世界认同，它虽然采取了竞技体育的形式，但核心内容保留着深厚的民族风格。当然，民族文化的发展必然要经过一个时期的封闭式成长过程，只有在一个相对封闭的环境中，备受民族文化熏陶后才能孕育出浓郁的民族文化气息。同时，民族文化只有在不断成熟的过程中才能蓄积"文化反弹"所需的足够能量。因为"文明的所有手段或工具都必须在人们追求当下目标的过程中证明其自身的效度，无效者将被舍弃，有效者将被保留，随着旧的需求的满足以及新的机会的出现，新的目标也会不断出现"。总而言之，民族体育文化的变迁就是不断地调适人与自然、人与人、人与自身的关系的结果。福柯曾说："要求逃离当代现实体系，以便制定出有关另一个社会、另一种思想方式、另一种文化、另一种世界观的完整方案，这种企图只能导致最危险的传统复辟。"正如学术自由是学术繁荣的前提一样，民族体育文化自身的发展变化也必须有一个自由的空间。切莫以为人们认识到了体育文化多样性的某些意义，就可以说保护传统体育文化是当务之急，从而忽视了传统体育文化的具体价值和运动理念。

当今科学技术的发展，使得任何一个民族文化的发展都不可能立足于孤立、封闭的环境，只有在借鉴、融合的基础上才能趋于成熟和提升。现代社会频繁的交往，密切了人与人、民族与民族间的联系，使民族体育文化在交流与融合中表现出许多共性的特征。各国、各地区的民族体育文化虽然形式多样、特点各异，但目标是一致的。实践表明，民族传统体育文化对各国、各地区社会的稳定与进步以及对政治、经济、文化的发展起到了积极的促进作用；在与其他民族进行政治、经济、文化的交流方面同样起到了纽带的作用，它使体育文化相互借鉴、相互融合、相互促进、共同提高，使其更有效、更广泛地服务于全人类，这一趋向必然导致民族体育文化的共性不断增大，显示出强大的社会功能。

在当今中国体育文化欲走出国门之时，我们应更多地吸纳、引进世界体育文化，因为世界体育文化将极大地丰富中国体育文化的层面和内涵，也会增加中国传统体育在全球文化交流中的共同"语言"。同时，中国传统体育在与其他民族体育交流中得到推广，深受其他民族认可，同样丰富了全球体育文化的内涵。不同民族的体育文化在结构上表现不一，但在本质上是一致的，即一种作为主体的自我对作为客体的自身的修炼，以期达到增强体质的目的。恰恰是这种同质异构特性使体育文化的交融成为可能。在不同地区发展不同的民族体育项目，使其保持原有的文化性格，具备相应的地域性，是体育文化持续发展的根本所在。有了民族体育文化独立发展的基础，在文化共享意识的影响下，不断地将成熟的项目推广，为全人类服务才有可能实现。实际上，民族体育文化已经成为奥林匹克运动的基础，并为其提供源源不断的体育资源。

三、民族体育文化应适应现代化的发展

世界范围的现代化进程，需要每一个民族在现代化与传统文化之间寻找平衡，协调处理好现代化与民族传统文化的关系。一方面，现代化是每一个民族繁荣昌盛的必由之路；另一方面，每一个繁荣昌盛的民族都应保有自己优秀的传统文化，都应保有自己民族的基本特点。丧失现代化将意味着民族的贫困、国家的衰落，丧失传统文化则意味着民族的消亡。这就在理论和实践上构成一对尖锐的矛盾，正确处理这一矛盾，将有利于民族文化的繁荣。

源远流长的民族体育文化是中华民族的瑰宝，也是中华文化的典型代表，其涵盖面涉及中华民族儒释道的世界观、人生观、道德伦理观念以及医学、文学、美学等层次和领域，这些精神文化内涵铸就了中华民族的凝聚力，也是中华民族世代繁衍维系、生生不息进取精神的动力。在大力发展经济，世界到处闪烁着科技文明的光辉，而文化信仰的灯塔却显得相对暗淡的今天，民族体育文化的传承与发展更具有一定的历史意义与人文价值。

对于"现代化"的理解有多种，按照最新版《现代汉语词典》的解释，"现代化（modernize）：动词，使具有现代先进科学技术水平"。民族传统体育是否要

"现代化"？如何"现代化"？从文化学角度来讲，一个国家的强大不仅是物质的丰富、经济的发达，更重要的是精神文明、民族文化的繁荣发展。一个没有伟大文化传统和智慧的国家是不可能长久生存和发展的。

民族传统体育的现代化转变是大势所趋。社会从传统向现代的转型是一个不可逆转的动态过程，涉及经济、政治、社会和文化等方面。

不同时代的人有不同的文化需求，文化一成不变地传承是难以实现的，传承必须与发展相结合，与现代生活相融合，找到传统文化价值观与现代社会多元文化价值观的对接点，方能实现文化的更新和延续。

衡量新生事物是否合理的标准是看它能否满足社会需求。任何一种文化形态都要依托一定的社会现实需要，才能实现自身的发展，否则将变为文化遗产符号。社会的发展、价值观的变化决定了民族体育必然要拓展新的发展道路，以满足当今社会人们的体育文化需要。

"借用'周虽旧邦，其命维新'的古语，民族体育文化虽多为旧学，但其命同维新；而维新之道，端在人的文化信仰与学术的自觉，这也是民族体育文化的现代命运与使命。"

四、民族体育文化蕴涵能量的持久释放

（一）有组织地挖掘与整理民族体育文化并加快创新步伐

民族体育传统文化是中华民族文化的重要组成部分，具有十分珍贵而独特的文化价值，是构建中华民族文化多元一体格局的重要基础。近年来，由于全球化、信息化、都市化及市场经济的冲击和影响，我国社会、经济、文化状况发生持续的变迁，导致一些民族传统体育文化在我们还未来得及认清其社会性质与作用时就已失传、消失、解体，这无疑对加强民族传统体育文化挖掘与整理现状的研究，对制定切实可行的民族体育文化挖掘、整理、保护措施提出了迫切而严峻的要求。

在这种情况下，更需要加强民族体育文化的发掘、复原、保存与提炼。但是，各民族体育项目繁多、内容复杂、形式多样，对其进行整理、提炼不仅需要研究者花费大量的精力，而且需要政府对此予以长期的经济、资源等方面的支持和投入，同时需要制定一系列法律法规进行规范。在挖掘与整理的过程中，各种有效的技术手段也是十分必要的，这一切都需要政府的大力支持。在此基础上，民族体育文化只有发展和创新，才能适应当今社会不断发展的文化变革。人们对于文化拥有自身的需要，文化在不断地创新中才能发展自身的诸多功能，真正融入人们日常的生活、学习、工作中。在物质需要基本得到满足的今天，更需要满足人

们日益增长的文化需求，这将是文化进一步发展的契机。只有加快文化的创新，才能为文化注入活力。民族体育文化也需要创新，需要在不断地发展摸索中寻找文化的创新点。

（二）将一些优秀民族体育项目纳入教育和全民健身体系

现代社会将学校视为人类社会发展的"动力源"，知识的保存、传授、传播、应用与创新，文明的传承与创新，人才的培养等在很大程度上是建立在学校教育基础上的。将遴选出来的优秀民族体育项目纳入教育体系，对促进民族体育现代化发展具有十分重要的作用。具体来说，可以有计划、有目标地将民族体育运动项目融入高校公共体育教学课程中，以实现民族体育活动在学校的积极开展。

民族体育是生于民间、长于民间的一种文化形式，一般情况下，都具有独特的仪式和较强的娱乐性，可以轻松吸引大众参与到民族体育中来。其中，具有独特仪式的民族体育文化形式大多被人们用来表达自己对神灵、祖先、大自然的信奉与崇拜，当然也有一部分是表达自己对心上人的爱慕。由此可见，民族体育文化是人们满足精神需求的一种重要方式。同时，民族体育蕴含着中国古代哲学和传统中医的理论，在增强人体健康、保持心情舒畅等方面具有特殊效果。在大力倡导全民健身的今天，开发民族传统体育，将其纳入全民健身体系之中，不仅是全民健身活动开展的需要，也是民族体育现代化发展的重要体现。

（三）正确应对国外体育文化的冲击，加强民族体育文化与世界体育文化的交流

中华民族的传统文化具有包容性，在漫长的历史长河中，中华民族的文化一直在融合外来文化，最终演变成现在中华民族文化的多样性。世界各国的文化都有其特点，在"世界多元化"背景下，外来文化全球化趋势也将加快。文化之间存在共同的特征，这有助于各种文化的融合，同时文化的差异性表现得比较明显，这是由不同的民族、地域和历史原因造成的。

中国的民族体育文化面临国外体育文化的冲击，我们要做的是保持自身文化的核心价值。在这样的环境下，文化本身的价值显得尤为重要。人们只有了解文化本身存在的价值，才会选择这些文化及其文化产品。体育文化也要包容自身的多样性，吸取外国文化的优点，同时发现自身的不足并努力改正。各民族体育文化之间要互相尊重，创造一个和平发展的环境，才能促进各民族文化的共同发展。

在现代社会中，现代化体育的冲击、全球化趋势的演进都在很大程度上对民族体育文化提出了开放与交流的要求，要求民族体育文化加强与世界体育文化的交流，只有通过这些交流，民族体育文化才能走出国门，走向世界，在大力向世界展示中华民族优秀体育文化的同时，取得长足发展。

（四）重视文化的传播，探索民族体育文化外向型产业发展道路

世界强国必然也是世界文化强国，国家及政府要重视文化的传播。例如，为推广瑜伽运动，印度士兵在多国军事演习中表演瑜伽动作，曾引起记者的关注，瑜伽与军事的结合充分说明印度政府对于瑜伽文化的重视。文化的传播范围决定了文化发展的广泛程度，世界多元化理念下文化的融合和交流，使加强文化传播显得尤为重要。

民族体育文化要发展，必然要制定文化传播规划。中国体育文化只有在文化"走出去"的过程中与国外先进文化交流学习，才有助于自身的发展，才能不断地发展出新的传播方案和思路，在全国乃至全球范围内传播。

在市场经济不断发展的今天，全球化及其所带来的经济一体化已经成为一个不可逆转的潮流。纵观社会文化形态的发展，一种文化形态要想长久地发展下去，只有不断地适应社会形态的发展。也就是说，民族体育文化要想在全球化这种大环境中发展和创新，就必须积极地适应社会发展的要求，积极地探索与培育出自己的国际化、产业化道路，进行市场运作。这样，一方面，能使民族体育文化不断发展；另一方面，能为民族体育文化开辟更大的生存空间，从而在全球化和世界文化同质化的大环境中获得自己的立足点与发展空间。

第四节　民族体育文化的交流与融合

从系统论的角度来看，整个民族传统体育是一个大系统，由各个民族、各个地区构成的单一民族文化区域是一个小系统。各系统之间通过各种媒介相互交往、相互影响、相互作用，从而促进各系统不断优化，增强民族活力，促进社会发展。各个民族区域由于地理环境和人文因素不同，形成具有各自特点的民族体育文化。各民族体育文化系统既有特殊性，也有共同性。正是因为有共同性，所以不同的民族体育文化之间才可能进行交流；更是因为有特殊性，不同民族体育文化之间才有必要进行交流。民族体育文化正是在这种文化交流中不断地提高文明程度。从某种意义上来说，一个民族的体育文化只有善于吸收其他民族的优秀体育文化成果，才能促进自身更快地发展。

一、中华民族体育文化发展历程中的交流与融合

（一）中华民族体育文化形成的地理和人文条件

任何一种文化的形成都有特定的地理、人文环境，并和特定的历史条件相联

系。从这些方面来看，中华民族体育文化的形成条件优越，基础雄厚。

从地理环境来看，中国地处亚洲的东部，东南面对浩瀚的太平洋，有着漫长的海岸线。西部则是高耸入云的山脉和一望无际的沙漠、草原；西边高，东边低，黄河、长江都蜿蜒地由西向东流去，最后汇入大海。在古代交通工具相对落后的情况下，这种地理环境显然限制了中华民族与外界的交流，形成一个幅员辽阔而又相对独立的地理单元。在这个地理单元内，既有众多的高山、大河，也有大片肥沃的平原。沿海地区还有大小岛屿星罗棋布，它们和内陆关系密切，形同一体，使海陆文化完美地结合在一起。中国基本上处于北温带，四季分明，土地肥沃，雨量适中，气候宜人，地形结构多样，生态环境构成复杂，适于人们从事不同的民族体育活动。中华民族民众在这片土地上世代生息繁衍，不断地交流和融合，形成四通八达的交通网。在这片土地上，各地区具有自己的文化特色，对中华民族体育文化做出了自己的贡献，最终形成了丰富多彩又独具特质的中华民族体育文化。相比而言，世界上其他几个体育文化系统形成的地理环境就相对狭小，如古希腊奥林匹克文化形成于半岛之上。

就文化形成的范围来讲，埃及文化形成于尼罗河流域；以伊拉克为中心的两河流域文化实际上处于沙漠的绿洲上；印度文化的地理范围稍大，但是也无法与中华文化的地理范围相比，流传至今的民族体育项目仅瑜伽等。这充分表明，形成中华民族体育文化的区域广阔，基础丰厚而坚实。

辽阔的中华大地地形复杂，形成许多各具特色、大小不一的地理单元。在这片大地上生活的各个民族共同组成了中华民族大家庭。在这个民族大家庭中，除了人口占绝大多数的汉民族以外，还有 55 个少数民族。

各个民族生产力发展水平不同，风俗习惯不同，在各自的生活区域创造了各有特点的区域民族体育文化。各区域民族体育文化相互交流，相互学习和吸收，形成了博大精深的中华民族体育文化。农耕型民族体育文化、狩猎型民族体育文化都是区域民族体育文化，它们都为中国民族体育文化做出了重要贡献。中国民族体育文化深深植根于中华民族这个有强大生命力的民族共同体中。中华民族具有的多族同源特性为中国民族体育文化提供了独特而又坚实的人文环境。

中华民族体育文化的形成和发展也有其特定的历史条件，这种历史条件与上述的地理和人文环境有密切联系，但又不能相互代替。

古人类学家通过丰富的考古材料证明，在 100 万年前，就有人类在中华大地生息繁衍。到夏、商、周时期，已创造出灿烂的文明。到了汉代，作为中华民族主体的汉民族已经形成。在这个共同的地理区域内，人类有了共同的语言和共同的经济生活，也有了共同的民族文化心理和民族体育文化的哲学观念。

在农业经济背景下，中华民族体育文化即以传统哲学的身体观、生命观作为思想基础。首先，"贵生""重己"的身体观及其对生命价值的充分肯定。"贵生"的思想在我国最早的历史文献、被历代尊为"六经"之一的《尚书》中已有明确的表达。其次，"天人合一"的生命观与独特的自然养生思想的形成。如果说，"贵生""重己"的身体观为中华传统体育文化提供了坚实的思想基础，那么，"天人合一"的生命观则为中华民族体育文化体系的构建提供了可操作的理论指导，从而使这种可能成为现实。

中华民族体育文化内容繁多，最有代表性的是以独特的养生术、武术为主要外在表现形式的民族体育文化现象。中华民族体育文化植根于中国传统哲学的丰沃土壤，很早就已经建立起独立的精神本原，但就其本质而言，往往都是根据"天人合一""道法自然"的理论设计出来的。这一独特的体育文化成果不仅具有极大的包容性，而且具有极强的渗透性和旺盛的生命力。由此，在相对封闭而漫长的中国农业社会历史进程中，中华民族体育文化一直作为中国人造就身心健康的主要理念向导和基本来源。

（二）中华民族体育文化间的接触与交流

1. 民族体育文化接触的价值

民族体育文化间的接触是指体育文化特质、结构和要素等在人类社会范围内的流动，也就是在不同地区、不同民族、不同国家的社会群体和个体之间的传递。民族体育文化的接触是通过人们的社会活动来实现的，在不同的历史时期，民族体育文化的社会地位不同，接触的方式也显示出不同的特点。

稳定的政治局面为民族体育文化接触与发展提供了舞台，但民族纷争时常发生，所谓稳定只是一个相对的概念。在中国古代史上，取得稳定的朝代主要有汉代、隋唐和明清。宋朝虽不稳定，但体育之风盛行，主要还是承袭汉唐之遗风。在这几个朝代里，我国民族体育文化交流与发展非常迅速。如在汉代，从出土文物及文献记载可以看出，其体育项目繁多、分布较广，呈现一派欣欣向荣的景象。汉代是我国重要的、稳定的封建社会时期，引进了大量的异域文化，为汉胡文化交流提供了条件；隋唐时期，不仅汉地经济稳定发展，而且正确处理了与周边民族的关系，各地使臣络绎不绝，民族间的交流达到空前的兴盛；明清时期，由汉族占统治地位向少数民族占统治地位转变，满族统治时，及时处理好与汉族、藏族、蒙古族的关系，社会出现康乾盛世，国土空前广大，包括域内大大小小的民族。清朝统治者除对部分非满族文化进行扼制外，还诞生了一些新兴的体育文化，如滑冰、冰球、滑雪等。

在历史发展进程中，有的民族体育项目不仅受到本地区、本民族人民的喜爱，而且由于符合其他民族对教育、娱乐、健身、交流等方面的需要而被借用，经过吸纳、共生、丰富和发展，原有的内容和形式又以新的面貌广泛流行于各民族间。

不同地域文化接触，结果是必然带来不同文化的相互影响和渗透，使得一元变为多元，单一变为复合。

实际上，各民族体育文化在传播的过程中必然要经过接触、联系、冲突、适应、调整、吸纳的阶段和过程。经历文化调适之后，才能实现向本土民族体育的转型，形成新的、更具生命力的民族体育文化形态。

民族体育文化的接触价值，首先，体现在本民族传统文化的表现形式方面。相互接触后的民族体育文化融民俗、体育、舞蹈、音乐为一体，多种民族传统文化交融、渗透，承载着大量的民族传统精神，既使民族文化相互融汇，形成双向结合，又使多种民族文化形式借助体育运动成为外在的表现形式，形成一种新型的综合性民族文化，极大地丰富了民族传统文化的内涵。其次，在民族文化接触价值的内在属性方面，民族体育文化直接或间接地反映了一定历史时期民族政治、经济、民众生活、道德伦理、民间文化和民族心理等方面的情况，涉及民族学、历史学、社会学、人类学、伦理学等多学科、多领域内容。在历史的发展过程中，具有悠久的历史、有发达的社会文明做后盾的社会文明系统在与其他民族体育文化的接触、冲突过程中虽然发生了结构性的变化，但是在向新型体育文化转型的过程中，保持了其本区域、国家的民族体育文化中的民族精神，同时吸纳和融入大量的其他地域、民族体育文化中进步的要素。

2. 民族体育文化的变迁与整合

民族体育文化的变迁是由其发展和演变过程中产生的文化特质和丛结变化的不断积累而引起的民族体育文化结构、形态等总体性的急剧变化。民族体育文化的变迁仍然是一个发展的问题，是一个从量变到质变的过程。民族体育文化的变迁不可能在一朝一夕实现，总是需要通过一个个民族体育文化现象、文化特质的渐变，再逐步过渡到民族体育文化精神层面、行为制度层面和物质层面的普遍性的改变。民族体育文化的主体是人，它的变迁也必然经过人的认识发展过程，在民族体育文化特质和丛结从量变到质变的过程中，必然伴随着人的认识从自发到自觉的发展过程。从民族体育文化与人的互动作用来分析，它的特质和丛结的变化过程都具有人的自觉性。与其他文化变迁一样，一般情况下，民族体育文化的变迁也是先从文化的物质层面开始的，进而引发体育制度和体育行为方式的变迁，最后引起体育文化精神层面的变革。比如，如果没有古希腊丰富多彩的体育运动形式，就不会形成苏格拉底的终身运动思想，也不会形成柏拉图的和谐发展的体育思想。引起民族体育文化变迁的原因是多种多样的，对这些因素进行汇总，我们发现，大致包括人们生活环境的改变、社会物质和文明的发展、外来文化的传播、传统体育文化的自身冲突等。

民族体育文化的整合也是一个各民族文化接触的过程，实际上就是文化整合的过程。"所谓文化整合，即指不同文化相互影响、吸收、融化、调和而趋于一体化的过程"。这些不同的文化交织混合为一体，通过接触、逐渐整合，最后衍生为一种新的文化体系。

各区域民族体育文化源于不同的自然环境、地理环境与文化土壤，从产生之日起，便依据自身的发展轨迹曲折前进、逐渐发展。但是，各个农耕地区、渔猎地区、游牧地区等各自的演变绝非是一个自我禁锢的封闭体系。在历史的发展过程中，各种民族体育文化以迁徙、聚合、贸易、战争为中介，也曾促使过两种或者两种以上不同质态的体育文化冲破本区域、本民族的疆界，在各自相邻的"异族文化圈"内与不同的民族体育文化形式互识互融、传播扩散。

民族战争与民族纷争是民族体育融合的媒介与契机，自从人类有了生活资料的积累，就出现了大大小小的民族纷争与战争，特别是种群或部落族群形成后，更成为人类生存中必不可少的一个内容。我国自有史以来，民族纷争与战争就不曾停息，尤其在中原地区更为明显。中原历来是政治、经济、文化的中心，也是民族分布最为广泛的地区，是农业经济、牧猎经济、畜牧经济混杂相处的地区。这几大经济中以农业经济最为稳定、文化积淀最为深厚，其往往受到游牧民族的攻击与掠夺。随着民族意识的提升，中原统治者扩大疆土的欲望增强，产生了对骑射文化的强烈需求，从而农业经济对进攻游牧经济有了强烈愿望，两种经济在战争的促进下产生融合。转而，战争由以前游牧民族侵入中原发展为中原主动进攻游牧民族，这从赵武灵王效胡骑射至汉武帝通西域击匈奴中可见一斑。

中国古代的历史就是民族战争与纷争的历史，无论是汉胡之间、汉夷之间、汉戎之间、汉蛮之间，还是胡胡之间，战争都时有发生。先秦、南北朝、五代十六国和宋辽金西夏这几个重要时期是中国古代民族战争与融合的主要阶段。先后有戎、狄、夷、蛮与汉族之间的纷争与融合，匈奴、鲜卑以及西域诸族与汉族的纷争与融合，突厥、吐谷浑、回鹘、契丹、女真等族间的纷争与融合。在民族纷争与融合的交织过程中，各民族的体育文化也实现了交融，如匈奴的角抵、骑射，鲜卑的摔跤、射击，回鹘的骑术、绳技，契丹的摔跤、跳绳等都传入汉民族地区。

处于原始部落阶段或是氏族阶段的民族或者地区，身体锻炼活动存在类似性，但由于物质条件和生产力水平的差异，身体锻炼活动的形式、内容和规则在各民族地区存在差异。因为相似性和差异的存在，族内的各种体育文化很容易受到外来先进文化的影响，从而借鉴先进文化，在借鉴并转化为本民族体育文化的过程中就可能伴随着创新。

运动项目由生存技能性、军事实用性向娱乐、消遣与健身性转变。人类自诞生起就要为了生存而与自然和周边诸多其他生物侵袭做斗争，为生存而采取爬、跑、跳跃、游、投掷等身体运动。在这些过程中，人们不断摸索和总结出生存的技能。在漫长的人类发展过程中，生存技能提高了，生活资料丰富了，于是出现了为争夺财富而进行的战争，如以力见长并发展为技巧性用力的搏斗，即是人类原始生存技能性体育锻炼向军事实用性锻炼转变的现象。自秦统一以后，销兵器而兴角力，即表现出角力在军事训练中的重要作用。这种运动在军事训练中除实用性外，还表现出刺激性，因此成为统治者娱乐消遣的项目，秦二世沉溺于甘泉宫观赏角抵即是有力的证明。在朝廷的倡导下，角抵运动也就成为民众锻炼的手段和消遣的内容。

满族建立政权时，相对于汉族与蒙古族而言，文化较为落后。为巩固其统治地位，他们扼制骑射，发展步射与角抵（拔里速）。现代中国式摔跤成型于清代，就是满族借鉴民间角抵与蒙古族拔里速的结果。满族统治者定下围猎制度，以拔里速为国俗，选拔蒙古族、满族、汉族摔跤选手进行比赛与训练，综合各家之长，从而形成新的摔跤方式与规则并流传至今。这是一种借鉴，也是一种创新。

二、跨越国界的民族体育文化交流与冲突

（一）中国民族体育活动中的传统文化理念

中华民族的文化价值被形象地表述为"具备水一般的文化特性"，这种特性实际上是一种社会文化价值体系的表现。从远古先秦开始，各种文化的价值意识、价值实践纷繁复杂，正如事物发展的规律一样，人们在反复的价值实践、价值反思中逐步理清了思路，建立了文化价值基因，形成了文化价值体系。

中国的文化价值体系在早期是以儒道互补为主体架构的，春秋战国时期，思想界出现了百花齐放、百家争鸣的局面，儒道二家思想影响较大。汉初又崇尚黄老之学，至汉武帝接受董仲舒"罢黜百家、独尊儒术"的建议后，儒学由子学一跃而为官学。汉末以后，由于中国本土道教的兴起以及外来文化的传入，很快形成了儒、释、道三足鼎立并且日趋融合的局面。魏晋玄学从本质上说是儒、道结合的产物，宋明理学则是儒、释、道三教综合的结果。

中国文化的本质特色是以人为本的人文主义或人本主义，这其实也是中国文化精神的重要内容。与古希腊文化注重人与自然的关系以及希伯来文化、印度佛教文化重视人与神的关系不同，中国文化侧重于人与社会、人与人的关系以及自身的修养问题。中国哲学，儒、释、道本质上都是一种人生哲学。从总体上看，以儒家为代表的以人为本的思想在后来的社会中得到广泛的认同和创造性的发展。

"以和为贵""持中贵和"是中国传统文化的重要思想观念，中国文化重和谐

统一，重视自然的和谐、人与自然的和谐、人与社会的和谐、人与人之间的和谐、人自身的身心和谐等。中国传统文化"以和为贵"的和合精神最为典型地体现在"天人合一"的思想传统中。在中国古代思想界看来，天与人、天道与人道、天性与人性是相类相通的，因而可以达到和谐统一。"天人合一"理论将人放在一个社会大系统中，天、人、地，人处于中心地位，但是人的作用必须要遵循自然的规律和法则，人的行为受制于天和地。中国传统的养生方式强烈地受到道家思想的影响，构成了保全自己的观念与养气练形技术相结合、个体顺应、遵循自然的思想倾向。受这种思想影响，人是天地阴阳育化，"精神本于天，骨骸本于地，精神入其门，骨骸反其根"，所以必须做到"法天顺地"，保持与天地和谐共生。

（二）跨越国界民族体育文化交流的价值

民族体育文化交流是一种基于愉悦的、跨越地理空间的自觉的人类行为，是一种能够接触和参与的直接传播方式，是文化基于人际的、亲身的、直接的、互感知的交流与传播。

第一，民族体育文化的交流是双向的传递和流动，不可能只是从一个国家和地区向另一个国家和地区的单向流动，即使是在文明程度很高的国家和地区向文明程度相对较低的国家和地区流动的情况下，也存在双向流动的现象。

民族体育文化的发生，起初是在彼此完全隔离的区域和环境下孤立地进行的。随着人类文明的发展，氏族之间、胞族之间、部落之间乃至异族之间的战争，人口迁徙，环境的改变，民族体育文化交流才逐步发展起来。这种交流在古代和中世纪还受到地域和种种壁垒的限制，以致许多民族的体育长期处于十分闭塞的状态。

到了近代，伴随着世界市场的形成，这种种限制才基本上被打破。今日的世界，任何一个民族都希望将自己的体育文化纳入世界体育文化发展轨道，世界范围内体育交流的大趋势逐步形成。从体育文化的隔离，到相邻的区域和民族间的交往，再到世界性的体育文化交流，可见人类社会进步和体育文化进步的轨迹。

第二，民族体育文化的传播除受到社会、地域、文化的影响外，还受到接受者对传播有选择性的影响，不是传播者送来什么，被传播者就接受什么；被传播者对传播内容的接受除了受到个体和民族文化背景的影响外，社会政治、经济也是被传播者接受传播内容的条件。如中国古代体育有其浓厚的东方色彩，其从形式到内容与西方文化存在质的差别，很难得到西方的认同。因而，除了日本、朝鲜等深受中国儒家文化影响的国家以外，中国与其他国家，特别是西方国家难以在体育上进行交流，和日本、朝鲜的交流也是有限的。但仅在这些有限的交流中，中国失传多年的一些武术、围棋典籍仍可从日本的图书馆中找到，我们可以从与日本同行的交流中完善自己的功法与技术，把传统的体育重新提到较高的水平。人类体育文化发展史告诉我们，只有进行充分的体育文化交流，才能维系体育文化的可持续发展。

总之，由于自然环境、区域环境、政治经济环境及人种的不同，世界各民族的体育文化发展是不均衡的。这种不均衡包括体育文化的外在形态、内在属性、侧重面以及发展程度。这种不均衡是交往的内在驱力，各民族体育文化在交流中才能取长补短、不断发展。

民族体育文化的传播与交流只有在充分考虑民族文化背景、社会政治、经济条件的情况下，通过各民族体育文化的交流活动，才能保持平衡发展。这种平衡主要表现在以下方面：一是互相浸染，交往的双方各自采撷对方的体育文化精华作为发展本民族体育的营养，丰富各族人民的物质生活和精神生活；二是互相借鉴，从对方体育文化发展的经验教训中获得教益，把对方的成果作为效法的楷模；三是互相补充，引进其他民族的体育活动，丰富本民族的体育文化。

（三）文化冲突是民族体育文化发展的动因

文化冲突是民族体育文化发展的必然状态。伴随着人类发展交往空间的扩大和联系形式的多样化，人类的冲突会越来越多、越来越复杂，这是一个规律性的现象。文化冲突指不同文化的性质、特征、功能和力量在释放过程中因差异而引起的互相冲撞和对抗的状态。

文化冲突长期存在于民族体育文化发展过程中，突出表现在纵向结构上的特质要素和横向交流两个方面，即一个是体育文化纵向发展过程中的文化冲突。体育文化的各种文化特质和要素之间存在对立、新旧等矛盾关系，文化的发展必然会出现这些特质和要素之间的对抗，从而产生体育文化的冲突。另一个是体育文化横向交流、传播过程中产生的冲突。不同国家的人们，社会形态和民族文化背景不同，导致体育价值观、体育伦理观等方面的文化冲突，主要集中在体育文化的精神层面和行为制度层面。

物质层面的冲突是体育文化冲突的主要表现，然后逐步发展到行为制度层面和精神层面。也有一开始就表现为体育文化整体性的冲突。比如近代西方体育传入中国后，西方体育文化与中国民族体育文化之间的冲突就表现出理念、制度、结构等方面的整体性冲突。

处在不同文化背景下的人们有着不同的价值观和宗教信仰，其所表现的民族体育活动在某些方面也是互不兼容的，在缺乏相互了解和相互尊重的情况下，出现局部的一时"冲突"是可以理解的。这正像事物具有矛盾对立面一样，出现这样的"冲突"是难以避免的。

体育文化冲突的结果是文化的分解和重塑。对于具体文化而言，分解意味着衰亡，重塑意味着新生。但衰退和消亡绝对不是全部消失。比如非洲的体育文化在接受了西方体育文化之后，也保留了少量的民族体育文化。重塑是通过不同体育文化要素和特质的相互吸收和融合形成新的体育文化。

当前，中国近代体育就是在东西方体育文化纵向整体结构与横向要素之间矛盾冲突之后重塑出的一种新的体育文化，它既具有中华民族体育文化的特性，也包含西方体育文化的特征。

在人类社会和文化大背景下产生的体育文化冲突，如果是单纯的体育文化要素，特别是物质层面的要素，是不会引起矛盾对抗的。例如，在中国明代中期，西班牙、葡萄牙的商人就已经到达中国沿海地区从事商业活动，生活在中国沿海地区的这些外国商人所带来的体育活动就已经与沿海居民之间产生了交流和传播，但并没有与中国传统体育文化产生对立、冲突。直到近现代西方教会在中国举办教育时期，在社会文化的大量参与下，西方体育、西方教育、西方宗教、西方科技、西方政治思想等才一起与中国传统文化发生了交流和传播，于是体育文化的交流和传播很快与中华民族体育产生了冲突和对抗。"土洋体育"之争就是在这样的背景下产生的。

事物既有矛盾对立的一面，又有统一合作的一面，对于不同国家的民族传统体育项目来说，应该强调的是相互尊重、相互吸收和融合，以期达到不同体育文明和谐共存的目的。至少有两大因素为各国民族传统体育文明的共存提供了基础：其一，仔细考察一下就会发现，各国成熟的民族传统体育活动都崇尚精神与身体的统一发展，智慧与力量的完美体现；其二，各国民族传统体育项目的起源都有特定的地理、历史和人文环境，具有不同的特质，因而也就具有了"互补"的必要与可能。一种民族传统体育活动善于学习和吸收其他文明的优秀成果，可以使自己更加完善和强大。实际上，各个国家民族的传统体育活动项目在成长的过程中都不同程度地吸收过其他文明的营养。

武术在几千年的发展演变过程中吸收了中华各个民族的体育、健身、养生、习武等方面的文化成果，后来的武术逐渐演化成各个民族都接受并练习的传统体育项目，这种互补性为不同民族传统体育活动的共存提供了重要的前提。

文化冲突是文化发展的社会历史动力，它是文化发展多样化过程中必要的和特殊的形式，对促进人类文化的发展是必不可少的。在人类发展的历史进程中，科技先进的民族、地区或者国家伴随着现代经济的强势发展，其文化开始通过各种方式进入科技相对落后的民族、地区或者国家的各个角落。于是，科技落后的民族、地区或者国家担心自己被科技先进的民族、地区或者国家控制，担心自己的文化被"格式化"、被取代，因而强调本土文化的异质性和多样性。实际上，在当今世界上，本土化是伴随着文化全球化进程出现的一种必然现象。只要文化全球化存在，文化的本土化就不会消失，它们双方是一种互动关系，即使是美国、澳大利亚、非洲等移民和殖民程度很深的殖民体育，也存在逆向发展状况。美国、澳大利亚、非洲等国家和地区在殖民地被殖民之前的体育文化发展水平很低，在接受西方殖民体育传播时，同样把自己的本土体育逆向传递给殖民国家，如美国夏威夷群岛的冲浪运动传入英国及欧洲国家，澳大利亚土著的跳崖运动传入西方国家，等等。文化全球化与文化本土化的冲突是必然的，但文化全球化是人类文化发展的必然趋势，它不会因遭到本土化的抵制而改变其历史进程。

从体育的本质意义上来讲，中国民族传统体育往往表现在哲学层面上，而西方体育表现在严谨的可测量的物理层面上。中国传统民族体育中没有西方体育那种完整的时间、速度、高度、精准的田径特质，而西方体育中根本不存在中国传统体育中诸如养生、气功、太极等方面的慢、稳特性。因此，不同思想、不同价值观的体育文化相遇时，发生碰撞与冲突是难免的，但不同文化之间的张力关系恰恰为人类文化的存在和发展提供了不竭的发展动力。正是这种在哲学观念、思维方式、行为特征、外在形态方面的冲突和差异，呈现了世界民族体育文化的多样性和复杂性。

文化冲突往往产生文化的分化和融合，只有这种状态出现，才能最终导致文化新生，才能促进文化的进步与发展。就人类文化的整体而言，如果没有不同文化之间的互补整合，就有可能将一种文化的缺陷放大为整个人类文化在总体上所普遍具有的共同缺陷，从而危及人类文化的持续存在。民族体育文化之间的冲突与融合是民族体育文化发展过程中正常的现象，是体育文化发展的内在动力之一。

（四）中西民族体育文化的相互借鉴与融合

西方现代体育文化思想的代表——"奥林匹克体育"以古希腊体育思想为本源和主流，历经文艺复兴运动与现代科学革命洗礼，是伴随现代社会文明进步应运而生的现代体育思想，其核心内容集中表现在"更快、更高、更强"和"均衡发展"两大主题上。

随着中国民族传统体育走向国际体坛与奥林匹克运动全面接轨，蕴藏深邃文化内涵、拥有丰富内容体系、具有鲜明民族特征的中国传统体育文化也逐渐引起了西方人的好奇和兴趣，并逐步受到关注与青睐。

以人为自然中心的中国传统文化特征，明显的符号为太极图，从传统上讲，"宇宙为一大太极，人为一小太极"，这个太极图的圆是自然，也是人，人在自然中。但自然为大太极，人为小太极，小太极是大太极的浓缩，是大太极的精华，自然在人的四周。中国传统哲学思想主张万物一体、天人合一，主张要在时间的无限绵延中实现自我，其实现自我价值的最高方式是对万物一体、天人合一这一种自我满足境界的享受。

这种哲学思想反映在民族传统体育中，表现了独特的民族体育思想和丰富的文化内涵，即创立了体育健身中的"阴阳"学说、"天人相应"学说、"五行"学说、"精、气、神"学说，形成了"不惟养形，尤重养神""不惟局部，尤重整体""不惟强体，尤惟养护""不惟健身，尤重延寿"等养生之道。

西方国家在其传统哲学思想上形成的竞技体育文化——"更快、更高、更强"中实现竞争、超越和体验追求无限，也就是奥林匹克精神。西方传统哲学思想认为人是有限的，人相对于无限完满的超验本体来说是有欠缺的，认为人生在世的最高意义和价值就在于渴望和追求这个最高的、最完满的无限性，要在超时间的无限中实现自我。有限的个人崇尚一种无所不包的、超时间的、超验的、超感性的、圆满的无限性整体的概念。中西方体育文化虽然在哲学与理念上存在差异，但是在体育文化认识上也有其一致性：追求健康和长寿。这点是体育的根源，也是民族体育文化借鉴的基础。我国的体育文化应借鉴适合本土体育文化发展的非本土体育文化理念与方法，完善自己的民族体育文化思想与行为模式，从而更好地在国际舞台上展示自己的特色。

（五）民族体育文化交流的方式

民族体育文化的交流主要是在不同民族、国家之间进行的。体育文化作为文化的一个分支，其产生、发展经历了交流过程。特别是体育本身所具备的外向性和开放性，使其交流在历史上发生得十分频繁，是诸种文化交流中较为突出的一种。体育文化交流的形式多种多样，从历史上看，主要有迁徙、贸易、传教、殖民等，它们往往互相交错并存。

在交流过程中往往出现两种情况：一种是当交流的主体具备强势的政治、经济等优势的时候，借助人口的迁徙，包括体育文化在内的社会文化几乎是全盘地进入被交流地区。由于被传播者自身民族体育文化发展水平比较低，在民族体育文化与强势体育文化的碰撞中，传播者非常顺利地实现了文化的调适，形成以强势文化色彩为主体的新的民族体育文化。另一种是被交流地区当地早已形成悠久深厚的社会文化和民族体育文化，如埃及、印度、中国等，有着数千年的文明史，欧洲体育文化传入时，与当地民族体育文化产生强烈的文化碰撞。在这种文化碰撞和调适的过程中，既要完成本民族体育文化的时代转换，又要解决民族体育文化的继承问题，必须经过较长时间的文化接触、联系、碰撞，才能达到文化的适应，形成民族体育文化和西方先进体育文化兼而有之的新的体育文化。

近代著名启蒙思想家、改良派代表严复、梁启超、谭嗣同等著名学者是中国最早系统介绍西方社会政治学说的维新人士，他们高度肯定了体育的社会功能。他们根据西方的进化论原理，积极主张强身、尚武、耻弱思想，吸取西方德智体三育并重的教育理念，提出了一系列崭新的体育观，为后来的清末"新政"开拓了道路。

20世纪初期，以孙中山为代表的资产阶级革命派则吸收了改良派失败的经验教训，提倡武装斗争，进而从军事意义的角度认识和发掘体育的作用。他们高度提倡尚武精神，主张"强国必先强身，强身必行体育锻炼"。

民国初期社会相对稳定，有代表性的西方体育思想也不断地通过各种媒介、商业、教育等载体传入中国。西方的体育思想和体育理念以其鲜明的科学主义内涵和独特的人本主义精神强烈地冲击着当时的中国体育，这些西方体育项目、运动方式、表现形式大量地本土化移植，为构建近代新型的中国体育文化体系奠定了不可或缺的基础，对中国近代体育文化的理性化、科学化、人文化发展产生了巨大的影响，具有划时代的意义。

第三章　高校体育教学的现状分析与问题探讨

第一节　高校体育教学的发展

一、现代体育教学发展背景分析

(一) 社会经济的发展

体育的改革与发展要依托社会的进步和经济的发展，因此社会经济的发展对体育及体育教学的发展具有重要的作用，社会和经济的不断进步是现代体育及体育教学发展的重要现实背景。具体表现在以下几个方面：

1. 经济的发展促进高校体育设施建设

目前，我国对高校教学设施的投入力度不断加大，学校体育教学的物质环境得到极大完善，对学校体育教学的发展具有重要的促进作用。

2. 社会"文明病"的出现

科技的发展改变了人们的生活方式，在体力劳动大大减少和饮食质量提高的基础上，包括学生群体在内的许多人体力活动越来越少，身体机能逐渐衰退，再加上日常生活中过多地摄入动物脂肪、高蛋白及糖类，肥胖、冠心病、高血脂等现代"文明病"多发，因此，重视学生的体育教学，改善学生体质势在必行。

3. 社会压力不断加大

当前社会，生活节奏快，竞争激烈，人们的心理压力也越来越大。以高校大学生为例，他们面临课业负担、就业压力以及人际交往等问题，许多大学生有着不同程度的心理问题（如性情孤僻、压抑、情绪失常等），参加体育运动往往能够有效缓解个体的精神压力。因此，对于高校大学生来说，加强体育锻炼具有重要意义。

（二）教育事业的发展

高校体育的发展与改革是整个教育体系发展改革的重要部分，教育事业的不断发展是高校体育发展的重要背景之一。

教育事业是我国各项事业当中最重要的一项，对国家的综合国力和未来前景有重要影响。随着人们对教育事业认识的不断加深，国家也采取一系列措施加强教育事业的发展。例如，《中国教育改革和发展纲要》指出，要进一步转变教育思想，对教学内容和教学方法进行改进，克服教育过程中不同程度存在的脱离经济建设和社会发展需要的现象。再如，《中共中央国务院关于深化教育改革全面推进素质教育的决定》也强调了健康体魄是青少年为祖国和人民服务的基本前提，是我们中华民族旺盛生命力的体现。此外，《全民健身计划纲要》当中指出，全民健身计划以全国人民为实施对象，以青少年和儿童为重点，学校要全面贯彻党的教育方针，努力做好学校体育工作。这一系列措施不仅能够有效地促进教育事业的发展，也为高校体育的发展与改革提供了依据。

当前，作为素质教育改革中一个重要方面，在政府的指导、国家的支持、社会多方面关注下，高校体育教学工作无论是在教学观念上，还是在教学形式、教学内容上，都取得新突破。

（三）体育事业的发展

当前我国体育事业的良好发展态势在全国各地重要营造出良好的体育氛围，对带动高校体育的持续发展有着重要的推动作用。

一方面，我国运动员在国际体育赛事中的辉煌成就激发了人民群众对体育事业的兴趣；另一方面，体育产业的蓬勃发展对于体育人才也有着更加强烈的需求，这些都促使学校体育进行更为深入的改革。

二、现代体育教学发展问题分析

（一）教学观念落后

目前，高校体育教学的观念相对于体育事业的发展仍然显得落后，更没有将终身体育教育等意识落到实处。具体表现在以教师为中心的教学模式仍在体育教学中存在，导致学生一直处于被动的学习状态之中；体育知识的传授常常是通过教师的讲解和示范，教学模式僵化，忽视学生的可持续发展。

（二）教学目标不明确

高校体育教学往往过于重视竞技体育项目，导致课程设置不符合促进学生终身体育观念的形成及全面推行高校学分制的要求。在高校体育教学的实际过程中，教师往往以掌握某项运动技术为目标，大大降低了教学的要求和标准，从而影响体育教学质量。

（三）教学内容与方法单一

从目前高校体育的教学内容来看，竞技项目所占的比重明显地妨碍了高校体育教学完成任务和达成教学目标。过分追求竞技化必然导致忽略学生身体素质发展，教学陷入程式化训练的误区当中，与增强体质的目的背道而驰。

我国体育教学长期以来一直遵循的是讲解、示范、练习、预防与纠正错误、巩固与提高的教学方法，这种落后的、单一的教学手段和方法会使学生在学习中始终无法掌握主动权，不利于学生体育学习积极性的提高。

（四）教学评价舍本逐末

教学评价是对教学效果的检测。在实际的体育教学当中，体育教学评价由于设计的考核标准过于重视体育成绩而走向了简单的一刀切的误区，不能根据学生的具体情况进行详细的分析评价，为学生的良性发展带来诸多不利因素。

（五）教师专业水平不高

目前，我国高校的体育教师都是在传统运动技术的教学模式中培养起来的，从其本身特点来看，都是属于技术型、训练型的，而且其掌握的知识都非常陈旧，自身的科研能力通常较弱，工作随意性较大，教学过程中的创新意识更是无从谈起，这些凸显了体育教师整体上专业水平不足的问题。

三、现代体育教学发展对策分析

（一）以终身体育为体育教学发展指导思想

终身体育是指将体育纳入自己的生活，并伴随人的一生。终身体育思想的树立和形成能有效地促进我国体育教学的发展。

树立终身体育观念是高校体育教学目标改革的指导思想，也是高校体育教学发展的落脚点。终身体育能否实现在很大程度上取决于这种观念是否树立和能力是否形成。当下，树立终身体育的观念要求教师正确地引导学生科学地认识和理解体育的价值，端正学习体育的态度，积极学会体育锻炼的技能，掌握体育锻炼效果评价的方法，形成终身体育能力，为终身体育锻炼奠定基础。

（二）以课程目标调整为体育教学发展重点

把增强学生体质、提高学生的健康水平作为体育教学的首要目标，这是由体育的本质属性决定的。调整体育教学课程目标需要从以下两方面入手：

首先，注重学生的个性发展。体育教师应尊重学生在体育教学中的主体地位，将促进学生的个体发展作为促进当前体育教学发展的重要切入点，培养学生的竞争意识和创造能力，发展学生健康的个性。

其次，重视体育知识、技能和方法的掌握。体育的知识、技能和方法是构成学生体育素养的基本要素，具有积极的体育动机和良好的体育素养能为学生今后从事体育锻炼打下良好的基础。

（三）以丰富教学内容为体育教学发展途径

丰富体育教学内容、实现体育教学内容的不断创新是促进体育教学发展的重要途径，要求体育教师在教学中重视以下三点：

1. 突出体育教学内容的科学性和逻辑性

在体育教学课程设计的不同阶段，体育教学内容都应符合教育的内在规律和学生的身心发育特点，与学生的身心发展规律相符。

2. 重视体育教学内容的多样性和趣味性

一方面，多样性的体育教学能够为学生提供较充分的选择范围，而不是每个学生都必须学习统一的内容；另一方面，增加体育教学内容的趣味性有助于提高学生的学习积极性和主动性，引导学生认识体育教学内容学习及体育锻炼的价值。

3. 提高体育教学内容的通用性和民族性

首先，通用性是指教学内容具有统一的规范，适用于各种类型的学生，这是现代高校体育教学内容的主体。其次，体育教学内容的民族性是指教学内容中应吸收那些学生喜闻乐见、兴趣浓厚、具有明显地方色彩的民族或乡土体育运动项目。

（四）建立综合性教学体系

学生是体育教学的主体，因此体育教学要围绕促进学生的全面发展建立起综合性的体育教学体系。具体来说，综合性体育教学体系的建立必须以满足学生个体发展的需要和社会需要为前提。实际上，学生的个体需要和社会需要是辩证统一的。社会需要从某种意义上说就是所有个体发展的需要。而从体育的角度来说，应通过体育教学促进学生个体身体素质的全面发展和良好心理健康状态、个性心理特征的形成，使学生发展成一个融知识、品格、能力为一体的综合性人才。

第二节　高校体育教学的现状

国家在体育教学上安排了小学—初中—高中—大学十多年的体育课课时，并制定了《学校体育工作条例》系列法规文件。各高校在中共中央及教育部门政策的大力支持下，组建学校的体育管理机构以及体育教师在职前和职后的培训机构，并组织大量的专职研究者制定各种各样发展条件的标准，完善体育课程教学制度。但往往很多学生毕业后就与体育告别，十多年的体育教学并没有使终身体育概念深入人心，也没有培养出体育锻炼的技能和良好习惯。

研究表明，当前大学生的身体素质普遍明显下降。年轻人患上现代疾病的比率较十年前明显增高：心脏病、中风、糖尿病、高血压、骨质疏松、抑郁症、肥胖症等疾病趋于年轻化。截至目前，我国已经进行六次全国范围内的学生体质健康测试，结果显示：现代疾病与青年人缺乏体育锻炼相关。我国中小学生及大学生的体质健康水平表现出明显的不协调，具体表现为：高身材、低素质；形态发育水平提高、体能素质差等特点。另外，我国学生近视率逐年增高，尤其是小学生、初中生近视率上升幅度明显；肺活量、速度、爆发力、耐力等素质水平呈持续下降趋势。

导致学生身体素质下降的原因是多方面的。首先，在我国广大中小学体育教学中，体育教学内容陈旧单一，形式单调枯燥。传统的体育课以体育技能和能力传授为主，现代创新教学理念未能渗透进体育教学实践中。课程内容无法满足学生的身心发展和需求，更谈不上创造性，学生毕业后根本用不上。比如，铅球、铁饼、标枪、跳高、跳远等项目从小学重复到大学，前滚翻和后滚翻一翻就是十几年，实际上又有几个人在课外或毕业之后把它们作为终身锻炼的手段呢？目前，我国小学、初中、高中、大学阶段这种看似全面发展的体育教学未能帮助学生在成长过程中养成运动的习惯，从而导致学生体能不足，身体素质下降。

从小学到大学的体育教学忽视了体育教学各层次的内在联系与衔接。实践表明，小学的体育教材安排应重在培养学生的学习兴趣和体育能力，全面发展小学生的基础运动能力；初、高中阶段，应着重培养学生的非竞技性专项技能；大学阶段，应注重终身体育理念的培养。事实上，课程层次的简单、重复已成为体育课层次发展的"瓶颈"，与"终身体育"的理念严重脱节。提高高校的体育教学质量已成为学校体育教学改革的新任务，也是今后改革创新势在必行的目标。

其次，我国学校体育的实践探究虽然规模大，但各种问题纠葛缠绕表现出学校体育基础理论的薄弱。学者毛振明指出，目前影响学校体育发展的理论与实践的问题是：①为什么教的问题：我们依然未彻底解决学校体育教育促进人全面发展的诸多功能和作用机能；②用什么教、教多少、什么时候教的问题：我们至今未明确学校体育教育的内容最合理的分类方法、最佳内容选择标准及课程编排理论；③教什么、怎么教的问题：我们至今未能清晰地揭示通过运动技能掌握的运动规律以及身体锻炼效果的控制，未能指明通过教学过程发展体育品行的内容体系、方法理论与实践模式。相较于其他学科，学校体育基础理论的研究落后。学校体育教学理论的更新如何跟上时代的发展和需要，是一个亟待解决的问题。

第三节　高校体育教学改革面临的问题

高校体育教学是引导学生养成体育锻炼习惯的关键时期，因此学校体育教学改革需要以高校体育为试验田、根据地，逐步探索出适合学校体育发展的路径。

一、高校体育教材和教学内容陈旧

首先，当前我国高校体育教材大多围绕传授体育竞技技能编写，教学内容千篇一律、常年不变，没有体现出当今社会发展对体育教学培养真正需求的内容，与时代不符，实用性较差。其次，体育教材的编排多数以运动项目的单项教学和训练为主，脱离了现代体育教学的培养目标，在某种程度上忽视了多数学生的参与需求。最后，教材的创编没有考虑到学生个性、特长和兴趣的培养，不利于学生依据教材知识形成一套适合自己的锻炼方法和锻炼习惯。这些问题直接导致高校体育教学踏步不前，只注重灌输基本知识、基本技能，强调练习强度和密度，而忽视了学生自身发展的需要。

二、高校体育教学目标模糊

高校体育教学，首先要设定教学目标。我国高校体育教学目标的设定未能将个人目标与社会目标有机结合，未能把学生的身体、心理、社会发展结合起来，未能将学生的兴趣、爱好与运动项目及运动理念结合起来,无法较好地实现学生的个人价值和社会价值。在当前高校体育教学中,高校应本着"健康第一"的指导思想设定教学目标,体育教学目标的发展也应趋向健康化、个性化和终身化。培养学生的终身体育意识,使其掌握1~2种体育技能和终身锻炼方法,是实现中国高等体育教育目标价值取向从社会价值转向个人价值、从多元化转向自主运动能力培养的有效方针。爱因斯坦曾说:"兴趣是学习的动力源泉。"有了学习的兴趣,学生才能不畏困难积极进取,从而到达成功的彼岸。目前我国已有部分高校的体育专项课根据体育项目的特点,向大学生传授相关的技术技能,有些课程也注意到学生的个性化发展,与以前相比有了一定的进步,但教学的目标仍有待明确。

三、高校体育教学模式老化单一

多年来,高校体育教学一直沿用传统的结构模式:开始部分—准备部分—基本部分—结束部分,配合着"讲解—示范—学生练习—教师巡回辅导—总结讲评"来完成体育教学工作。例如,在准备部分中,体育教师大都采用热身活动,如慢跑、行进操、徒手操、双人操等。这种模式一成不变,虽然达到了一定的锻炼效果,但会给学生带来枯燥乏味的负面影响,使其逐渐失去对体育课的兴趣。这种在教学过程中过分强调课堂结构的教学模式是教师主体论的执行模式。这种模式以教师为主导,以单纯传授技能为主,忽视了学生的身心发展。虽然教学过程看起来统一而规范,但对学生个性和特长缺乏针对性,很难实现学生通过体育锻炼获得情感体验和身心愉悦的目标。

四、高校体育理论教学课时较少、授课质量差

多年来,由于受传统体育教学思想的影响,很多人误认为体育教学就是要学习运动技能,通过跑跑跳跳、锻炼身体来增强学生体质,从而导致严重忽视了体育理论知识的学习和教学。具体表现如下:

(1) 体育理论课安排占总的教学时数少,与运动技术课所占课时相差较大。据统计得知,大部分学校体育理论课时只占体育教学总课时的6%~10%。

(2) 理论知识没有形成相对独立的科学体系,缺少富有知识性、科学性、趣味性的体育理论教程。考试制度不健全,没有把理论知识看成高校体育教学的有机组成部分。这一点从高校授课教室的安排上就可看出,往往是等其他学科教室安排妥当后,才见缝插针地安排体育理论授课的教室,也不考虑体育理论授课的

需要，这些安排伤害了体育理论授课教师的自尊心，严重挫伤了教师的积极性，不利于体育理论教学的开展。

（3）体育教师往往重视技能教学，在理论知识讲授时准备不足。有的教师语言表达能力不强，缺乏对授课技巧与艺术的研究，导致体育理论教学的质量不高。

总之，目前我国高校体育对理论知识的教学还停留在浅层的意识上，没有探索理论教学的规律与作用。这种轻视理论教学的现状已经严重影响了高校体育理论教学的正常进行，给高校体育教学带来损失。

五、高校体育教学和课外活动设施严重不足

研究表明，我国许多高校一直存在体育教学和课外活动设施严重不足的问题。有些大学虽然体育硬件设施较为充足，但由于课时安排和项目冲突，以及管理等现实问题，实际可供体育教学和课外活动的场所严重不足。例如，有些高校体育场馆设施本就缺乏，但限于《中华人民共和国体育法》规定，学校的体育设施属于社区性质，也就顺水推舟对外开放并承包收费。这意味着很多学校体育场馆也在面向社会，直接造成了本校学生运动难的问题。体育设施的不足和体育教学设施的严重受限影响了高校体育教学水平的提高。

六、高校体育教学评价体系不合理

体育教学评价指导教学目标的确立、内容选择以及课堂组织实施的各个环节。对学生体育成绩的考核是衡量高校体育教学效果的重要部分，也是督促学生在课上和课下进行锻炼的一种手段。在我国高校的现有体育教学中，体育教学一直是以运动项目的技能课＋达标（体质健康测试成绩）＋平时表现作为考核内容的。这种评价视角相对单一，未能形成合理的评价体系，直接影响高校体育教学的教学效果。

七、高校体育教学队伍结构不合理

调查得知，很多高校的体育教师队伍结构不合理。首先，具有博士及硕士学位的教师所占比例较少，制约了高校体育教学、科研水平的提高。其次，高校体育教师的知识结构存在不合理的倾向，专业相对集中在传统的篮球、排球、足球等项目上，"一专多能"型的教师比较少，比较时尚的项目，如街舞、肚皮舞、瑜伽、体育舞蹈等专项的教师很难引进。这些问题也严重影响着高校体育教师队伍的建设。

第四章　高校体育教学改革的对策

第一节　体育教学内容的改革

　　长期以来，受我国课程管理体制的制约和竞技体育发展的影响，高校体育课程大多以竞技运动项目作为主要教学内容。体育课程各学段内容出现彼此衔接不紧密、低层次重复、陈旧等现象，不利于培养学生的兴趣。体育教学的目标过于局限于增强学生体质，忽略了体育锻炼习惯及终身体育理念的培养，不符合学生的身心特点，背离了现代体育教学的宗旨。体育教学内容体系的改革创新是我国体育教学改革的一大突破口。体育教学内容为"小学阶段应以基础为主；初中阶段是小学向高中发展过渡时期，应是基础加专项，重点考虑基础；高中阶段应是基础加专长，而重点应该落脚在专长；大学阶段，学生应熟练掌握两项以上健身运动的基本方法和技能，积极提高运动技术水平，发展运动才能，由此奠定终身体育的坚实基础"。根据青少年认知规律和身心发展规律，各教学阶段的教学目标应循序渐进，即每名学生应在各体育教学阶段掌握1~2项运动技能，为终身体育奠定基础。

　　随着时代的发展，多数学生更倾心于娱乐体育和休闲体育的相关项目。因此，高校体育教学改革应围绕课程类型、教学大纲、教学项目等进行，不断地更新高校体育教学内容；尽量提供多种课程组合，使学生可以依据爱好选择感兴趣的课程组合进行学习，从而将兴趣发展为爱好。

　　有些高校正在逐渐将健美操、肚皮舞、拉丁舞、交谊舞、瑜伽和太极拳、武术、跆拳道以及新兴项目气排球、软式网球、音乐太极、国标舞纳入体育选修课程。更为丰富的体育教学内容可以增长学生的见识，提高他们的运动兴趣和参与意识，培养团体合作意识和锻炼社会适应能力。这些项目本身就具有较强的新奇性、趣味性，能满足学生的探知欲和好奇心，也体现出显著的体育锻炼效果，具有较强的实用价值，因此深受大学生欢迎。

　　体育教育内容是实现体育教学目标的重要手段，它在体育教学当中扮演着无可替代的角色，没有内容，任何教学都是空谈。所以，体育教学内容的革新与发展在体育教学改革当中起着举足轻重的作用。本章将从体育教学内容的基本理论、层次与分类、编排与选择以及发展研究等方面对体育教学内容的革新与发展进行深入的探讨与研究。

一、体育教学内容的基本理论

（一）体育教学内容的起源

跟教学中所有的内容一样，体育的教学内容也是伴随着社会和教育事业的快速发展而发展的，但是相较于其他学科的教育内容，体育教学内容体系的形成时间相对较晚，直到近现代，我国正规的体育教育内容才逐渐形成了相对清晰的轮廓，发展才开始逐渐明朗起来。

在我国春秋时期，孔子倡导实施的"六艺"当中的"射"和"御"通常被认为是体育教学当中最早的内容，但从实质上来说，"射"和"御"只是一种实用技能的传授，这种技能传授的性质与现代体育教学中的"身体教育"和"体育教学"相比，从根本的意义上来讲区别还是非常明显的。放眼全世界，在各国的古代教育中我们同样能够找到类似的体育教学内容的痕迹，而这些都成为近代体育教学内容的基础，对各国体育教学内容的形成产生了巨大影响。每一种体育教学内容都存在自身独有的特点，所以它们对当今体育教学内容发挥了不可忽视的作用。不过，从根本上来说，当代的体育教学内容无论是基本体系，还是格局的完成，起作用最大的还是近代学校的出现以及近代教育的发展，这是近代体育教学内容的基石。

近代体育教学内容的起源主要包括以下几点：

1. 体操与兵式体操

公元前 7 世纪左右的古希腊就已经有指导青少年和市民参加竞技的职业，同时，营养摄取和医学的知识得到发展。公元前 5 世纪时，又出现了"体操术"和"体操家"等类似叫法。尽管这些体育教学内容的分类并不是十分明确，但从实际来讲，当时的竞技体操术作为参加竞技比赛的训练而存在，医疗体操术则与今天的运动疗法和保健运动极其类似，而教育体操术就相当于今天的体操教学内容。这种"洋操"随着近代殖民主义的发展漂洋过海，日益发展壮大起来。在这些体操术中，影响力最大的是德国和英国的兵式体操，兵式体操的主要内容包括队列、刺杀、托枪射击、战阵和战术一系列要素。这种兵式体操后来与近代北欧国家的器械体操相结合，形成了近代学校体育教学中体操类内容的主要部分。今天，在世界上许多国家的体育教学内容当中，体操都还占据着重要的位置。

2. 游戏和竞技性体育运动

世界各国当中，近代类型的学校出现之前，在古代社会和学校中就能找到游戏的影子，比如欧洲的骑马以及投圈活动。随着时间的逐渐推进，这些游戏由于市民体育的发展变得更加完善，从而形成体育运动的雏形。随着时代的发展，工业革命到来。进入工业时代后，由英美等国的体育游戏发展而来的近代新兴竞技体育开始火速流行，其中主要包括足球、棒球、橄榄球、篮球、网球、排球、乒乓球、板球、羽毛球等广受人们喜爱的体育运动。除此之外，由走、跑、跳、投等人体基本活动能力组成的田径运动也飞速发展。这些新出现的现代竞技运动随着西方殖民运动的兴起和教会学校的遍及而渐渐流传到世界的每个角落，并且在全世界的学校都成为体育课的主流内容。竞技体育由于其娱乐性和健身作用，受到广大学生的喜爱，所以在体育教育中，竞技体育项目占有很大的比例，内容也相当丰富。

3. 武术与武道

古代学校的体育通常是针对武士进行教育的。在当时的体育教学内容中，实用的军事性技能是最主要的部分，比如我国春秋时期教育当中的"射"和"御"，又如中世纪时期欧洲"骑士教育"中的射箭、剑术等内容。在类似的历史阶段，其他东方国家教育中的各种冷兵器训练以及一些徒手防身术的内容也可以归到这一类当中。这些内容发展至今，形成了现代体育内容中"武术"和"武道"的基础内容。现代军事对人的身体素质的要求远不及冷兵器时代，所以这些技能的军事用途大打折扣，因此其存在的意义更多的是健身和精神修炼。源自这一方面的体育教学内容包括我国的武术、摔跤，日本的柔道、弓道、剑道，韩国的韩式相扑、跆拳道等。这些项目在精神修炼和意志培养等方面有着独特的功能，所以也非常受欢迎，这些因素使得这些项目能够在体育教学内容当中找到自己的一席之地。

4. 舞蹈与韵律性运动

体育舞蹈来源于古代社会中的祭祀活动和举行的各种礼仪，在现代也是广大青少年喜爱的体育运动形式。早在唐代甚至更早的时候，我国敦煌壁画当中就呈现了先民在户外进行集体舞蹈的画面。在全世界其他地区的文化中，舞蹈同样是各民族非常喜爱的活动之一。在现代学校的体育教学内容当中，体育舞蹈的出现也是很早的。与舞蹈非常相似的韵律性体操项目随着瑞典近代体操的发展而逐渐兴盛起来，这样的运动既追求美感，又有着非常好的锻炼效果。后来在韵律体操的基础上，又逐渐诞生了艺术体操、健美操等运动。而在体育教学内容中，舞蹈也逐渐分成民族舞蹈、创作舞蹈、体育舞蹈等一系列形式内容。

舞蹈和韵律性体操有着陶冶身心、培养美感和节奏感等许多独特的功能，所以在体育教学内容当中占有很大的比重，并且广受学生欢迎。在世界各地的体育教学内容中，也都有这部分内容的身影。

总的来说，以上几大类内容是现代体育教学内容的来源。虽然以上内容的比例以及受重视的程度在各国体育教学内容中有所不同，但大都囊括其中。除此之外，诸如游泳、登山、野营、滑冰、滑雪等户外运动也非常受欢迎。从上述对主要体育教学内容的由来与发展的简述中，我们可以看出，起源不同的体育教学内容具有以下几项特点：

（1）体育教学内容发展于多种文化形态，诸如军事、生产劳动、宗教和市民生活，因此体育教学内容因起源不同而带有不同的特点和功能，人们对其价值的判断也必然受到对原始形态认识的影响。

（2）体育教学内容非常庞杂，内容之多远超过其他学科，新的内容还会陆续出现。

（3）体育教学内容之间没有什么相互联系和清晰的逻辑关系，基本上是一种平行的关系。

（4）同一内容在不同的时代被赋予的教育任务有较大的差异。

这些特点对于理解体育教学内容的特性和进行体育教学内容的筛选及教材处理都是很重要的。

（二）体育教学内容的概念和含义

1. 体育教学内容的概念

体育教学内容就是以达到体育教学目标为目的而进行的体育知识和技能体系等方面的选择和运用。

体育教学内容在体育教学实践中作为教师教与学生学的实践材料而存在，它的选择是教育者根据教育的一系列要求，通过对前人体育和教育实践经验进行综合的总结，按照教育原则，进而从丰富的体育技能理论当中精挑细选而来的。教学内容在教师与学生中间扮演着中介和媒体的角色，决定着教师和学生之间的信息交流。体育教学内容对于体育教学方法和教学手段起到制约作用，同时决定着体育教学的效果和目标实现的程度。

2. 体育教学内容的含义

体育教学内容具有以下两个方面的含义：

（1）体育教学内容有别于一般的教学内容

第一，体育教学内容是在体育教学目标选择的基础上，根据学生身心发展的规律以及需要，在教学条件允许的情况下精心挑选、加工而来的体育内容。

第二，体育教学内容是以大肌肉群的活动状态进行的体育教育内容，主要的形式有运动技术学习、教学比赛以及理论讲授等。

第三，体育教学内容的传授依赖于某种特定的体育教学条件。

（2）体育教学内容往往区别于竞技运动的内容

第一，体育教学内容存在的目的是进行教育，竞技体育运动的内容的目的则是竞技和娱乐，并不是进行教育。

第二，体育教学内容在成形之前必须根据教育目标的需要进行一定程度的改造和编排，竞技运动内容则可以理解为更加单纯的体育。

从形式上来说，体育教学内容与其他学科的教育内容相比是有很大区别的。体育教学的内容虽然从来源上讲是娱乐和竞技等方面，但在体系上有非常多的不同之处。这些特点使得体育教学内容拥有特质，并且在教学内容中处于一种独特的地位，同时说明体育教学内容从选择、加工到教学当中相比于其他教学内容都更加复杂。

3. 体育教学内容的意义

体育教学内容最大的意义就是能在最大限度上帮助实现体育目标。在教学活动中，体育教学内容是重要的要素，而要实现教学的目标，体育教学内容也是不可或缺的条件。体育教学内容当中的每一个步骤都使得体育教学目标更加接近于实现。

在体育教师进行教学的过程中，体育教学目标是其执行教学方案的直接依据，因此体育教师对这方面内容的掌握和了解必须深入，只有做到这点，体育教师的工作才是合格的。同时，随着社会的发展，体育教学的要求不断提高，体育教学内容绝不能一成不变。特定时期内人的认知能力是有限的，所以随着时代的发展，体育教师对于体育教学内容的钻研学习必须是持续的。体育教师不断钻研学习教学内容的过程就是教师自身提高的过程。

体育教学内容必须要在对学生的身心发展特点和已有体育水平进行研究的基础上才能进行选择和确定，所以在身心发展方面，体育教学内容应该起到进一步的积极促进作用。需要指出的是，这种积极作用要想从理论转变为实践，必须由体育教师进行细心的指导，这样教学内容才能发挥最大的作用。这就要求体育教师能够循循善诱，将制定编选的教学内容非常完美地转化成学生发展所需的内容，使学生真正感知到这是必需的，这样教师的教和学生的学才能真正融汇到一起，促成师生双方的共同进步。

综上所述，体育教学内容的科学合理选定非常有益于学生在体育课程当中的学习。同时，强身健体，在体育方面养成良好的习惯，可以使学生德才兼备，并且不失个性。

（三）体育教学内容的特点

1. 运动实践性

体育教学内容最大的特点是，其主要构成是体育运动项目以及相关的身体练习，所以其实质上是身体运动的一种实践，而其他教学内容都不具有这种特质。有学者认为，体育教学"是以有关身体运动的学习和身体运动的技能形成为主要培养目标的内容；是以运动为媒介，以大肌肉群的活动状态进行教育的内容"。体育教学内容的学习并不单单是学生大脑思维的活动，学生不光要对内容进行理解，还要在实践中进行运动学习以及身体练习。在这一过程中，要通过运动中的肌肉本体感觉的形成与动作的记忆来判断学生是否真正掌握了教学内容。在体育教学内容中，学生的学习是要将思维和行为联系起来，所以体育教学内容的学习尤为强调练和做等实践行为。

2. 健身性

从广义上说，体育的功能就是增强体能、增进健康。体育教学内容的学习，实际上就是学生对一定的体育知识和技能的学习，也是同时进行一定的身体练习的一个过程。学生在进行身体练习的同时，必然会承受相当的运动负荷。体育教学的主要目的就是通过对身体练习的运动负荷量以及强度进行合理的安排，通过一定的手段加以调控，从而使学生的体质得到增强，变得更加健康。体育教学内容对于学生增强体质、增进健康的作用在所有的教学内容中是不可取代的。

3. 娱乐性

体育教学内容的主要来源是体育运动项目，体育运动项目大多具有很强的运动性以及竞技性。同时，体育运动项目具有相当的趣味性、娱乐性特点，所以体育教学内容不可或缺地要有一定程度的趣味性与娱乐性。体育教学内容的学习方式往往是运动学习以及运动比赛，只有在这一过程中，体育教学内容才能得到真正的体现。这些运动之所以具备乐趣，就是源于运动学习和运动竞赛过程中存在的诸如竞争、合作、表现欲等一系列心理过程。在这些心理过程中，如果能够体会到很大程度的乐趣，学生对运动的新的体验和学习的成就感也会加强。除此之外，运动的环境、场地、比赛规则、比赛形式等的变化也能够体现体育教学内容的娱乐性。学生在教师的领导下钻研体育教学内容时，不可缺少的动机之一就是对运动乐趣的追求，所以在追求运动乐趣的过程中，学生会得到一些从别的教学内容当中无法习得的体验，从而在情感上获得深刻而丰富的陶冶，达到愉悦身心的目的。

4. 人际交往的开放性

体育教学内容的主要形式是集体活动，并在集体的基础上进行运动的学习和竞赛，运动的进行方式与其他教学内容的进行方式也有所不同，往往是进行时空的变换。因此，在体育教学过程中，学生在运动的学习、练习和比赛中有着非常频繁的交往和交流。相比于其他学科的教学内容，体育教学内容在人际交往方面具有更明显的开放性。体育教学内容正是由于人际交流的开放性，并以此为基础而体现出其对集体精神、竞争精神进行协同培养的独特功能。这样，在体育教学内容的学习过程中，教师与学生之间、学生与学生之间的关系能够更加密切开放；当教学内容以小组为单位进行时，组内的分工也更加明确清晰。在体育教学内容的学习过程中，相较于其他学科，学生、教师的角色变化更多，因此体育教学内容能够更多地帮助学生适应社会。

5. 非逻辑性

相比于其他学科教学内容，体育教学内容不同的地方体现在：体育教学内容往往不存在一般学科教学内容之间清晰的由易到难、由简到繁的阶梯性结构，在逻辑结构上，没有明显的从基础到高级的体系，体育教学内容的排列并不是直线递进式的，而是复合螺旋式的。体育教学内容是由众多相互平行的、可以替代的运动项目以及身体练习组成的，其中有着丰富的体育与健康的理论知识。这种特性使得体育教学内容在选择时灵活性更强。

二、体育教学内容的层次与分类

体育教学内容是由某些层次组成的，同时层次内容本身还分为若干个种类。对体育教学内容的层次和分类进行分析，有助于更彻底地了解体育教学内容，从而为其革新与发展找到合适的道路。

（一）体育教学内容的层次

体育教学内容的层次可以从宏观和微观两个层面来进行分析研究。从宏观层面来看，体育教学内容包括上位层次（国家课程和教学内容）、中位层次（地方课程和教学内容）以及下位层次（学校课程和教学内容）三个层次。而从微观层面对体育教学内容进行分析，又包括第一层次（课程标准所规定的学习领域）、第二层次（课程标准所示的水平目标）、第三层次（教学硬件与软件）、第四层次（具体练习方法与手段）四个层次。下面就从宏观和微观两个层面来对体育教学内容的层次进行分析。

1. 宏观层面

根据我国相关部门的会议指示，决定对课程体系、结构、内容进行调整和改革，同时在基础教育课程体系的建立上运用更新的模式，试行国家课程、地方课程与学校课程。这些指示说明我国的基础教育课程模式将从单一化转向多元化。因此，以这一基本思想为依据，从宏观层面来对体育教学内容的层次进行划分，可以分为以下三个层次：

（1）上位层次——国家课程和教学内容

在体育教学内容当中，其上位层次就是国家课程和教学内容。这些上位层次的内容是经由国家的教育相关部门规划制定的统一课程以及教学内容，这些内容充分符合国家意志，能够使学生在接受基础教育之后达到我国的共同体育素质，在体育方面成为一个合格的公民。国家在体育课程和教学内容的开发方面，通常依据不同教育阶段的性质与培养目标，通过这些因素对体育课程标准等方面进行制定，从而编写出符合实际的教学内容。这些在我国基础教育体育课程框架中是作为主体部分存在的。相较于地方课程和学校课程，无论是涵盖的内容，还是所占课时比例，国家课程都是最大的，所以它决定着我国基础教育的体育教学质量的好坏。

（2）中位层次——地方课程和教学内容

地方课程和教学内容在体育教学内容中被归类到中位层次。地方课程和教学内容是在国家规定的各个教育阶段的体育课程内，由省一级的教育行政部门或授权的教育部门根据当地的政治、经济、文化、民族等发展需要而开发的体育课程和教学内容。这部分体育教学内容能够充分地利用地方体育教育资源以及体育基础教育的地域特点，同时能够增强体育课程和教学内容的地方适应性，这些都具有非常重大的意义。

（3）下位层次——学校课程和教学内容

学校课程和教学内容在体育教学内容的层次划分中被归类到下位层次。这一层次的体育教学内容的主体是学校教师，在国家课程和教学内容、地方课程与教学内容实施的基础上，以本校学生的特点和需求为依据，对当地社区和学校的体育教育资源进行充分利用，同时符合学校的办学思想，并以此为依据进行多样性的、可供学生选择的体育课程和教学内容的开发。学校课程和教学内容开发的依据主要来源于教育部门和地方的政策，其特点是以学校为主体和基地，对学校师生的独特性和差异性有着充分的尊重和满足，特别是学生在国家课程与地方课程的教学内容中难以得到满足的部分，能够在这里得到更好的补充。

上述三个层次的体育教学内容的建设是由国家、地方、学校共同完成的，这三个层次的职责不同，所涵盖的范围和在教学当中所占的比重也就有所不同。

2. 微观层面

课程的实现以教学内容为载体，根据教学内容论的观点，教学内容包含多层意义。从微观层面来看，根据教学内容的具体化程度，体育教学内容的微观层次包含以下四点：

（1）第一层次

微观层面的第一层次即为体育课程标准所规定的学习领域，以体育与健康课程标准规定为例，运动参与、运动技能、身体健康、心理健康、社会适应这五个学习领域就是从这一层次进行的分析。这种分析实际上是活动领域的一种表述，并非常规意义上的体育教学内容。

（2）第二层次

第二层次详细来说就是第一层次形式上的具体化。从某种角度来分析，第二层次属于能力目标分析，同样是非常规意义上的体育教学内容。具体事例如体育与健康课程标准明示的水平目标：获得运动的基础知识，说出所做简单运动动作的术语（转体、侧平举、体前屈、踢腿等）。

（3）第三层次

这一层次指的是教学中需要具体运用到的硬件与软件等物质设施，也就是普遍意义上的教学内容教具，比如篮球、足球、体操、武术等运动项目以及与这些项目相关的场地器材。这一层面是常规意义上所说的体育教学内容。

（4）第四层次

这一层次指的是具体的练习方法与手段，即某项教学内容下位的具体教学内容，比如一项运动的具体练习教学内容、游戏教学内容以及认知教学内容等一系列拆分开来的教学内容。

（二）体育教学内容的分类

1. 体育教学内容分类的基本要求

体育教学内容与其他教学内容的区别很大，通常来说，体育教学内容在属性与功能等方面有着多样化的特征。因此，对体系庞大、丰富多彩的体育运动项目及其身体练习的分类要追求合理性和具体性，具体需要符合以下五点要求：

（1）符合教育价值取向

体育教学内容的分类是随着社会和教学需要的发展而处在不断地变化当中的，没有一种体育教学内容的分类是一成不变的，所以体育教学内容在分类上应当遵循一定的变化规律来进行。

（2）服务于体育课程目标

体育教学内容在实现体育课程目标的过程中是重要保证，体育教学内容的分类必须考虑到能否有效地帮助体育课程目标的实现。体育教学内容往往是多功能的，所以对体育教学内容进行分类必须注意到每一个体育运动项目或身体练习有什么特点，主要的功能是什么。

（3）符合学生的身心发展规律

在不同年龄段的学生当中，生理和心理两方面的阶段性特点非常鲜明，因此，对体育教学内容进行分类时，学生的特点必须纳入考虑范围。以小学低年级的体育教学内容为例，这一阶段体育教学的运动技能目标主要是发展学生的基本活动能力，往往比较适合采用基本活动能力与游戏来进行内容分类，如此做，对于发展小学生的基本活动能力以及培养小学生的体育兴趣是非常有利的，对学生未来接受体育教育也会产生积极的影响。

（4）有利于体育教学实践

对体育教学内容进行分类时，还需要贯彻为体育教学实践服务的理念。对体育教学内容进行具体分类，更重要的是有利于体育教师在体育教学实践中对体育课程内容做出选择与安排。体育教学内容的分类不但要合理，而且必须遵循科学规律，分类的正确与否将交由实践来进行验证。

（5）应与体育教学方法和体育教学评价方法相联系

体育教学内容的分类应当做到与体育教学方法和评价方法相互呼应，形成一个系统，进而成为一个整体，这样做对体育教学的评价也十分有利。也就是说，进行体育教学内容分类时，系统观念是必不可少的。

2. 常见的体育教学内容分类方法

体育运动项目的种类数不胜数，所以体育教学的内容也非常丰富。对体育教学内容进行分类时，根据哪种逻辑进行分类成为重点问题。对体育教学内容进行合理的分类，能够使教师和学生对体育教学内容的认识更加深刻，并且符合教学的目标要求。大多体育教学内容之间的关系是平行的，并没有过多的纵向逻辑关系，加之体育教学内容往往是可替代的，因此在体育教学内容的分类当中存在比较广泛的争议。目前，体育教学内容的分类方法大致包含以下六大类：

（1）根据人体基本活动能力分类

以人体的基本活动能力为依据进行分类，也就是根据人类具有的走、跑、跳、投、攀登、爬越、钻、负重等基本活动能力对所有的运动项目、身体练习进行分类。

这种分类能够有目的、有针对性地对学生的基本活动能力进行培养，并且不会受到正规的体育运动项目条框的限制。所以，这种方法在有利于组合教学内容的基础上能对学生的各种身体动作和基本活动能力进行发展，该模式对于低年级的学生来说比较适合。但这种分类在学习掌握体育运动技能、发展体能等方面的局限性比较明显，对于高年级学生来说，其要求往往无法被满足，容易使高年级学生缺乏体育运动的动力。

（2）根据身体素质分类

体育教学的主要目标之一就是帮助学生增强身体素质。根据身体素质进行分类，可以分为速度、力量、耐力、灵敏、柔韧，或者根据与动作技能相关的体能，分为速度、力量、灵敏、协调、平衡、反应等，也可以根据与健康相关的体能将身体素质分为心肺耐力、柔韧性、肌肉力量、肌肉耐力、身体成分等，像这样对各个不同运动项目的身体练习做出完全不同的分类组合。

运用这种分类方法，在提升学生的身体素质时可以更有针对性，对于学生正确认识各种体育运动项目与身体练习都相当有利，同时还能够有目的、有针对性地使学生的体能获得非常大的进步。其弊端是，在体育运动项目当中，许多项目并不是以提高某一方面身体素质为前提的，因此对待这类项目时这种分类显得比较模糊，而且这种分类在学生对体育教学内容的文化特性认识上可能将学生带入误区，使学生忽视对体育运动文化方面的认识。

（3）根据运动项目分类

根据运动项目进行分类在体育教学内容的分类中是最常见的，它是按照各个运动项目的名称和内容进行的具体系统分类，大致可以分为球类、体操、田径、武术、体育舞蹈、冰雪运动、水上运动等。

这种分类对于分析了解各个体育运动项目的特点，而后再进行教学是特别有利的，因为这种分类和通常意义上的竞技运动的分类相一致，在各个方面都更容易理解，对于学生掌握并理解竞技运动文化具有非常大的帮助。但是这种分类方法将导致一些在教育上有突出作用但并没有列入正规体育比赛项目当中的运动项目被忽略。即使在正式比赛项目当中，有的项目虽然可能在规则、技能等方面具有相当高的水平，但与学校体育教育并不相符，如果将其纳入体育教育内容当中，就必须进行一定程度的改造。但经过改造，这类教学内容往往又会与本来的运动项目存在非常大的差异，由此导致在内容上更加难以判别，给学生对运动项目的理解和掌握带来非常大的影响。

（4）综合交叉分类

综合交叉分类是一种将基本部分与选用部分、理论与实践教学内容、各项运动的基本教学内容与提高身体素质练习教学内容等相互交叉的综合分类方法。

综合交叉的分类方法能够准确地将不同学生的不同年龄阶段身心发展特点和对学生学习的基本要求反映出来，对达成体育教学目标有非常突出的作用，在保持运动项目的固有特点和系统性的基础上，增强学生进行身体锻炼的实效性，从而在体育教学内容的运用上使运动项目的技术和学生身体素质的练习同时发展，相互配合。但是这种分类方法往往无法用同一标准进行衡量，因此对事物分类的基本原则是一种违背。

（5）根据体育教学目标分类

根据体育教学的目标进行分类在体育教学内容的分类方法中比较常见。这种方法的依据是人们赋予的体育教学所要达到的目标。比如在进行掌握体育运动技能的练习、发展体能的练习、掌握科学锻炼方法的练习、提高基本活动能力的练习、提高安全意识与能力的练习、发展学生心理素质的练习、提高学生社会交往能力的练习的时候等。

根据体育教学的目标进行分类，能够使根据多种目的的身体练习进行人为的规定得以实现，这种方法能够使教学内容具有更加明确的目的性和教学方法，同时对于打破陈旧的、以竞赛为目的的教学内容编排体系非常有利，从而保证学生学到足够的竞技运动知识和内容。

（6）根据体育的功能分类

根据我国体育课程相关文件，以三维健康观、体育的本质特征、体育与健康课程等五个领域的目标为依据对体育课程的内容体系进行重新构建，体育教学内容被划分为运动参与、运动技能、身体健康、心理健康以及社会适应五个方面。

三、体育教学内容的编排与选择

在实施体育教学内容的过程中，如果对教学内容不尽合理地编排，并且在教学过程中对教学内容不加以挑选，那么教学的进行就会变得杂乱无章，并且浪费很多时间在无用的内容上。因此，在运用体育教学内容时对其进行编排和选择就显得非常重要。

（一）体育教学内容的编排

体育教学内容主要的编排方式包括直线式排列和螺旋式排列，还包括以上两者综合在一起而得到的混合型排列方式。在历届的教学大纲当中，关于直线式排列和螺旋式排列所能够运用的教学内容，往往只是模糊地说明一些锻炼身体作用大的教材是适合采用螺旋式排列进行编排的，对于适合直线式排列的体育教学内容却丝毫没有提及。

因此，与体育教学内容编排的理论相关的研究仍存在以下问题：

（1）并不是只有锻炼身体作用大的教材才适合采用螺旋式排列的编排方式。有一些兼具难度和深度的教学内容，并且总是要求学生熟练掌握的运动技能，采用螺旋式排列方式更加适合。

（2）对于适用于直线式排列的教学内容没有明确规定。迄今为止，所有的体育教学大纲都缺乏对这一问题的详细说明，提及最多的地方仅是说体育卫生的相关知识的编排适合采用直线排列方式进行。所以，适用于直线式排列的编排方式的体育教学内容成为体育教学内容编排理论当中的一大盲区。

（3）对直线式排列和螺旋式排列当中单元的区别缺乏明确的说明。比如，每学期 3 课时"螺旋式排列"、一次 3 课时"直线式排列"和一次 30 课时"直线式排列"的教学内容，对于教学计划的安排以及产生的教学效果一定是不同的。假如进行编排时选用排列方式的比例没有影响，那么编排理论中所说的螺旋式排列和直线式排列这两种排列方式的不同点究竟是什么；假如在体育教学内容的编排中并不存在这样的统一规定，那么适合 3 课时"螺旋式排列"的内容包含什么，适合 30 课时"螺旋式排列"的内容又包含什么，适合 3 课时"直线式排列"或者适合 30 课时"直线式排列"的教学内容又是什么，这些问题是切实存在的，必须有一个合理的说明。

教育科学出版社出版的《体育与健康》一书中对于体育教学内容的编排提出了以下理论：

体育教学内容的编排当中存在循环周期的现象。这种循环是指在同一教学内容当中，不同的学段、学年等范围当中进行的重复安排就是循环周期现象。这种循环的周期有的是课、有的是单元、有的是学期、有的是学年，甚至有的循环是在某一个学段当中。以跑步为例，一节体育课上要进行 100 米跑，下一次课当中仍要进行 100 米跑就是以课为周期的循环。在一个学期内安排 100 米跑，在下一个学期内的课程上仍要安排 100 米跑就是以单元和学期为周期的循环。依此类推，我国体育教学学者根据不同的内容性质，将体育教学内容的编排分为以下四个层面：

（1）"精学类"教学内容——充实螺旋式。

（2）"粗学类"教学内容——充实直线式。

（3）"介绍类"教学内容——单薄直线式。

（4）"锻炼类"教学内容——单薄螺旋式。

以上编排方式在新课程标准中很好地满足了体育教学内容的要求，并根据体育教学内容当中的理论，结合当前的各种情况，创新地将各个方面的内容合理地编排在体育教学中，所以在未来很长一段时间内，这种编排方式都将是非常实用的。

（二）体育教学内容的选择

体育教学内容这一因素在体育教学当中非常重要，体育教学内容对整个体育教学活动的过程有着非常大的影响。体育教学内容同时将教师与学生联系在一起，促进学生和教师之间的信息交流。体育教学对于体育教学方法和教学手段通常起着制约的作用，这有助于体育教学目标与课程目标的实现。为了适应时代的需求，体育教学内容的选择必须符合一定的依据，遵循一定的原则。

1. 体育教学内容选择的依据

（1）体育课程目标

体育课程内容在实现体育课程目标的过程中是作为手段而不是目的而存在的。体育课程目标存在多元性的特征，体育运动项目和身体练习也具备可替代性的特征，这都使得体育教学内容的选择变得更加多样性。所以，选择体育教学内容时必须有标准可以依据。

体育课程的目标是选择教学内容的重要依据。在体育课程编制的过程中，在每一个阶段内，体育课程目标都作为教学内容的先导和方向，所以它经过了多方专家的合理思考与验证，对各个方面的影响都进行了认真合理的验证。进行体育教学内容时，目标是必须遵循的，相应的体育课程目标对应着相应的体育课程内容。

（2）学生的需要及身心发展规律

选择体育教学内容时，学生的需要是必须要考虑的。体育教学以促进学生身心发展为目的，所以对体育教学内容进行选择的一个必要因素就是学生对于体育的需要和兴趣，这对于有效的学习是非常重要的。学习需要学生的主动参与，主动参与就是学生自身的积极和努力，这是必不可少的。通常学生如果面对感兴趣的事情，那么其参与的动力就会大大增加，学习的效率也将倍增。这非常符合一些教育学者所提出的观点：如果学习是被迫的而不是学生出于兴趣而进行的，那么学习在某种意义上来说是无效的。调查结果也非常符合这一说法，如今大学生虽然非常喜欢参与课外体育课程，对于体育课却是兴味索然，最重要的因素就是教学内容缺乏趣味性。

学生对教学内容的接受程度取决于其身心发展规律以及特点，从这个角度来说，体育教学内容必须使学生可以接受，并且感兴趣。所以，进行体育教学内容的选择时，学生的特点就决定着教学内容当中的各项要素，绝对不能忽略学生的实际情况。

（3）社会发展的需要

学生的个体发展无法脱离社会的发展。因此，体育教学能够在健康方面为学生打下良好的基础，在进行体育教学的内容选择时，除了考虑学生本身的需求外，社会现实发展的需求也必须考虑进去。体育内容在选择方面不能够忽视学生走入社会后发展所必需的体育素质，所以体育教学内容必须能够满足学生在社会上发展中各方面的需要。除此之外，体育教学内容还必须做到与社会生活和学生生活联系在一起，这样才能让学生体会到它的作用，其功能才能得以实现。因此，体育教学内容的选择与社会实际相符是非常重要的。

（4）体育教学素材的特性

在体育教学内容的选择方面重要的要素就是体育教学素材，而它最大的特性就是并没有非常强的内在逻辑关系性，这种特性使得体育教学内容的选择无法完全按照难易程度和学生素质来进行。因此，体育教学内容往往只是以运动项目来进行划分，但各个教材内容之间的关系是平行和并列的，比如篮球和足球、体操和武术。从表面上看似有联系，但这种联系并非能够看得非常清晰，而且并没有先后顺序，也无法判断一项能够作为另一项的基础。所以，在这里是无法确定教学内容内部的规定性和顺序性的。体育教学素材的另一个特性是具有一项多能和多项一能的特点。所谓的"一项多能"，就是指通过一个运动项目，能够达到非常多的体育目的。也就是说，在这个项目中有着目标多指向性的特点。以健美操为例，有人利用这个项目来锻炼身体，有人用这个项目进行娱乐，同时这个项目有表演的作用。在很多情况下，进行健美操运动往往能实现多个功能。也就是说，学生掌握了一项运动之后，就能够实现多种目的。"多项一能"则突出了体育教学内容之间具备相互的可替代性。比如从事投掷练习，可以扔沙袋，投小垒球也能够实现，推实心球也可以，推铅球也算是能够实现。想通过体育运动得到娱乐放松，可以踢足球，可以打排球，同样，打篮球、打网球也可以实现。也就是说，想达到目的，并非只有一个项目可以实现，不同的项目同样能够做到。正是由于这个特性的存在，体育教学内容中没有无可或缺的项目，这使得体育教学内容并不具备强烈的规定性。

体育教学素材还有第三个特性，就是它拥有庞大的数量。庞大的数量使得其内容相当庞杂，并且在归类上存在一定的难度。人类文明自诞生以来，创造出的体育运动项目数不胜数，丰富多彩，并且每一项运动的技能对于练习者的身体素质也有着各种各样的要求。鉴于这个原因，没有哪个体育教师能够精通全部的体育项目，体育教师的培养要求一专多能，体育课程的设计者也很难寻找到最合理的运动组合运用到体育教学内容当中，也几乎不可能编写出适合所有地区和教学条件的教材。

体育教学素材的第四个特性是在每个运动项目当中，其乐趣的关注点都是各不相同的。以篮球和足球为例，其乐趣就在激烈的直接对抗中，通过娴熟的技术和精妙的战术配合得分。再如，在隔网类运动当中，其乐趣是双方队员在各自的场地中通过巧妙地配合，将球击到对方场地而得分，诸如此类。因此，体育运动都有各自乐趣的特性，使得在体育教学内容的选择上乐趣成为无法忽略的内容，这同时是快乐体育理论存在的事实依据，并且是这一理论在体育改革进程中发挥着关键作用的原因。

2. 体育教学内容选择的原则

（1）教育性原则

进行体育教学内容选择的时候，首先应从教育的基本观点对体育教学素材进行选择，分析其是否与教育的原则相符，是否与社会的固有价值观同步。要明确分析它是否有利于学生的身心发展和身体锻炼。

进行体育课程内容的选择，必须与体育课程的主要目标相匹配，确立"健康第一"的指导思想，并以此作为体育教学内容当中最基本的出发点，同时重视其中的文化内涵，这样可以使学生在学习体育技能的同时，更深刻地体会到体育文化修养带来的益处。学校体育在培养学生时应首先考虑对学生的品德、智力、体质等方面的全面发展是否有利，并将理论与实际结合起来，使学生在了解人体科学知识的同时，真正锻炼身体。还要从思想文化等方面下功夫，使其在两个方面都得到发展。体育教学内容的选择，对于不同学段学生的发展特点和规律都要充分考虑到，其个体差异与不同需求将会在其中起到很大的作用，所以充分考虑能够确保每一个学生受益。进行体育教学内容的选择时，还要符合各个方面的实际，确保选择时有足够的空间和灵活性。

（2）科学性原则

进行教学内容的选择时，健身性和兴趣性的确非常重要，但这并不能否定科学性在体育教学内容选择当中的重要性。体育教学内容选择当中的科学性有以下三层含义：

一是教学内容的选择必须有利于学生身心的协调发展。要注意，一些内容虽然有利于学生身体健康，但对于学生的心理健康并不合适；反之，同样可能出现这种状况。因此，教学内容的选择必须做到使学生处在开心的体育活动中，同时积极促进身体的发展。

二是教学内容要使学生能够从根本上对科学锻炼的原理和方法有一个深入的了解，这种了解可以增加学生从事体育锻炼时的自觉性和积极性。

三是教学内容本身的科学性。在今后，国家对体育教学内容选择的限制放开，不做具体的规定。因此，必须注意防止一些科学性不够强的体育项目作为教学内容进入课堂。

（3）实效性原则

在未来，体育课程将会成为一门以身体活动为主要手段来对学生健康进行增强的课程。可以从另一个层面理解，就是所有对学生健康有利的教学内容都是教学内容选择的良好范围，这种选择原则使得体育教学内容的涵盖更加丰富。

实效性，简而言之，就是判断某项体育教学素材是否实用、是否简便易行、是否有助于学生的身心健康。国家相关文件在教学内容的改革方面特别强调要对教学内容当中的"难、繁、偏、旧"以及教学过程过度偏重书本知识的现状予以改变。在教学内容当中，加强学生生活与现代社会和科技发展的联系，对学生学习的兴趣加大关注，教学内容中的知识和技能要有利于学生终身体育的进行。所以，在进行体育教学内容的选择时，一定要兼顾选择与学生自身的体育学习兴趣和经验相接近的以及大众喜欢的、社会上比较普及的，同时强调运动项目的健身娱乐效果，从而奠定学生终身体育的发展基础。

（4）趣味性原则

兴趣是帮助一个人学习的最好的老师，在进行体育教学内容的选择时，根据学生的各方面特征尽量选择他们感兴趣的、有趣味的并且在社会上比较流行的体育素材作为教学内容。毫无疑问的是，大多数竞技运动项目的健身价值和教育价值是不可低估的。但是，长期以来，体育教育工作者往往更加关注竞技运动项目教学的系统性和完整性，用培养运动员的方法进行体育教学，其效果却背道而驰，导致很多学生开始厌恶体育课。

（5）民族性与世界性相结合的原则

体育课程内容的选择要在保留我国民族传统体育当中的精华部分的同时，对国外好的课程内容选择的设置加以借鉴吸收。不能对自己民族的东西盲目自信，同时更不能有崇洋媚外的思想。体育教学内容的选择就应该与时俱进，体现当今时代中国的特色。

四、体育教学内容的发展研究

对体育教学内容的发展进行研究，对未来体育教学内容的革新与发展有着非常大的帮助。本节将就这一问题进行深入的研究探讨。

（一）对体育教学内容的反思

1. 体育教学内容的逻辑关系不强

由于体育教学内容相比于其他教学内容没有足够强的逻辑性，所以在教学内容的安排上应当避开逻辑性，在更深的层面上进行研究。

2. 竞技项目如何教学化

在我国的体育教学内容发展过程当中，竞技体育项目始终是体育教学的主要内容。但与体育教学相比，运动训练有着本质上的不同。所以，如果以专业训练的标准要求学生，必然会出现难度过高、内容枯燥、教学效果欠佳的问题。要想在体育教学内容中加入竞技体育的内容，对其进行改造是必不可少的，这样才能适应体育教学对内容的需要。

3. 体育教学内容与健康教育的畸形关系

从根本上来说，体育教学内容应当与健康教育相辅相成。但在实际教学当中，人们一直都忽视理论基础知识的选择，固有思想总是认为体育课就是要实践，认为上体育实践课的教师对于健康教育是不在行的，而会上健康教育课的教师对于体育实践课又不熟悉，这时的体育教学和健康教育被剥离开来。但是终身体育观点的提出使人们认识到，体育与卫生保健是相辅相成的，科学锻炼才能保障健康。所以，现代体育教师必须注重理论与实践相结合。

4. 体育教学内容应该多样化还是重点突出

相比于其他学科，体育教学在横向上的内容更加丰富，因为其他学科的内容有着比体育教学更强的逻辑性。终身体育思想使得很多教育工作者开始思考目前的体育教学内容太多导致学生学不会的问题经常出现，所以很多学者提出学生只要具备一项运动技能就足够了的观点。他们认为，学生进行终身体育，一项体育技能足矣。也有很多反对的呼声，认为那将把体育教学内容置于一个过于狭小的范围内，并且一个项目很难满足人的一生中各个阶段对体育运动的兴趣。所以，项目太多或项目太少对于体育观念来说都过于片面。这一问题可以通过在初中、小学设置多样化教材内容，而高中、大学选择特长项目的方法来实现。

（二）体育教学内容的发展趋势

1. 向不同学段逐级分化和从规定性向选择性方向转化

过去，体育教学大纲在进行体育教学内容的选择时，总是想要寻找体育各个项目中的逻辑关系，根据这一逻辑关系将体育教学内容系统化，不过由于体育教学内容的逻辑性几乎是不存在的，所以这种努力总是未见成效。因此，在未来的体育与健康的教学大纲中，进行体育教学内容的选择时，更应注重寻找体育学科当中内在的一些规律，体育课程中的内容挑选往往都是学生喜欢的，富有时代性的，并且根据年龄和学段的不同，在教学内容上加以区分。

2. 从教师价值主体向学生价值主体转化

体育教学内容的选择与确定将受到各个方面的制约。在过去的体育教学大纲中，体育教学内容的选择与确定往往更重视教育工作者对于教学内容的价值取向，因此重视的仅是教师的教。而随着体育教学改革的进行，越来越多的人开始重视学生对体育教学内容的价值取向，所以根据学生的学进行体育教学内容选择的方式更加普遍。

3. 从只注重提高身体素质向身、心、适全面发展的方向转化

体育教学内容的选择由于受到各个方面的制约，导致学校的体育课程曾经是纯粹以提高学生跑、跳、投等身体素质为目的的一种体能达标课。新的教学改革

大纲出台之后，学习教育往往更加强调素质教育，因此学校对于学生素质的全面发展肩负着无比重大的责任。在体育教学内容方面，这项内容的选择与确定同样要符合素质教育的要求，使学生在身心方面获得全面发展。

4. 应考虑终身体育目标的要求

学校体育为终身体育打基础，在如今这是一个大的趋势。而终身体育目标的达成取决于学生参加体育所需的技能、知识和态度。所以，教学内容应当更加注重健身性、运动文化传递性与娱乐性，在健身价值和终身运动性强的运动项目中做出选择。

5. 及时吸收新型体育项目、娱乐性项目和民族传统体育项目

社会进步令我们在体育方面的选择更加丰富多彩，学生更加追求新鲜的体育项目，体育教学内容也要注重推陈出新。除此之外，我国多民族的特性决定了各个民族都有出色的民族特色体育项目，这些民族项目既各具特色，又有良好的健身价值，在体育教学内容的选定中，应适当根据具体情况加以选用。

（三）体育课程内容的新体系

体育要做到与社会相结合，同时与学生的日常生活相结合，这在现代体育的发展中又是一个不可逆转的趋势。所以，体育教学内容应当拓宽，形成自己的新体系。在这个新体系当中，体育教学内容应当包括身体教育、保健教育、娱乐教育、竞技教育和生活教育五个方面。

1. 身体教育

身体教育是指以健身为目的的体育教育。身体教育的目标是要提高人的各项基本活动能力。在这其中，身体成分、肌肉力量、有氧耐力及柔韧性是重要的与健康相关的运动素质。

2. 保健教育

保健教育指在学习相关体育知识的过程中确保学生的安全和健康，在这其中，生理和保健知识也是必不可少的。在体育教学内容中，必须重视运动处方的理论和实践，从而将保健教育和体育教学结合起来。

3. 娱乐教育

体育教学内容中的娱乐教育可以非常灵活地与社会其他各种活动相结合。每个人、每个民族的娱乐体育活动都是丰富多彩的，因此促使它成为体育教学内容是一种有益的选择。

4. 竞技教育

竞技教育是以专项运动项目为主要内容的教学内容，由于竞技体育事业的飞速发展，学术界对竞技体育是相当喜爱的。但在教学过程中，绝对不能照搬对运

动员的要求进行体育教学，应该针对学生进行适当的处理，从而适应学生的实际情况和需求。

5. 生活教育

生活教育在这里指防卫训练、拓展练习、冒险教育及健康生活教育。在现今时代，城市化影响着每一个人，包括学生，但这种生活有时候会显得内容单调，因此很多学生希望亲近大自然，而这种追求在体育教学内容方面又可以有新的选择。

第二节　体育教学方法的改革

一、体育教学方法的基本理论

（一）体育教学方法的概念与含义

体育教学方法即为实现体育教学目的而采用的手段、方式、措施和途径等的总和。具体而言，可将体育教学方法的概念定义为：在体育教学过程中，为了达到体育教学目标和实现体育教学目的而由师生采用的可操作性的教学方式、途径和手段的总称。关于体育教学方法的含义，可以通过以下几个方面来进行掌握：

1. 体育教学方法是教师"教"与学生"学"的统一

体育教学方法是教与学的统一，只有师生之间实现有效的双向互动，才能更好地发挥体育教学方法的价值与作用。体育教学活动可以简单地理解为"教师的教"和"学生的学"两个层次的内容，教师和学生是教学活动的主体。体育教学方法和手段都是针对学生来选择与运用的，教师和学生之间具有密切的关系，在师生的双向互动中，体育教学的任务和目标逐步实现。因此，教和学这两方面的内容贯穿于体育教学方法实施的始终。

2. 体育教学方法是师生动作和行为的总和

教学方法是在师生互动中得到贯彻与实施的，体育教学的方法也是师生之间行为动作总和的体系。体育教学的方法与其他科目教学方法的主要区别在于，体育教学方法在注重教学语言要素的同时，更加注重动作要素。在体育教学过程中，各种动作的掌握和熟练都需要教师进行示范、讲解以及纠正，在此基础上，学生重复进行练习，才能最终掌握相应的技术动作。因此，体育教学方法是教师及学生的动作和行为的总和。

3. 体育教学方法和教学目标不可分割

任何一种体育教学方法都具有一定的目标性，如果脱离了目标，体育教学方法也就失去了其存在的意义。体育教学方法应与体育教学目标之间保持密切的联系，教学方法的实施应能够促进体育教学目标和任务的实现。因此，体育教学方法作为体育教学的重要组成部分，其服务于体育教学的目标和任务。体育教学方法和体育教学目标之间具有一定的不可分割性，如果将两者割裂开来，体育教学方法就没有明确的方向，会表现出一定的盲目性；而体育教学目标任务如果脱离了体育教学方法，则不能得到有效实现。

4. 体育教学方法的功能具有多样性

现代体育教学不仅注重学生动作和技术的掌握以及各方面身体素质的增强，它更加注重学生的全面发展。因此，体育教学方法的功能也具有多样性的特点。多功能的体育教学方法不仅能够在一定程度上促进学生运动能力的增强，还能够促进学生思想道德品质、心理素质等方面的发展，对于学生的全面发展具有重要的促进作用。

（二）体育教学方法的特点

1. 多种感官集体参与性

体育教学活动是感知、思维和练习三者的结合，因此其教学活动也需要多种感官参与其中，这样才能够保证各项动作的顺利完成。体育教学活动的特殊性要求在体育教学过程中，所有参与者都需要动员身体的各种器官。具体而言，教师需要为学生进行相应的动作示范，并且对学生的动作进行必要的指导和纠正；学生则需要进行必要的准备活动，然后进行相应的动作练习。在学习过程中，参与者的眼睛、耳朵以及触觉和动觉等感受器官对运动的方向、用力的大小和动作的幅度等方面进行感知，学生通过自身和他人的信息反馈控制身体完成正确的动作，形成正确的动作定式。

鉴于体育教学活动的上述特点，在进行体育教学活动时，教师应运用多种方法有效地调动学生的各种器官参与教学活动，以使学生更好地掌握相应的动作。具体而言，在体育教学活动中，应引导学生认真学习，积极思考，注重动作技术的调节控制，并大量进行重复练习。对于学生而言，正确的体育教学方法能够最大限度地调动多个身体器官参与活动，从而帮助其掌握各种动作，实现学习目标。

2. 感知、思维和练习有机结合性

在体育教学过程中，学生的学习是一个复杂的认知过程，学生需要动用思维、感知、记忆和想象，并结合具体的身体练习最终实现动作的掌握。因此，体育教

学方法也是感知、思维和练习相结合的过程。在结合的过程中，学生需要通过自身的信息接收器官将外界信息传送至大脑皮层，并运用大脑对各种信息进行整理、分析和加工，然后大脑指挥人体的各器官完成相应的动作；通过动作的不断重复，学生建立起相应的动力定型，实现动作的自动化，同时掌握相应的动作技术。在这个学习过程中，信息的感知是动作学习的基础，思维活动则是学习过程的核心，而练习是动作技术掌握的重要手段。

体育教学方法的实施过程是认识与实践、心理与身体相结合的过程，是感知、思维和练习三者的有机结合。

3. 实践操作性

体育教学方法与一般的教学方法相比，其最大特点是实践操作性。体育教学方法必须与体育教学实践紧密相连，当然，有些方法是室内学科教学方法的借用，如直观教学法、讲解法等，但这些方法必须根据室外体育教学的特点、环境、学生的队列等情况加以调整，否则就不能适应体育教学。

体育教学的主要方式是身体运动，身体运动是学生对自己身体的运动感受，具有"此时此地"的特点。因此，在选择与安排教学方法时，一定要根据体育教学自身操作活动的实践特点进行，而不仅仅停留在理论层面上。只有结合实践操作的体育教学方法，才能让学生在掌握动作技术概念的基础上，通过身体实践活动达到掌握运动技能、促进心理发展的目的。同时，体育教学方法必须得到体育教学实践的检验，才能判断其教学方法是否有效。

4. 时空功效性

体育教学可以划分为不同的阶段，在不同的阶段内，有着鲜明的阶段特点，且师生之间产生一定的影响。在教学的开始阶段，教师处于主导地位。随着时间的推移，学生的主体地位逐渐增强。

在教学过程中，教学方法和途径发挥了重要的作用。在开始阶段，对于学生学习动机、兴趣、欲望等的激发，需要教师运用合理的方法；教师通过讲解、示范等方法使学生理解和掌握相应的知识和技能；学生在学练过程中通过一定的方法感知、理解和掌握相关的知识。总之，在体育教学的不同阶段，体育教学方法都发挥着应有的作用，这是体育教学方法的时空功效性特点。

5. 运动与休息合理交替性

在体育教学过程中，学生的大脑和身体通过一定的学习活动会产生相应的疲劳，造成学习效率下降。尤其是高强度的身体运动对于学生的体能消耗较大，这时为了保证教学活动正常进行，有必要安排相应的休息活动。

在学习活动中，学生经过一定的认知、理解和记忆后，就会有相应的脑力消耗；通过进行相应的身体练习，则会使人体的能量消耗加剧，人体相应的器官出现一些疲劳症状，并且随着运动负荷的增加，会对学习活动产生一定的消极影响。因此，体育教学方法注重运动与学习的结合，使学生的身体疲劳得到一定程度的恢复，保持较高的学习效率。

需要注意的是，这里的休息并不一定是指暂停相应的活动，也可能是一种积极性的休息——通过开展相应的轻松的活动来达到身心的放松，帮助学生消除疲劳症状。安排休息时，应注重积极性休息和消极性休息的结合，使休息能够更好地达到预期的效果。

6. 继承发展性

体育教学的方法是在长期的体育教学实践过程中逐步发展起来的，经过多年的积累、发展和创新，逐渐形成了内容丰富的体育教学方法体系。很多教学方法具有鲜活的生命力，经过多年的发展，依然在教学过程中发挥着巨大的作用。这些有效的教学方法值得人们对其进行总结、整理和借鉴。在教学实践过程中，在继承传统的经典教学方法的基础上，一些新的教学方法不断被提出，使得体育教学方法的体系不断完善。

需要指出的是，虽然体育教学的方法众多，但不应过于迷信现代化的教学方法，更不能对一些国外的教学方法进行刻板的模仿。教育工作者应在扬弃的基础上发展创新，在时代发展的大环境下，在基于体育教学具体实际的基础上，对教学方法进行开拓创新。

（三）体育教学方法的分类

体育教学方法众多，对其进行分类整理不管是对教学方法体系的发展完善，还是对教师科学选用体育教学方法，都具有极为重要的意义。但是，目前对于教学方法的分类缺乏统一的标准和依据，众说纷纭。通常情况下，体育教学的方法分为两个基本大类：教法类和学练法类。具体内容如下：

1. 教法类

（1）知识技能教法类包括基本知识的教学方法和体育技能的教学方法。

①基本知识的教法

基本知识的教学包括体育保健类知识以及体育相关理论等的教学。体育基本知识的教学方法同其他学科的教学方法类似，这类教学方法进行分类时较为复杂，根据不同的分类依据可将其分为不同的类别。

在体育教学过程中，教师在选择相应的体育教学方法时，要注意教学的实践活动和它的多功能作用的发挥，要将体育教学的基本知识与体育活动的具体实践密切结合起来，教学方法要具体、可操作。

②体育技能的教法

体育技术技能的教学方法即为一般意义上的运动教学方法，这是体育教学方法与其他学科的教学方法有很大差别的部分。在采用相应的体育教学方法时，应首先确定体育教学的目的。教师应首先明确教学的目的是使学生掌握运动技术技能，还是为了发展学生身体或是要达到其他什么目的。其次，应对体育教学的内容进行分析和处理，运用相应的动作教学方法来实现相应的教学任务。体育教学的目的以及体育教学的内容不同时，活动的方式也会有很大的区别，这时就需要采用不同的动作方法和策略。因此，体育技术技能教学方法具有灵活多变的特点，应根据具体的教学情况随机应变。

（2）思想教育法

思想教育法是对学生进行思想品德教育和美育的方法，这也是体育教学的重要任务之一。在开展相应的思想教育时，应结合体育教学的特点采用相应的教学方法，确保教学能够收到很好的效果。体育教学方法的运用要能够促进学生顽强拼搏的意志品质的形成，培养其团队协作的意识，要促进学生个性意识的发展，并促使其形成正确的价值观念和审美观，培养其探索性和创造性思维。

2.学练法类

（1）学法类

学法类即为指导学生进行学习的方法，这也是体育教学的重要方面。在进行体育教学时，指导学生进行学习的方法应注重以下两方面的内容：首先，应确保学生能够较好地掌握前人积累和总结的知识和经验，在继承的基础上求得发展。其次，学生应将相应的知识和经验与自身的个性特点相结合，从而形成终身体育意识并拥有相应的能力。

总而言之，学法类的教学方法应使学生不仅能够掌握相应的知识和技能，还要使其愿学、会学，并且在以后的工作和生活中能够对所学的知识进行运用，使其养成良好的体育锻炼习惯。

（2）练法类

指导学生锻炼的方法是体育教学里面最具本质特征的方法。练法类教学方法对于学生的身体素质以及各项运动技能的发展具有直接的作用和效果，在教学过程中，学生应能够理解和感受身体运动时的各项体验。在教学过程中有众多身体锻炼的方法，其效果也是因人而异。另外，在教学过程中，各种教学方法既可以单独使用，也可以进行有效的整合，从而形成一定的方法体系来运用。在教学过程中，应使学生明确各种练法的作用和意义，并把握不同练法之间的联系，能够自如运用。

二、常见的体育教学方法

（一）语言教学法

语言法即为在教学活动中，教师通过对学生进行语言指导，从而达到相应的教学效果的方法。作为一名教师，能够正确、简明、形象地使用语言，对于学生的学习和教学工作任务的完成具有重要的意义。正确地使用语言，不但能够使学生更好地理解相应的学习目标和任务，还能够促进其对相应的知识和技能进行快速掌握。

因此，在体育教学过程中，教师应注重语言法的运用，注重语言的技巧。一般学校体育教学中语言法的形式有：讲解、口头汇报、口头评价以及口令和指示等。

1. 讲解法

讲解即为教师将相应的动作要领、方法和规则要求等方面的知识向学生进行说明，其目的在于更好地指导学生进行相应的运动技能的学习和掌握。讲解法是较为常用的教学方法，在运用时，应注重以下几方面的问题：

（1）要明确讲解的目的，根据教学的目标、教学内容和学生特点进行讲解。在讲解过程中，应对自身的语速、语气进行调节，并抓住教学内容的重点和难点，具有一定的目的性和针对性，这样才能使学生明白哪些是重点和应该着重理解的方面。

（2）在进行讲解时，应注重其内容的正确性，不管是具体的工作原理，还是相关的基本知识，都应做到准确无误。另外，还应注重讲解的方式要与学生的学习情况和学习能力相适应，使学生能够很好地接受相应的知识。

（3）为了更好地使学生理解相应的技术动作，讲解要做到生动形象、简明扼要。具体而言，在讲解的过程中，应注重将新的技术动作和知识内容与学生已经了解和熟悉的内容联系起来，使学生更好地理解相应的动作技术。另外，教学时间有限，学生的注意力集中程度也会随着学习时间的延长而有所下降，因此应抓住重点，简明扼要地进行讲解。

（4）在内容讲解的过程中，不能将一些知识体系和动作技术孤立起来，要注重启发学生的发散性思维和创造性思维，使学生能够触类旁通、举一反三，更好地理解相关的知识，达到学以致用的目的。

（5）在进行讲解时，还应注重讲解的时机和效果。在讲解相应的内容时，应先选择合适的站立位置，确保每个学生都能够听到相应的内容。另外，给学生讲解时，应充分调动其好奇心和积极性，如此才能取得更好的效果。

2. 口头汇报法

口头汇报是教师了解教学效果的重要方法之一，这种方法要求学生根据教学需要向教师表述学习心得及有关教学内容、方式和疑难问题等相关方面的问题。通过学生的口头汇报，教师能明确自身在教学过程中的不足，为提高和发展自身的教学水平提供相应的依据。对于学生而言，通过这种方式，不仅能够培养语言表达能力，还能够进行积极的思考，加深对教学内容的理解。因此，在教学过程中安排相应的口头汇报不仅有助于教师和学生素质的提高，对教学质量的提升也有重要的促进作用。

3. 口头评价法

口头评价也是一种重要的语言方法，对于学生的动作完成情况以及课堂表现给予相应的口头评价，能够更好地促进学生的学习。口头评价可分为两种：一种为积极的评价，另一种是消极的评价。积极的评价即为对学生的正面鼓励，这能够在一定程度上激发学生的积极性，促进教学活动更好地开展；消极的评价则是否定性的评价，这种评价往往会指出学生的不足，明确其提高的方法和努力的方向，用这种方式时应注意语气和口气。

4. 口令、指示法

在体育教学过程中，需要借助多种口令和指示，如"立正""跑""转体"等。这些语言简短有力，能够很好地指导学生进行相应的技术动作的学练。但是，需要注意的是，运用这些口令和指示时，应注意把握时机和节奏，否则会造成学生动作的不协调和出错。另外，还应注意发音要洪亮有力，不仅要使学生清楚地听到，还应带给学生势在必行之感。

（二）直观教学法

直观教学法是体育教学中较为常用的一种教学方法。通过相应的直观方式作用于人体的感觉器官，引起相应的感知，从而实现体育教学目的。一般常用的直观教学法有动作示范、条件诱导、多媒体技术、教具与模型演示等形式。在实践过程中，人们认识事物时都是先从感觉器官的感知开始的，因此直观教学法能够使学生更易于理解相应的教学内容。

1. 动作示范法

动作示范指的是教师采取一些示范动作使学生对技术动作的形象、结构和要领进行掌握的基本方法。一般在进行动作示范教学时，教师可亲自进行示范，也可指定相应的学生进行动作示范。在采用动作示范法时，应注意以下四方面的问题：

（1）在进行动作示范时，应具有一定的目的性。如果是为了使学生了解动作的基本形象，示范动作可稍快；如果动作示范是为了使学生了解相应的动作结构，并引导学生进行学习，则动作应稍慢，可略夸张；如果是示范相应的重点和难点动作，可多示范几次。

（2）示范动作一定要注意其正确性，避免对学生造成误导。在进行相应的讲解时，不仅要注意内容的正确性，还要体现出教学内容的特点，并与学生的学习能力相适应，提高学生的学习兴趣。

（3）进行动作示范时，应使全体学生都能够看到。因此，可使学生呈圆圈形站立，或是错位站立。

（4）在进行动作示范时，一般会配合相应的讲解方法，以使学生更好地理解。可采用先示范后讲解、边示范边讲解和先讲解后示范等方式。

2. 条件诱导法

条件诱导法也是较为常用的一种教学方法，以某种条件为诱因，并与相应的动作建立联系，从而达到相应的教学目的。例如，通过相应的音乐伴奏和喊节拍的方式，形成一定的动作节奏感；通过简单的语言提示使得学生的动作能够流畅进行。另外，也可设置相应的视觉标志，指示学生进行相应的动作方向和运动轨迹、幅度等方面的操作。

3. 多媒体技术法

多媒体技术主要包括电影、幻灯、录像等。在运用电影电视和录像时，应注意播放内容要与体育教学目标相适应，并有机地结合电影、电视和录像与讲解示范练习。多媒体技术虽然在教学过程中得到普遍运用，但是在体育教学过程中，其应用并不广泛。这与体育教学在户外授课、器材运用不方便有很大的关系。

4. 直观教具与模型演示法

在体育教学过程中，对于一些高难度的动作可采用图表、照片和模型等直观方法进行辅助教学。通过运用这些教学工具，能够使学生更易于理解相应的技术结构和动作形象。另外，对于一些战术配合，也常采用模型演示的方式进行讲解。

（三）完整与分解教学法

1. 完整教学法

完整教学法指的是从动作开始到结束完整地进行教学和练习的方法。一般在技术动作的难度不是很高或技术动作不可进行分解时采用完整法进行教学。另外，在首次进行动作示范时，也会采用完整教学法来进行动作技术形象的示范。完整教学法的优点在于动作协调优美、结构简单、方向路线变化较小，各部门之间具有密切的联系。其缺点在于对于一些复杂的动作而言，采用这种教学方法会为教学带来一定的困难。为了便于学生进行学习，促进教学活动更好地开展，应注意以下四方面的问题：

（1）在讲授一些简单和易于掌握的动作技术时，教师可以先进行完整的动作示范，示范之后，学生直接完成完整的动作练习。

（2）有些技术动作无法分解，这时要采用完整教学法。需要注意的是，在采用这种方法时，要对其中的各项要素进行必要的分析，如动作的用力、动作转变的时机等。但是，不能拘泥于动作的细节，要从整体上进行把握，确保动作的完整性和流畅性。

（3）对于一些高难度动作，应适当地降低难度，可先降低难度或是徒手完成相应的动作，并在此基础上逐渐增加难度。需要注意的是，降低难度时，不能使技术动作出现错误，这是基本要求。在教学过程中，对于一些器材的质量以及高度、距离等标准可适当降低。

（4）采用完整教学法进行教学时，可适当改变外部的环境条件，在外力条件的帮助下完成相应的完整动作。

2. 分解教学法

分解教学法即将完整的动作划分为几个部分，逐步使学生掌握完整的动作技术。这种方法适用于难度相对较高并且动作可分解的运动项目。采用这种教学方法能够将复杂的动作分解为简单的动作，使技术难度降低，从而更有利于学生的学习和掌握。但是，这种方法也有相应的缺点，即它注重对于局部动作的分解把握，可能在一定程度上使学生对于整体的理解不全面。因此，分解教学法和完整教学法通常结合使用。

在运用分解教学法进行教学时，应注意以下三方面的问题：

（1）应仔细分析动作技术的特点，采用合理的方式对其进行分解，注重时间、空间等方面的有序性和统一性。

（2）将完整的技术动作分为多个环节时，应注重各个环节之间的联系，注重动作结构之间的联系性。

（3）在熟练掌握各阶段的动作之后，要注重各个环节之间的动作衔接，保证其过渡的流畅性，以形成有机的整体。

（四）游戏与竞赛教学法

1. 游戏教学法

游戏法也是体育教学过程中较为常用的一种方法，它是指教师组织学生通过做游戏的方式来完成相应的教学任务的方法。通过开展相应的游戏，学生之间开展竞争和合作，提升学生的思考和判断能力，促进教学质量的提高。游戏法具有一定的趣味性，能够提高学生参与的积极性，培养学生的学习兴趣，因此在体育教学中被广泛运用。在运用游戏法时，应注意以下三方面的问题：

（1）应根据教学目标和教学内容采取合适的游戏规则和游戏要求，确保游戏内容与教学内容相契合。

（2）采用游戏法时，学生需要遵守相应的规则。但是，应注重鼓励，充分发挥学生的主动性和创造性，通过开展相应的游戏引发和启迪学生的思考。

（3）教师应做好相应的评判动作，要做到公正、客观，避免挫伤学生参与体育学习的积极性。

2. 竞赛教学法

竞赛教学法即在教学过程中，为了检验教学效果和提高学生的技术水平，组织学生进行比赛的方法。竞赛教学法将所学的技术动作应用于实践，能够使学生更好地掌握相应的技术动作。采用这种方法具有一定的竞争性和对抗性，学生需要承受较大的运动负荷。开展竞赛能够培养学生的应变能力，对于其心理素质和意志品质等方面的发展也能够起到一定的促进作用。

采用竞赛教学法时，应注意以下两个方面的问题：

（1）开展竞赛时，应进行合理的组织。无论是个人赛，还是小组之间的比赛，其实力都应相对较为均衡。

（2）开展相应的竞赛时，学生应熟练地掌握相应的技术动作，能够在比赛中很好地运用。

（五）预防与纠错教学法

为了防止和纠正学生在练习过程中出现和可能出现的错误动作，教师在教学过程中经常采用预防与纠错教学法。在教学过程中，学生对于各种动作技术的掌握不标准和出错的状况是不可避免的，教师应正确对待，并注意进行有意识的引导和纠正。

预防和纠错是相互联系的。预防具有一定的超前性，要求对可能的错误动作进行积极的引导，并要对其出错的原因进行分析；纠错具有鲜明的针对性，针对学生的错误动作采取相应的纠正措施，并分析出错的原因。预防与纠错的具体方法有以下四种：

1. 语言表述法

为了使学生建立起正确的动作概念，应注重动作细节与要点描述的准确性，使学生能够明确理解各技术动作的标准和结构顺序。通过这种方式，学生能够建立正确的动作意识。

2. 诱导练习法

为了使学生的动作准确无误，可采用诱导性的教学方法，使学生达到相应的教学要求。例如，学生在做肩肘倒立时，不能将腰腹部挺直，针对这种情况，可采用在垫子上方悬一个吊球，让学生用脚尖触球，这样学生就可以挺直腰腹部了。

3. 限制练习法

在进行相应的动作练习时，设置一定的限制条件，有助于错误动作的纠正。例如，在进行篮球投篮练习时，为了使学生的投篮动作更加协调、标准，可进行罚球线左右的投篮练习，使学生掌握正确的投篮方式。

4. 自我暗示法

自我暗示法是一种重要的方法，是学生在进行相应的动作练习时，为了保证动作的准确性，在练习中有意识地暗示自己达到要求的方法。例如，在进行篮球投篮练习时，学生可暗示自己投篮时手指、手腕的动作要标准，从而使自身的投篮动作准确无误；再如，在奔跑练习中要暗示自己注意后腿充分蹬地。

（六）体育教学的其他方法

除了上述的教学方法之外，在创新教学理念的影响下，一些其他教学类别的教学方式也逐渐被移植到体育教学之中，如自主学习法、合作学习法以及发现式教学法等。

1. 自主学习法

为了实现相应的教学目标，在教师的引导下，学生依据自身的需要和条件制定相应的目标，选择相应的教学内容，并通过独立地分析、探索、实践、质疑、创造等方法来进行学习的方法。自主学习能够充分发挥学生的主观能动性。

在体育教学中，自主学习法指的是"为了实现体育教学目标，学生在体育教师的指导下，依据自身的需要和条件制定目标、选择内容等学习步骤，完成学习目标的一种体育学习模式"。自主学习法有独立性、能动性和创造性等特点，有利于激发学生学习体育的积极性，培养学生的体育自主学习能力，确立学生在体育学习中的主体地位，提高体育教学的学习效果。

在体育教学过程中，采用这种方法时应注意以下两方面的问题：

（1）学生应根据自身的知识储备和能力水平，选择相应的目标和学习内容，并在教师的引导下进行。

（2）学生应根据自身情况，对照学习目标，积极进行自我调控，并及时改进教学方法和教学策略。

2. 合作学习法

合作学习法指"在教学过程中，对学生进行相应的分组，学生为了完成共同的学习任务，而有明确的责任分工的互助性学习形式"。各小组成员根据自身的特点承担相应的责任，各成员之间是相互依赖的关系，在相互协作中完成相应的任务。在体育教学中，应用该方法应遵循以下几个步骤：

（1）在教师的引导下，学生分成相应的小组。

（2）全体成员在教师的指导下，根据教学内容确定相应的教学目标。

（3）确定各学习小组的研究课题，对各小组成员之间的分工进行明确。

（4）小组成员合作学习，围绕相应的主体完成自身的任务，从而实现小组任务目标。

（5）各小组进行一定的学习和交流，分享相应的成果，并纠正自身的不足。

（6）对学习的过程进行评价，总结经验和得失，促进下次学习更好地开展。

3. 发现式教学法

发现式教学法是通过积极引导学生发挥自己的创造性思维，使学生在发现的过程中进行学习的一种教学方法。有学者将其定义为：从青少年学生的好奇、好动等心理特点出发，以发展学生的创造性思维为目标，以解决问题为中心，以机构化的教材为内容，使学生通过再发现进行学习的方法。

在体育教学过程中，运用发现式教学法要遵循以下几方面的步骤：首先，提出相应的问题，或是设立相应的学习情境，使学生面临相应的问题和困难，在教师的引导下进行相应的探索。其次，通过进行相应的练习，初步掌握技术动作的原理和方法。再次，通过分组讨论，提出相应的假设，进行相应的实践验证，并对提出的问题进行讨论。最后，得到共同的结论。

采用发现式教学法时，应注意以下几方面的问题：

（1）教师要善于提出相应的问题和创设相应的情境，要充分调动和激发学生的积极性，激发学生学习的兴趣。

（2）教师提出的问题应适应学生的能力水平，使学生能够根据已有的知识和经验，并通过一定的探索得到相应的答案。

（3）要注意抓住教学的重点，引导学生对重点问题进行积极思考，并找出解决问题的方法，启迪学生的创造性思维。

（4）采用这种方法时，应注意由浅入深、由抽象到具体，使学习过程符合人们的认知规律。

三、体育教学方法的选择与运用

（一）体育教学方法的选择

1. 选用教学方法的艺术

在体育教学实践过程中，存在多种制约教学活动的因素，在不同的教学目标、内容、对象以及教学条件下，教学方法也发挥着不同的效果。这在一定程度上决定了教学方法的多样性。因此，在教学过程中，应注重教学方法的科学性、艺术性和综合性的结合，形成良好的教学方法模式，并且要灵活进行变通。实践表明，教学方法都有其优点和缺点，适应于所有教学条件下的教学方法并不存在。因此，在选择教学方法时，应注重科学性、艺术性和综合性的结合。

选择教学方法时，并不是随意的，必须具有一定的科学依据。在教学过程中，应以教学规律为根据来选用合适的教学方法。教学方法与教学目标、教学内容、教学对象等方面均具有一定的联系，在选择教学方法时，应分析和掌握这些因素之间的内在本质联系，从而确定科学的教学方法。

选择教学方法时，还应注重选择的艺术性。教学方法不仅要具有一定的科学性，还要保证在具体的教学实践过程中采用的教学方法要具有灵活性、艺术性和创造性，避免机械、僵化地运用。在实践过程中，应根据具体的条件和教学需要，选择相应的教学方法，必要时，还要对相应的教学方法进行加工和创造。

在教学实践过程中，教学方法的选择具有综合性的特点。不同的教师会采用不同的教学方法体系，并取得一定的教学效果。选择教学方法时，也不能要求所有的教师都千篇一律。不同的教师会有不同的个性教法，只要其教学方法能够取得预期的教学效果，就值得使用和发展。

需要注意的是，体育教学的内容处在不断的发展和变化之中，教学对象也呈现变化性的特点，这就要求体育教学方法也要不断发展和创新。因此，在选择相应的教学方法时，应用发展的眼光看问题，动态地去选择相应的体育教学方法。

2. 选择体育教学方法的具体参考依据

（1）参考体育教学目标

体育教学目标的主要特征之一是多层次性，身体发展目标、技能发展目标、知识发展目标、社会发展目标和情感发展目标等是体育教学目标的不同层次。为了实现不同的教学目标，应采用不同的教学方法。在体育教学中，教学目标并不是孤立的，它是多种目标的综合，而每一单元、每一堂课目标的侧重点是不同的。因此，在教学过程中，应根据具体的课堂教学目标选择重点发展某一方面的教学方法。课时教学目标是体育教学总目标的具体化，这一目标具有很强的指导性。它既有相应的运动技能和运动理论方面的知识，也有心理和品质品格方面的内容，针对这些不同的教学目标，应选择与之相匹配的教学方法。

（2）参考体育教材内容

体育教学的内容与教学方法之间具有密切的联系，如对于一些技术动作，教学内容应采用主观的示范操作方法；而对于一些原理和知识结构方面的内容，则应注重运用语言法进行讲解。不同性质的体育教学内容，应采取相应的教学方法。

每一种教学方法为实现一定的目标而运用在某一教材内容时，其效果也会表现出一定的差异性。因此，在体育教学过程中，应注重教学方法的灵活性。

（3）参考体育教学环境

教学环境对教学方法的选择具有重要的影响。教学环境包括场地器材、班级人数、课时数等，同时，外界的社会文化环境对教学环境具有重要的影响。教学环境必然会对教学方法产生制约作用。例如，一些直观教学方法需要借助一定的教学器材才能实现相应的教学目标，而学校体育教学资源的具体情况在一定程度上对教师采取的教学方法具有决定作用。

教师在体育教学过程中，应充分利用现有的教学环境，选择合理的教学方法，最大限度地利用现有的场地、器材条件。

（4）参考学生的实际情况

在教学过程中，教学方法的实施对象是学生，采用多种教学方法的最终目的是促进学生更好地学习。因此，在选择相应的体育教学方法时，应与学生特点及其实际情况相符。学生的实际情况表现出多方面的内容，包括学生的年龄特点、性别特征、身心发育状况以及相应的知识储备和学习能力等。

学生处于不同的年龄阶段，其身心发展过程也具有阶段性的特点。相较于大学生而言，低年级学生和高年级学生的身心发展特点会表现出鲜明的差异性。另外，男女性别上的差异性也会导致其对于体育的态度有所不同。因此，应采取合适的方法充分调动学生体育学习的积极性。

学生的经验和知识储备以及其相应的学习能力也是教师选择不同的教学方法的重要依据。知识储备量较为丰富，已经掌握了基础的知识技能，并且学习能力较强的学生在学习新的体育技能时能够更快、更好地掌握。此时，教师可采用合理的教学方法促进学生的技能水平向着更高的水平发展。

（5）参考教师的自身条件

体育教师是各种教学方法的实施者，其自身的素质对于教学活动的效果具有重要的影响。体育教师如果能力和素质有限，则将不能发挥相应的教学方法的作用，从而对教学活动产生消极影响。因此，教师在选择相应的教学活动时，应对自身的专业素养、能力水平以及教法特点有着客观的认识。

一般而言，体育教师熟练掌握的教学方法越多，越能够根据自身以及学生的实际情况选择出最佳的教学方法。不同的教师根据学生实际状况采取相同的教学方法，也会得到不同的教学效果，可见教师自身条件极大地影响着体育教学活动。所以，教师要提高认识自身素质与教学风格的意识，并通过积极的学习增强自身的素质，尝试和掌握更多的教学方法。

3. 选择体育教学方法需要注意的事项

（1）注意师生之间的协调配合

在体育教学过程中，教师和学生的默契配合是取得良好教学效果的重要保证。教学活动不存在没有"教"的"学"，也不存在没有"学"的"教"。因此，不管采用何种教学方法，都应考虑"如何教"和"如何学"这两方面的问题。

在传统体育教学过程中，片面强调以教师为中心，教学方法也只是注重教师"如何教"的问题，对于学生在教学过程中的作用则选择性地忽略了。例如，教师在进行动作示范时，只考虑动作的优美和协调性，而没有考虑学生的感受，从而使学生的学习效果不佳，影响教学活动的开展。

因此，体育教学方法的应用应考虑师生双方的合理配合，避免两者相脱节。只有这样，才能取得良好的教学效果。

（2）注意学生内部与外部活动的配合

学生的学习过程是内部活动和外部活动的综合体现，在选择相应的教学方法时，应注意两者之间的配合。所谓内部活动，即为学生的心理活动以及相应的生理生化反应等方面；外部活动则是其动作质量、情绪、注意力等方面。

在选择相应的体育教学方法时，应注意这两者之间的配合。教师应善于分析学生的内外活动变化，有机地结合指导学生外部活动的教学方法与激发学生内部活动的教学方法，以促进学生主动积极地参与到体育学习中。

在选择体育教学方法时，还应对多种教学方法进行对比分析，从而确定最佳的教学方法。在教学过程中，应明确不同的教学方法适应什么样的教学内容，能够解决什么样的教学问题，能够对什么样的教学对象起到更好的作用等。

（3）注意不同学习阶段的前后配合

在学习过程中，学生在不同的学习阶段会表现出不同的特点。体育教学方法的应用应考虑学生学习知识不同阶段的前后配合。例如，在动作学习的过程中，应注重"模仿型"向"创造型"的过渡，并实现二者的有机结合。

学生的学习过程是由不了解到熟悉的过程。在学习的初始阶段，往往以模仿（模仿教师或他人）学习为主，之后，学生就会形成动作定式而完全摆脱模仿，从"模仿型"过渡到"创造型"。这两个阶段之间既具有一定的联系，又相互区别。因此，在运用教学方法时既要防止二者之间的相互代替，又要防止二者之间的割裂。

（二）体育教学方法的运用

1. 运用体育教学方法的注意事项

良好教学效果的取得不仅要求教师选择合适的教学方法，还要求教师具有良好的素养，能够有效运用体育教学方法。在对相应的体育教学方法加以运用时，需要注意以下几个方面的问题：

（1）注意体育教学方法效果的影响因素

在对体育教学方法进行合理应用时，为了取得良好的教学效果，体育教师要加强与学生之间的协调配合。在体育教学实践活动中，教学方法所产生的效果受体育教师的知识储备、人格魅力以及教学技艺等方面的影响。所以，提高教师的素养对教学方法使用的效果将会产生积极的影响。

需要强调的是，体育教学是教师与学生之间的双向互动，学生因素对于教学方法运用的效果也具有重要的影响。因此，学生能动性的发挥情况对于教学方法的运用效果具有重要的影响。例如，当学生没有太大的兴趣参与到体育课教学中时，就会在课堂上表现出注意力不集中，即使体育教师使用正确、生动、形象的讲解方法或准确、协调、优美的示范动作，学生依然不会提高参与课堂学习的兴趣与积极性。

除了教师和学生因素之外，体育教学的物质条件和环境因素也在一定程度上影响着体育教学方法的运用。例如，在进行篮球运动教学时，如果是在较为干净的室内塑胶场地上，学生在奔跑和起跳时的心理状态与在水泥地面上时是不同的，室内塑胶场地上，当学生起跳落地时，可以做出相应的保护性动作，能够有效避免受伤。因此，在强调教学主体主观因素的同时，不可以将物质和环境等客观因素忽略掉。

（2）注意体育教学方法有关理论的运用

体育教学的理论源于实践，但又高于实践，是科学总结体育教学实践的结果。因此，体育教学的相关方法既要注重实践方面的问题，又要注重理论方面的探索。如果体育教学的相关理论具有一定的片面性，则其体育教学的方法会表现出一定的片面性。在体育教学过程中，体育教学方法方面的理论基础应综合考虑以下几个方面：

①辩证唯物主义与唯物辩证法的基本观点。

②系统论原理，深化理解体育教学系统。

③教育学、心理学等与体育教学有关的学科理论知识。

④普通教学论和体育教学论，这是体育教学方法直接的理论基础。

⑤对当代各学科的先进理论成果进行借鉴和吸收，创造性地应用相应的理论和方法。

总而言之，在体育教学过程中，应该用新观念、新理论指导体育教学工作，不断对体育教学的方法进行创新，并充分发挥各种教学方法的效用。

2. 体育教学方法的优化组合运用

（1）优化组合运用的原则

①最优性原则

不同的教学方法其特点、功能和应用范围都会有相应的差异性，各教学方法都有其优缺点。因此，在对教学方法进行组合运用时，会形成不同体系的综合教学方法，每一套教学方法也有其鲜明的特点。教师在进行教学方法的优化组合时，应根据实际情况，选择一套最符合实际情况的教学方法。教师在选择教学方法时，应从整体入手，将各种教学方法进行有机结合，充分发挥教学方法体系的整体功能。

②统一性原则

统一性原则要求教师在选择相应的教学方法时，应注重"教"与"学"的统一，使得两者之间密切结合，相互促进。如果只强调其中的一方面，则教学活动不会取得良好的效果。另外，统一性原则还要求，在教学过程中，应将教学方法的多种功能充分地发挥出来，促进学生素质的全面发展。

③启发性原则

不管是何种形式的教学方法，都应该能够更好地调动学生的积极性和自觉性，促进学生进行积极思考与探索，促进学生全面提高自身素质。在体育教学活动中，应注重学生兴趣和动机的培养，发展其自主思维和学习的意识。

④创造性和灵活性原则

在选择体育教学方法时，应注重发挥教师和学生的创造性。应对教学方法进行积极的改进和创新，使其更加适用于自身的教学实践活动。只有这样，才能够使教学方法的功能最大化，从而取得较好的教学效果。教师要对教学方法进行不断的发展和创新，只有这样，才能与教学水平的发展相适应。

教学活动是一个动作的过程，教师在课前设计的相应教学方法可能在具体的教学实践中面临多方面的问题，这就需要教师灵活应变，根据实际教学情况，对所选的体育教学方法进行灵活的、创造性的运用。

（2）体育教学方法优化组合的程序

①进一步明确体育教学的任务

选择不同的教学方法要以教学任务和教学目标为主要依据。因此，应将一节课的具体教学任务进行分析和细化，制订出相应的详细任务规划。

②根据实际情况将总体设想提出来

通过对教学任务、教学内容、学生的具体情况以及教学的外部情况等进行分析，对相应的教学方法进行评估和分析。在提出教学的总体设想时，应将教学方法的可行性和适用性充分考虑进来。

③对多种体育教学方法加以优化组合

制定教学方法和教学方法的具体方式与细节表，对各种教学方法进行分析，并对其不完善的地方进行相应的补充。在此基础上，将优化组合后的教学方法应用到具体的教学实践过程中去。

④对优化组合的教学方法实施与评价

在体育教学过程中，应对教学方法产生的效果进行跟踪了解，可通过学生反馈的形式了解具体情况。对教学方法的反馈信息进行归纳和分析研究，并对教学方法做出相应的调整。在以后的教学过程中，要不断地总结经验和教训，促进教学方法的不断优化。

四、体育教学方法的发展研究

（一）体育教学方法的发展历史

体育教学现象出现以后，才有了体育教学方法，然而这并不等于说在课堂体育教学出现之后才有了体育教学方法。在民间的传统体育传授过程中，一些方法就已经得到应用，只是当时的人们缺乏对教学方法的科学性和系统性的认识。因此，现代意义上的体育教学方法是现代体育教学出现以后产生的。体育教学的方法具有鲜明的时代性特点。

1. 体操和兵操时代

在传统社会里，军事战争是体育运动发展的推动力之一。在封建社会和资本主义社会的早期，为了增强士兵的作战能力，士兵会进行相应的体育训练。这时的体育教学方法主要以训练式和注入式为主，较为单调。这种训练式和注入式的教学方法偏重于大运动量的不断重复，通过苦练来提高人体的运动记忆能力，并增强体能。

2. 竞技运动时代

近代以来，随着资本主义社会的不断发展，竞技运动也得到快速发展，竞技运动项目逐渐增多。竞技运动以公平、平等等思想为指导，并且融入众多文化因素，充满生机和活力。竞技运动要求运动员具有高超的运动技能，而一味地苦练并不能适应竞技体育发展的需要，体育教学方法的改进成为必然的趋势。这一阶段，教学效率明显提高，出现的一些新的教学方法有演示法、观察法以及小团体教学法等。

3. 体育教育时代

现代体育得到很大发展，并且成为学校教育的重要组成部分。体育成为一种文化现象，其内容也得到极大拓展，涉及健康教育、心理训练、安全教育、体育咨询、体育培训等，体育的知识和技能快速发展。人们针对体育教学的内容、方法的研究也逐渐深化。体育教学的方法不但要使学生掌握相应的体育知识和技能，还要促进学生的全面发展，使其身体素质、心理健康、运动欣赏能力等方面都得到相应的发展。随着技术的发展，一些新的体育教学方法随之出现。计算机、录像、电影等多媒体技术的发展，使运动表象和感知等方法得到快速深入的发展，体育教学的方法更加科学、规范，并向着更高层次发展。

需要注意的是，新的体育教学方法的出现并不意味着传统体育教学方法的消失。在不同的时代条件下，会出现与这一阶段的生产力和科学文化的发展相适应的体育教学方法。这些新的体育教学方法与传统体育教学方法相互结合、相互借鉴，共同促进了体育教学的发展。体育教学方法是一个不断发展的过程，随着教学环境、教学对象和教学内容的发展，呈现出不同的阶段性特点。

（二）现阶段体育教学方法的发展特征

体育教学方法具有一定的时代性。现阶段，体育教学方法的发展呈现出以下四个方面的特征：

1. 科技进步促进了体育教学方法的创新

科学技术发展迅速，在不断丰富和方便人们日常生活的同时，在其他领域也发挥着重要的作用。在体育教学中，科学技术的进步对其教学方法的影响是极其深远的。随着计算机技术的快速发展，其在体育教学中迅速得到普及，这使得体育教学中的动作示范更加标准、科学，资料的搜集、整合更加便捷，并且学生在学习空间和时间方面的限制减弱，实现了实时的信息沟通。运用计算机进行动作示范，能够从不同的侧面、以不同的速度、对不同部位的动作进行细致的分析和研究，使传统的讲解示范等方法更加科学、高效。

2. 体育教学内容的变革促进了教学方法的变革

为了适应时代的发展，满足学生对体育的需求，体育教学的内容处于不断的发展和变革之中，这也导致了体育教学方法的变革。例如，随着定向运动和野外生存运动被引入到体育教学之中，体育教学活动的野外组织和教学方法得到更加广泛的开发。

3. 体育教学理论的发展促进了教学方法的改善

体育教学理论的发展有利于体育教学方法的创新与进步。在新的体育教学理论的指导下，体育教学方法逐步实现了发展和创新。传统的体育教学对体育运动技能的分析有所欠缺，并且同一运动项目的教学方法也相对较为固定，甚至在不同的运动项目中都采用统一的教学方法。所以，在种类繁多的运动项目面前，体育教学方法是"以不变应万变"。

4. 学生个性发展促进了体育教学方法的改进

时代环境不同，学生就会表现出不同的特点，并且学生的个性特点具有很多变动性。因此，为了更好地促进体育教学目标的实现，促进体育教学效果的提高，应根据学生的具体情况，采用不同的体育教学方法。

学生各方面的变化主要体现在以下三个方面：

（1）随着接受的知识的增多，学生的认知能力逐渐增强。

（2）随着时间的变化，学生的身体逐渐发育、发展。

（3）随着学生知识和阅历的丰富，其个性越来越强，并且形成了相应的价值观念。

另外，社会的文化价值观念对学生也具有较为显著的影响。因此，体育教学的方法也应随着学生各方面的变化而进行适当的调整。

（三）体育教学方法的发展趋势

现代体育教学经过多年的发展，已经成为一个较为成熟的学科。教学方法经过多年的发展，已经发展成具有自身特色的教法体系。随着经济社会的不断发展，其呈现出如下三个方面的发展趋势：

1. 现代化趋势

在现代教学方法的现代化过程中，体育教学的现代化十分明显。体育教学的重要表现之一是教学设备的现代化，通过采用先进的技术手段，教师能够更容易地开展教学活动，学生能够更好地学习。通过先进的现代化设备，教师能够对学生的身体素质进行更加深刻的了解，并能够更好地制定运动训练的负荷量。在教学管理方面，教师能够对学生的学习和生活提供更加便捷的服务。随着现代社会的发展，体育教学的各项技术逐渐发展，其教学方法也必然呈现出现代化的发展趋势。

2. 心理学化趋势

心理学认为，学习是一个复杂的心理过程。在体育教学过程中，学生学习既要涉及相应知识的记忆，同时有动作技术的记忆。随着心理学研究的发展，学习过程的各个方面被人们所认识，并且在具体教学实践过程中，心理学的相关理论逐渐受到重视。在体育教学方法的发展过程中，很多心理学的研究成果将会进一步得到应用，这对于体育教学效果的提高具有重要的意义。另外，体育教学还肩负着培养和发展学生的良好意志品质、促进学生的心理健康等方面的重要责任，通过运用相应的心理学方法，能够更好地达成这方面的目的。

3. 个性化与民主化趋势

体育教学方法的个性化和民主化是其发展的主要趋势之一。在传统的教学过程中，教师是教学的主体，在教学过程中具有很强的统一性，教师的教学活动忽视了学生个体之间的差异性。随着教学活动的开展，社会越来越注重学生个性的发展，体育教学方法的发展也必然呈现个性化发展趋势。个性化的教学方法改革和创新对于学生和社会的发展均具有重要的意义。

体育教学的民主化也是大势所趋。随着教学过程中民主意识的崛起，民主化的体育教学方法也逐渐得到发展。

第三节　体育教学模式的改革

一、体育教学模式的基本理论

（一）体育教学模式的界定

有关体育教学模式的界定，是从 20 世纪 80 年代才开始进行专门探讨的。目前，体育教学模式的概念并未统一，其规范化程度还有待于进一步提高。在体育教学模式的研究中，许多学者对体育教学模式的定义都提出了自己的认识和观点，下面就列举几种比较有代表性的观点。

（1）李杰凯认为，体育教学模式"是蕴含特定的教学思想，针对特定的教学目标，在特定教学环境下实现其特定功能的有效教学活动与框架，是以简洁形式表达的体育教学思想理论和教学组织策略，是联系体育理论与体育教学实践的纽带"。

（2）杨楠认为，体育教学模式是"体现某种教学思想或规律的体育活动的策略和方式，它包括相对稳定的教学群体和教材、相对独特的教学过程和相应的教学方法体系"。

（3）毛振明认为，体育教学模式是"按照一定的体育教学理论或教学思想设计，具有相应结构和功能的体育教学理论或教学活动模型"。

（4）樊临虎认为，"体育教学模式是指在一定的教学思想或理论指导下设计和组织体育教学，而在实践中建立起来的各种类型体育教学活动的范型，它以简化的形式稳定地表现出来"。

综上所述，体育教学模式能够有一个初步统一或认可度较高的概念，"体育教学思想特定的，用以完成体育教学单元目标而实施的稳定性较好的教学程序就是所谓的体育教学模式"。

(二) 体育教学模式的特点

1. 整体性

体育教学模式对体育教学的处理是从整体上进行的。具体来说，它不仅要明确规定教学活动中的教学主体（体育教师与学生）、教学客体（教学目标、教学内容等）等主要因素的地位与作用，还要对教学物质条件、组织形式、时空条件、师生互动关系或生生合作关系等影响体育教学活动并在教学活动中起重要作用的其他因素进行相应的说明。由此可以看出，这几乎把体育教学论体系中的基本内容都涵盖了。因此，人们也将体育教学模式称为"体育微型教学论"。体育教学模式的整体性特征要求人们在对体育教学模式做出正确的认识及运用时，一定要将体育教师的教学风格、学生的年龄特点、体育基础特点、课程内容特点等体育教学模式的要素整体全面地确定下来，并能够熟练把握。除此之外，教学场地条件、环境条件、教学班级人数、气候特点等因素也要列入考虑的范围内，同时要清楚地认识到它们之间的关系，对各环节的配合和衔接也要引起足够的重视，从而使教学模式成为系统的教学程序。这种多部分、多要素、多环节的有机组合将体育教学整体性充分体现了出来，同时对体育教学模式并非是多环节、多要素的简单堆积进行了说明。因此可以说，体育教学模式是具有一定科学性的。

2. 优效性

一定的理论基础是建立体育教学模式的基础条件，但同时，体育教学模式的构建与完善离不开体育教学实践的不断修正与补充。因此，促进体育教学质量的提高，逐步改进体育教学过程，不断更新与完善体育教学的各个环节，避免教学资源的浪费与缺失，是完善体育教学模式的主要着眼点。从这一角度来说，体育教学模式充分体现出其显著的优效性特点。

3. 针对性

无论何种体育教学模式，其建立都是针对体育教学实践过程中的某个具体问题或问题的某一方面而进行的，针对体育教学内容、体育教学对象、体育教学环境等不同要素所形成的体育教学模式是有很大区别的。从这一点来看，体育教学模式有其特定的教学目标和使用范围，是不能包罗万象的。比如，情境教学模式是针对小学生理解能力较差、体育基础不够，而以体育故事形式把各种简单的体育活动动作组合起来进行教学的，因此，这种教学形式对于中学高年级的学生是不适合的；又如，快乐体育教学模式是与传统体育教学中的强制性教学相对立的，学生在强制性体育教学中是体验不到快乐的，所以设计了快乐体育教学模式，这种教学模式对于学练一些简单的体育活动动作是较为适合的，对于复杂的体育活动动作的教学则是不适合的。由此可以看出，普遍有效的全能模式或者最优的模式是不存在的。然而，教学模式与目标往往是一对多或多对一的关系，而绝非一对一的关系。

通常来说，一种模式的目标是多种多样的，而多样化目标又可以进行主、次的划分，其中主要的目标不仅是此模式与彼模式相区别的主要特征之一，也是人们有针对性地选用模式的一个重要依据。比如，启发式教学模式与快乐体育教学模式中都有发展学生技能、运动参与、情感方面等目标，但是，这些方面的主要目标并不是一样的，而是有一定差异的。具体来说，开启学生的学习智力，使学生的运动思维得到有效发展，从而对运动技能的学习与掌握产生积极有利的影响，是启发式教学模式的主要目标；而使学生在学练一些较为简单的体育活动动作中体验运动的乐趣，并创造性地组合一些简单的动作，体验运动成功的感觉，使其自信心有所增加，则是快乐体育教学模式的主要教学目标。

4. 可操作性

这里所说的可操作性主要包括两个方面的内容：一方面，体育教学模式易被教师模仿。究其原因，主要由于教学模式不仅是教学理论的操作化，同时是教学实践的概括化。体育教学活动在时间上的开展以及每一个教学步骤的具体做法都需要教学模式提供相应的逻辑结构与思维，也就是所说的操作程序。这样，教师在教学中应该先做什么、再做什么、最后做什么，就非常有条理，且操作性较强。

另一方面，体育教学模式的操作程序是处于基本稳定状态的。究其原因，主要是因为体育教学活动的特殊性、复杂性以及影响体育教学的主要因素不能受到精确控制。基于此，较具代表性的是魏书生同志创立的"六阶段教学论"，从总体上看，教学是按照"提出教学要求—组织学生自学—师生讨论启发—开展实践运用—及时做出评价—系统总结"这样的程序进行的；运动技能类教学模式是按照"教师的示范讲解—做分解教学—学生初步练习—纠正错误动作—再次练习—动作部分的结合练习—纠正错误动作—完整动作练习—强化练习、过渡练习—掌握动作"这样的程序进行的。需要强调的是，它们的教学程序是不可逆转的，但是，其中某些步骤可以以教学实际情况为主要依据进行压缩、省略和重叠。这就充分体现了体育教学模式的可操作性特征。

虽然体育教学模式具有较强的针对性，但在不同条件与环境下开展体育教学，其产生的体育教学模式也表现出一定的差异性，也会因不同的教学指导思想和理论而表现出一定的差异性。但是一旦确立了体育教学模式，就可以代表一定的教学思想和理念，也就表明某一特定条件下的具体操作的稳定性和可模仿性，具有相同的理念和外在条件，便可以很容易被体育教师模仿，这就是体育教学模式的稳定性特点。需要注意的是，随着时代的变迁，指导思想与外在条件等发生了质的变化，这就要求适当调整和变更体育教学模式。由此可以看出，体育教学模式的稳定性并不是绝对的，而是相对的。

5. 简洁概括性

体育教学模式并非是"复写"体育教学活动，而是在能将自己个性充分显示出来的基础上，将教学目标、教学方法、组织形式等开展某一教学活动的不重要因素省去，从理论高度简明系统地将模式自身反映出来。由此可以看出，它是对某一理论的浓缩，对实践的精简，表现出一定的简洁性与概括性。一定的体育教学模式能够将特定的体育教学思想充分反映出来，而且在一定程度上简化教学模式的各环节，通过教学程序的方式将其展现出来。因此，充分体现出了体育教学模式的简洁概括性特征。

教学模式的概括性主要在教学模式的表现形式、表现内容和表现种类等方面得到体现。每一个方面的概括性都有着不同的特点，具体如下：

（1）表现形式的概括性，就是用较少的笔墨、少许的线条、符号或图表就能够将整个教学模式大致反映出来。

（2）表现内容的概括性，就是浓缩、提炼单元体育教学活动的理论或实践。

（3）表现种类的概括性，就是把具有共同特征的模式归结为一类，从而达到将某一体育教学模式的教学目标更明确地表达出来的目的。也可以在体育教学实践中使体育教师对体育教学模式有更加明了的理解与选择，有效避免多种体育教学模式相互混淆的现象。

（三）体育教学模式的结构

体育教学模式的结构主要包括教学思想、教学目标、操作程序、实现条件以及评价方式等，具体内容如下：

1. 教学思想

作为体育教学模式的灵魂，教学思想是建立体育教学模式所应具备的基本理论与思想基础。也就是说，要想建立体育教学模式，就需要有一定的理论知识对其进行指导，在不同理论指导下建立起来的体育教学模式是有所差异的。例如，我国在 20 世纪 80 年代建立起来的愉快教育与日本的快乐体育，这两种教学模式都是根据学生的具体需求产生的，有利于充分调动学生参与学习活动的积极性和主动性，并能够通过体育教育养成终身体育的习惯。

2. 教学目标

在体育教学过程中，建立体育教学模式的目的就是更好地实现体育教学目标。如果没有体育教学目标，也就没有体育教学模式存在的必要和价值了。体育教学模式所能够达到的教学效果是体育教师对某项教学活动在学生身上将产生的效果所做出的预先估计。体育教学目标是具体化了的体育教学主题的表现，体育教学模式要以教学目标为核心，教学目标能够制约体育教学模式的其他结构要素。

3. 操作程序

教学活动中的教学环节或步骤就是所谓的操作程序。在体育教学活动中，操作程序主要指的是在时间上展开的逻辑步骤以及各逻辑步骤的具体做法等。无论哪种体育教学模式，其操作程序都是独特的，是与其他教学模式不同的。操作程序并不是一成不变的，但它一定是基本的和相对稳定的。

4. 实现条件

所谓实现条件，是指体育教学模式中所采用的策略和手段，它是对操作程序的补充说明，并能使体育教师选择合理的、正确的教学方法和策略。人力条件、物力条件和动力条件三个方面是体育教学模式中实现条件的主要内容。具体就是体育教师与学生、体育教学内容与时空以及学校的基础设施等。

5. 评价方式

不同的体育教学模式所要完成的体育教学目标不相同，而且所采用的教学程序和条件也存在差异。因此，不同的体育教学模式也具有不同的评价标准和评价方式。每一种教学模式的评价标准和评价方法都是特定的，如果使用统一的标准进行评价，就会使评价不具备科学性，评价结果失去说服力。例如，与标准化评价相比，群体合作教学模式的评价标准是采用计算个人和小组合计总分的评价方式。

（四）体育教学模式的功能

1. 简化功能

体育教学活动有着较为显著的特殊性和复杂性的特征，要想取得较为理想的处理这种特殊性和复杂性的效果，除了需要人们的思辨和文字的处理方式外，还需要其他一些简单明了的方式。图示就是这样一种方式，它能够将各系统之间的次序及其作用和相互关系较为清晰地表达出来，这样往往就能够使人们对事物有一个整体的印象。体育教学结构能够反映出各环节、各要素的关系，除此之外，也能够将其组织结构和流程框架反映出来，这种结构的主要特点在于注重原则、原理，而且较为重视行为技能的学习。因此，从客观的角度上说，体育教学模式有着非常重要的作用和意义，与现代体育教学任务是相符的。具体来说，主要表现在三个方面：第一，对体育知识的学习和体育技术、体育技能的学习与掌握非常重视。第二，对学生的学习目标和教师的设计方案非常重视。第三，在充分反映教学理念的同时，对具体的操作策略也非常重视。由此可以看出，体育教学模式具有较强的可操作性，其结构和机制也较为完整。另外，体育教学模式比抽象的理论更具体、简化，不仅与教学实际更为接近，而且它能够为体育教师提供基本操作框架，使教师明确具体的教学程序，因此较容易被教师理解、选用、操作与认可，受到教师的欢迎。

2. 预测功能

体育教学模式是以体育教学活动中的内在规律与逻辑关系为基础的，它有利于准确地对体育教学进程和结果做出判断。即使不能准确判断，也能对体育教学进程和结果进行合理估计，甚至可以建立教学结果假说。通常以某种教学模式内在与本质的规律及其现象为主要依据，来对该模式进行预测。例如，快乐体育教学模式既要注重学生在学习过程中的学习体验，也要使学生对运动技能加以掌握，从而为学生的终身体育打下良好的基础。这种模式的预测功能主要体现为两个方面：一方面，如果在教学过程中没有达到预期的教学目标，说明实际与预测存在一定的差距，需要进行合理、正确的调整；另一方面，如果在教学过程中达到了预期的教学目标，说明与事先的预测是相吻合的，证明理论与实践是相统一的。

3. 解释与启发功能

体育教学模式的功能和作用主要表现在通过简洁明了的方法来解释相当复杂的现象。比较常见的一种体育教学模式是发展体能教学模式，这一教学模式的建立给人以整体的框架，其中文字的解释能够让我们更加深入地理解教学模式。具体来说，发展体能教学模式中所蕴含的理论知识主要在以下三个方面得到体现：

首先，阶段性的体能目标实施与反馈控制理论。其次，体育教学系统地、长期地发展体能的指导思想。最后，非智力、非体力因素参与体育活动并促进技能教学的发展理论。具体来说，体能的发展是比较枯燥的，如何激发发展体能的兴趣就成为一项关键因素。需要注意的是，这一关键因素是非智力、非体力的。

除此之外，对于整个教学活动来说，具体的某种教学模式的核心环节具有非常重要的作用和意义，其主要在教学目标的制定与教学过程实施的形成性评价中得到一定的体现。具体来说，主要包括以下几个方面：

第一，预先进行体能测验，实施诊断性评价。

第二，以学生的身体条件与身体素质的侧重点为主要依据对教学单元进行合理的安排。

第三，有针对性地对单元中诸体能目标进行练习，并力争达成目标。

第四，对学习效果进行总结，实施总结性评价。

第五，以评价的结果为主要依据来使矫正措施得以实施。

4. 调节与反馈功能

马克思主义唯物观认为，实践是检验真理的唯一标准。因而，体育教学模式是否科学也要通过体育教学实践活动对其进行检验才能得知。体育教学模式是依据具体的教学指导思想、教学条件和教学环境来进行安排的。例如，在实际的运用过程中，如果某一种体育教学模式没有达到预先制定的教学目标，就需要具体分析教学模式操作过程中的各个环节与因素，并找出其中的利弊关系，深入地分析其原因并提出相关对策，以使体育教学活动更加科学、合理。

二、体育教学中典型的教学模式

由于体育教师各具特点，再加上学生的实际情况有所不同，在体育教学过程中采用的体育教学模式也是千差万别、各有侧重的。下面主要分析几种常见体育教学模式的建立背景、指导思想、操作程序以及存在的优缺点。

（一）主动性体育教学模式

1. 建立背景

在现代教育中，学生是整个教学活动的主体，所以主动性体育教学模式能更好地引导学生通过思考、体验来进行交流和合作，从而进一步发展自身的社会技能、社会情感以及创造能力。在体育教学中，要想取得较为理想的教学效果，必须要有良好的课堂环境和氛围作为保证。因此，主动性体育教学模式在这样的环境和需求下应运而生。

2. 指导思想

主动性体育教学模式的指导思想主要包括以下几个方面：

（1）培养学生的参与能力。只有学生参与到教学活动中来，才能有机会使学生的主动性得到进一步发展。

（2）培养学生的教学能力。引导学生站在教师的角度去思考问题，有利于提升学生的教学能力和主动性。

（3）培养学生的合作精神。要使学生认识到团队合作的重要性，培养学生的团结合作精神，同时可创造出理解、尊重、宽容、信任、合作、民主的课堂氛围。

（4）培养学生的创新意识。要想发展就必须进行创新，教师应根据教学实际和学生的具体情况，有针对性地培养学生的创新意识和创造能力。

3. 操作程序

主动性体育教学模式的操作程序如图 4—1 所示：

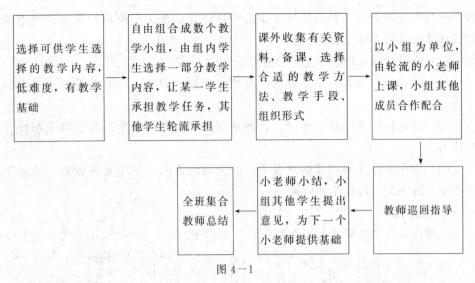

图 4—1

4. 主要优缺点

（1）优点

一是体育教学中运用主体性体育教学模式能够实事求是地、有针对性地发展学生的主体意识。

二是有利于提高和发展学生的学习主动性和自我学习能力。

（2）缺点

主动性体育教学模式要求学生有一定的自觉性基础，并且要求学生具有自我设计教学计划、教学方法、教学手段、组织措施的能力，更要求学生的自学能力要强，否则，运用主动性体育教学模式就不会取得理想的效果。

（二）小群体体育教学模式

1. 建立背景

这种小群体的学习形式来源于日本的"小集团学习"理论。小群体体育教学模式是指在体育教学中，将学生进行分组，并在教师的指导下，同组学生之间、小集团与小集团之间通过互动、互助、互争，增强学生学习的主动性，从而提高教学效率的一种教学模式。小群体学习法起初是在其他学科中产生的，到了 20 世纪 50 年代开始应用于体育教学中。这种模式在体育教学中的运用，除了取得较为理想的效果外，还进一步促进了体育教学的发展和完善。

2. 指导思想

小群体体育教学模式的主要指导思想是在遵循体育学习机体发展和发挥教育作用规律的基础上，通过体育教学中的集体因素和学生间交流的社会性作用，促进学生交往，提高学生的社会性。此外，在运用这种模式的过程中，还要注意培养学生自主学习能力，并要适应学生的个体差异表现。小群体教学模式的指导思想具体体现在以下四个方面：

（1）有针对性地培养学生的良好品质。

（2）强调集中注意力，并要求学生相互帮助、团结，以有效地提高组内的竞争力。

（3）通过教导学生相互帮助、合理竞争，从而提高学生的身心健康和社会适应能力。

（4）要在条件基本均等的情况下，使组与组之间的学生合理竞技，从而激发学生学习的兴趣，提高学习效果。

3. 操作程序

小群体体育教学模式的操作程序如图4—2所示：

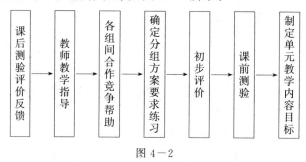

图4—2

4. 主要优缺点

（1）优点

一是小群体教学侧重于培养学生的团结性，既有利于充分调动学生学习的积极性和竞争性，也有利于培养和提高学生的社会适应能力。

二是通过小群体教学，既可以提高组内团队间的合作能力，又可以提高自己团队与其他团队之间的竞争能力，增强学生的竞争意识。

（2）缺点

由于这种教学模式更注重培养学生的社会适应能力，就可能导致在教学中将大量的时间消耗在这一方面，从而使得学生对教学内容的学习时间相对减少。

（三）选择式体育教学模式

1. 建立背景

在"健康第一"思想和新课程标准的影响下，为了更好地体现以学生为主体的教学观念，现代体育教学模式中出现了选项课。选项课的出现可以使学生在体育学习过程中依据自己的喜好和需要选择适当的项目学习。由于这种教学模式具有较高的可行性和良好的教学效果，近年来在多所学校中已普遍使用，并受到体育教育工作者的高度重视。

2. 指导思想

选择式体育教学模式体现了学生自主选择的优势。让学生可以自主选择所要学习的内容、学习进度、学习参考资料、学习伙伴、学习难度等，只有这样，才能激发他们的兴趣，同时可以充分调动学生学习的积极性和主动性，从而更好地培养学生的学习能力。

3. 操作程序

选择式体育教学模式的操作程序如图4—3所示：

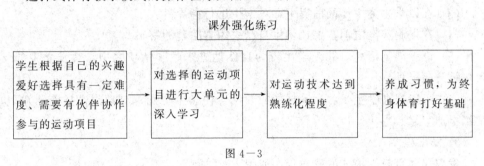

图4—3

4. 主要优缺点

（1）优点

一是学生自主选择学习内容，这不仅是学生主体地位的充分体现，也有利于提高学生的学习兴趣。

二是学生根据自身的兴趣和需求来选择学习内容，能够更好地培养学生的自觉性、学习热情、学习态度、情感体验、克服困难的意志力等，也能提高学生的责任感。

（2）缺点

一是根据目前的相关教学实践来看，选择式体育教学模式虽然对有运动兴趣的学生有积极作用，但对于那些暂时还没有特别兴趣的学生来说，会出现选择上的盲目性。也就是说，这种教学模式在目前还不适用于全体学生。

二是由于受到技术难度、趣味性、运动量以及考核评价等方面的影响，学习内容可能会导致学生功利性地选择运动项目，从而使选择内容不均等，不利于教学活动的顺利进行。

（四）发现式体育教学模式

1. 建立背景

发现式体育教学模式是指通过体育教师的指导，学生能够独立地研究和发现事实和问题，从而可以更加深刻地掌握相关原理和知识的一种教学模式。这种教学模式主要强调学生的直觉思维、内在的学习动机以及教学过程三个方面。

2. 指导思想

发现式体育教学模式是教师通过适当地对学生进行引导，让他们运用主观思维进行积极的思考，独立地发现问题、解决问题的教学方式。这种体育教学模式的指导思想就是在体育教学中通过遵循学生的认知规律来考虑教学过程，体现以学生为主体、以学生为中心的思想。具体来说，其指导思想包括以下几个方面：

（1）注重增强学生学习的积极性和趣味性。

（2）调动学生思维的主动性，开发学生的智力。

（3）在以学生为主体的前提下，对学生进行指导。

（4）在揭晓答案之前，要让学生自己去探索问题的答案。

（5）设置问题情境，并使学生较为自然地进入教学情境之中，激发学生的学习热情与积极性。

（6）可以提高学生学习运动技能的效率，使学生更加深刻地领悟技能和知识，记忆更加牢靠。

3. 操作程序

发现式体育教学模式的操作程序如图 4-4 所示：

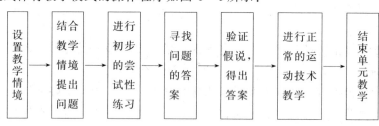

图 4-4

4. 主要优缺点

（1）优点

一是发现式体育教学模式能调动学生学习的热情和积极性，提高学生的学习效率。

二是发现式体育教学模式有利于开发学生智力，提高学生智力水平。发现式体育教学模式非常重视学生的智力开发，通过在学习过程中设置问题情境，激发学生学习的好奇心，进而提高其智力水平。

（2）缺点

一是发现式体育教学模式会在问题的提出、讨论、解决等环节占用大部分教学时间，从而使得运动技能练习与巩固的时间相对减少，因此会对学生学习和掌握运动技能的效果产生影响。

二是发现式体育教学模式还会受到不稳定因素的影响，所以从教学模式的评价来看，无法在短时间内跟其他教学模式进行比较。

（五）领会式体育教学模式

1. 建立背景

领会式体育教学模式是在 20 世纪 80 年代由英国学者提出的。在当时，这种教学模式主要运用于改造体育教学的教学过程结构，在应用过程中试图通过从整体开始学习或领会新教程，并且对以往只追求技能、忽略学生对整个运动项目的认知和对运动特点把握的缺陷进行改进和完善，以达到提高体育教学质量的目的。

2. 指导思想

领会式体育教学模式的指导思想主要包括以下几个方面：

（1）这种教学模式强调先尝试，后学习。

（2）要在尝试的过程中了解学习运动技术的重要性，进而提高学生学习的主动性。

（3）强调先进行完整教学，然后再分解教学，在掌握各部分分解动作的基础上再完整尝试，从而比较学习前后的效果。

（4）竞赛是开展体育教学活动最主要的组织形式，其有利于提高学生学习的积极性和实用性。

3. 操作程序

领会式体育教学模式的操作程序如图 4—5 所示：

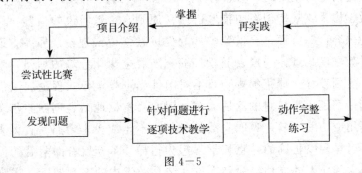

图 4—5

4. 主要优缺点

（1）优点

领会式体育教学模式通过先让学生初步进行体验，体会出学习正确动作的必要性，然后根据学生的实际情况，教师选择合理的教学方法，促使学生产生强烈的学习动作的动机和需要，进而调动学生学习的积极性，提高学习效率。

（2）缺点

在尝试性比赛中，学生因对这项运动缺乏深刻的了解，很可能会使比赛无法顺利进行。要想避免这种情况的发生，可以通过降低难度和要求，使学生慢慢进入活动角色的方式，从而使比赛更为有序，以此保证常识性比赛的顺利进行。

三、新型体育教学模式的构建与运用

（一）新型体育教学模式的构建

1. 构建原则

（1）坚持教学目标、内容、形式、结构与功能统一的原则

从本质上讲，新型体育教学模式的建构是处理好体育教学活动中形式与内容、结构与功能的关键问题。所以，体育教师应该对各类体育教学课堂结构和形式的功能与作用进行全面分析，并以教学目标和条件为根据对教学模式做出比较合理的选择。

（2）坚持统一性与多样性统一的原则

第一，体育教学模式构建的统一性是指在构建和创造体育教学模式时，要继承新中国成立以来我国的体育教学思想和成功经验。

第二，新型体育教学模式构建的多样性是指在开发和构建体育教学模式时应尽量实现多样化，避免单一化与程式化的不足。

（3）坚持借鉴与创新统一的原则

体育教学模式要坚持创新与借鉴的统一原则。这里所说的借鉴，具体是指借鉴两方面的内容：一方面，要借鉴国外的先进教学模式理论；另一方面，要借鉴国内的先进教学模式理论与成功教学经验。随着全球化趋势的加强，学校体育教学也必然要受到教育全球化的影响，不对国外先进教学模式理论加以借鉴或借鉴之后缺乏创新都是故步自封的落后表现。因此要有机地结合创新与借鉴，只有这样，才能运用成功的经验，吸取失败的教训，不走或少走弯路。具体来说，统一借鉴与创新就是要以正确的体育教学思想为指导，革新原有的落后的体育教学模式，借鉴前人和他人的成功经验和理论，结合教学中的客观实际，提高体育教学的效率。

2. 构建步骤

概括地讲，新型体育教学模式的构建步骤主要如下：

（1）明确指导思想。选择用什么教学思想作为构建模式的依据，使教学模式更突出主题思想，并具有理论基础。

（2）确定构建模式的目的。在明确指导思想的基础上，确立建构体育教学模式所达到的目的。

（3）寻找典型经验。在完成第一步的基础上，通过调查研究，寻找恰当的典型经验或原型作为教学案例，案例要符合模式构建思想与目的。

（4）抓住基本特征。运用模式方法分析教学案例，对教学案例的基本特征与教学的基本过程进行概括。

（5）确定关键词语。确定表述这一体育教学模式的关键词。

（6）简要定性表述。对这一体育教学模式进行简要的定性表述。

（7）对照模式实施。对照这一体育教学模式具体实践教学，进行实践检验。

（8）总结评价反馈。通过体育教学实践验证，对实践检验的结果进行归纳总结；通过初步实践调整修正模式，并反复实践以不断完善。

（二）新型体育教学模式运用的参考依据

新型体育教学模式的选择与运用主要把握以下几个参考依据：

1. 参考体育教材性质

体育教学以教材为基本工具，体育教师教学、学生学习都要借助教材这一基本教学工具。体育教材也是体育教师与学生共同完成体育教学目标的内容载体。通常把体育教材分为概括性教材与分析性教材两大类，主要是以体育教材内容的性质为依据划分的。具体分析如下：

（1）概括性教材。这一类教材中没有较难学习的运动技术需要学生掌握，对概括性教材进行讲解的主要目的是使学生对体育项目有简单的了解，培养学生体育学习的兴趣，促进学生的身心健康。学生在学习该类教材时主要是注重体验乐趣，获取快乐，所以要选择运用快乐式体育教学模式、情境式体育教学模式以及成功教学模式进行教学。

（2）分析性教材。这一类教材中的运动技术具有一定的难度，对这类教材进行讲解的主要目的是提高学生的自主学习能力与创新能力，促进学生体育知识与技能的增长。在学习该类教材时，要注重培养学生的学习兴趣与创造力，要选择运用主动性体育教学模式、发现式体育教学模式以及领会式体育教学模式等进行教学。

2. 参考体育教学目标

体育教学模式构建与运用的关键是教学目标，体育教学模式需要体育教学思想与目标为其提供活力、指明方向。体育教学思想与目标也是区分教学模式的一个标准。体育教学目标在新课程改革之后有所变化，主要涵盖四个方面，具体如下：

（1）提高学生运动参与能力与积极性的目标。

（2）促进学生身心健康的目标。

（3）促进学生正确掌握运动技能的目标。

（4）提高学生社会适应能力的目标。

上述体育教学目标要求在体育教学中采用情境式体育教学模式、探究式体育教学模式以及成功式体育教学模式等进行教学。

3. 参考体育教学对象

体育教学活动离不开学生这一教学主体，在体育教学活动中，学生也是非常重要的一个组成部分，所以要针对不同学生的具体情况与特点来对教学模式进行选择。学生的学习阶段按年龄大致可以分为小学、中学、大学三个时期。不同的学习时期，学生的身体与心理情况是有明显不同的，所以体育教学模式的运用要考虑到不同学习阶段的学生的具体情况。具体如下：

（1）学生在小学时期，身心具有游戏性特点，适合这一时期的体育教学模式有快乐式体育教学模式与游戏式体育教学模式。

（2）学生在中学时期对不同种类的体育运动项目比较热衷，而且其也具备了相应的思维与逻辑分析能力，适合这一时期的体育教学模式有小群体体育教学模式及探究式体育教学模式。

（3）学生在大学时期，主要是接受专项体育运功教学训练，适合这一时期的体育教学模式有技能性体育教学模式，同时要发挥体能性体育教学模式的辅助作用。

4. 参考体育教学条件

体育教学模式不同，其相应的教学条件也会有差异。不同地区或学校的体育教学条件具有明显的复杂性与差异性。以城市和农村地区为例，两个地区的经济水平差距很大，因此体育教学场所、设施与器材也有差距。针对这一情况，体育教师要实事求是，从实际出发，选用恰当的体育教学模式来完成教学目标与任务。农村学校的教学水平与条件有限，因此不宜采用要求外部教学条件良好的小群体体育教学模式。

（三）两种新型体育教学模式的构建与运用

1. 启发式体育教学模式的构建与运用

"启发式体育教学模式指的是在体育教学活动中，教师以体育教学目标、教学规律以及学生的认知水平和年龄特点为主要依据，通过采取各种教学手段来引导学生独立思考、积极主动地获取知识、解决学习问题的过程。"解决教学中出现的问题、提高体育教学的质量以及促进学生体育学习积极性的发展是体育教学模式的实质。

（1）启发式体育教学模式的构建

①对问题情境进行创设

体育教师在对问题情境进行创设时，要具体以体育教材的重点和学生的客观实际为依据。在创设问题情境的过程中，体育教师不仅要解决学生在学习中出现的问题，还要采取一定的方法与措施来激发学生的好奇心，使其主动提出疑惑，并积极思考解决疑惑，这样有利于充分调动学生的学习热情，有利于提高学生的逻辑思考与客观分析及解决问题的能力。

②采用直观教学手段

体育教师在对学生进行启发的过程中，要尽量采用直观的教学方法和手段，减少抽象概念的使用。直观手段具体是指多媒体、录像、图片等直观教具的使用。直观教学方法有利于学生学习兴趣的激发与提高，有利于学生以最为简单的方式清晰地掌握学习内容。

③采用多样化的练习手段

体育教师在引导学生进行练习的过程中，要以体育教学任务、目的和要求为主要依据，并善于采取一些有助于启发教学的练习方式作为辅助学习的手段。除此之外，体育教师还可以以教材内容为依据对多样化的练习手段加以运用，以此促进学生学习兴趣的提高，也能够提高学生的学习效果。

（2）启发式教学模式在体育教学中运用的注意事项

①对教材重点与难点有所明确

体育教材重点是学生要掌握的关键内容，教材难点是学生不容易掌握的教材内容。教师运用启发式教学模式进行教学时要以教材重点为中心，通过口头叙述、动作示范等教学方式来引发学生对教材重点内容的思考。体育教师也可以针对重点动作做一些生动、逼真的模仿，这样学生也能比较容易地掌握教学内容。除此之外，教师也要重视学生的身心特点、认知能力和学习基础，遵循因材施教的教学原则，使每个学生的学习效率都能得到保障。

②对多元评价体系进行科学构建

评价学生的学习过程或结果主要是为了总结学生的学习效果，对学生学习体育起到一种督促与激励的作用。合理的评价有利于提高学生学习的积极性和主动性。评价的实施步骤具体为：评价标准的确定—评价情境的创设—评价手段的选用—评价结果的利用。评价讲究合理，不要求过于死板地对标准答案有严格的限制，根据具体情况保留一定的评价空间。教师在对学生的学习技能做出评价的同时，要引导学生进行自我评价或学生之间的互相评价。

2. 合作式体育教学模式的构建与运用

在体育教学活动中，合作教学模式的运用有利于学生合作意识与能力的提高，有利于学生交往、实践及协调能力的增强，也有利于学生个性发展和终身体育意识的形成。

（1）合作式体育教学模式的构建

①构建程序

首先，要以体育教学大纲规定的教学时间与教学内容为主要依据，对上课时间进行合理的分配与安排。通常情况下，在体育教学活动中，体育理论知识教学占总教学时间的25％，学生体育能力培养占总教学时间的30％，体育技战术教学占总教学时间的45％。

其次，在体育课堂教学开始之前，教师要做好课堂教学计划，即教案。制订教学计划时，教师要加强与学生的合作，与学生一起探讨教学方法的选用。

②具体实施

一是明确教学目标。体育教学过程的第一环节就是要明确并呈现教学目标。在这一环节中，体育教师的口头讲解与动作示范要有机地结合学生的观察体验与思考，加强师生之间的沟通与交流。

二是对学生进行集体授课。对学生进行集体授课时，体育教师要适当缩短授课时间，提高教学效率，从而留出更多的时间为下一环节（小组合作）做准备，教师要注意调动学生的学习积极性，善于运用一些新颖的问题来促进学生的注意力集中到课堂中。

三是加强小组合作学习。学生的学习主体性以及学生之间的沟通与交流是小组合作环节的重点，学生要在小组合作学习中积极发表自己的意见，提高自己的主动性、积极性以及创新性。

四是实施阶段测验。体育教师在学生学习了一个阶段后，对各个学习小组进行阶段测验，从而对学生在这一阶段的学习情况与效果有一个初步了解。

五是积极反馈。在反馈阶段，体育教师要综合评价学生在这一学习阶段的具体表现。学生在小组合作学习中获取的知识比较零散，系统性很差，所以教师要正确引导学生归纳所学知识，使之成为一个系统的知识体系，便于学生掌握与记忆。小组测试也是反馈的一个重要手段，通过测试反映出学生学习的不足之处，从而有针对性地对其进行纠正与完善。

（2）合作教学模式在体育教学中运用的注意事项

①更新教学观念

合作教学模式在体育教学活动中的运用要求对传统的体育教学观念进行更新，对学生的重要性进行重新认识，重视学生的主体地位，引导学生充分发挥自身的主观能动性，尊重学生的人格，教师在教学中加强与学生的合作交流，以学生的具体情况为依据进行教学。

②注重学生主体意识的培养

首先，体育教师在体育教学活动中要想方设法激发学生的思维与学习热情，然后引导学生积极发现与探索新问题、新情况，在引导过程中，注重学生自主意识和独立能力的培养。

其次，教师要注重自身的引导作用，通过提问、质疑等手段，引导学生把注意力集中到课堂教学中。

最后，教师主导性的发挥要以实现体育教学目标为出发点，倘若没有从教学目标出发，就谈不上学生主体性的培养了。

四、体育教学模式的改革与发展

（一）体育教学模式的改革

目前常见的体育教学模式是有限的，但随着体育教学改革的不断推进和创新，还会有更多的教学模式不断出现，并且在体育教学中得到应用。关于未来体育教学模式的改革，其侧重点与趋势主要表现在以下几个方面：

1. 重视学生的主体性

传统的教学模式对教师的主导作用的重视程度比较高，其将教学过程片面地归结于教师的教，而将学生的学忽视掉了，这就使得学生在教学过程中处于被动地位，对学生主观能动性和能力的培养产生了一定的阻碍作用。

随着以学为中心的教学理论的发展，传统意义上的师生关系有了较大程度的变化，他们的地位和作用也有了一定的改变。"教师中心论"逐渐被"教师主导学生主体论"取代。在这种新的教学观的影响下，体育教学模式也要进行一定的改变。具体来说，主要改革趋势为：由教师中心教学模式向教师主导学生主体的教学模式转变。教师主导学生主体的教学模式对于学生创新能力、自学能力、探索能力的培养较为有利，可以在一定程度上调动起学生学习的能动性和积极性。除此之外，需要强调的是，这与现代人才的培养理念是相符的，因此可以将其作为体育教学模式的一个重要的改革方向。

2. 注重学生能力的培养

现代社会科学技术发展迅猛，知识的迅猛增长、终身教育的普及以及不断加大的竞争压力，都对人们的能力提出了更高的要求，单一的知识积累已经不能使当今社会的需求得到满足。因此，在体育教学过程中，必须在教学模式上进行一定的改进，只有这样，才能够更好地培养学生的运动能力、一般能力、创造能力、自学能力和社交能力。

另外，在普及九年义务教育初期，教育部门就已经开始强调要培养学生全面发展德智体美劳，而且在越来越多的实践活动中人们已经充分认识到能力的重要性。在这样的条件下，从强调知识的传授逐渐转向重视能力的培养就成为体育教学模式改革的一个重要方向，这样能够使学生在参与实践活动的同时，对自己有更加全面的认识，从而不断挖掘和培养自身的各项能力。

3. 保留演绎型教学模式

教学模式形成的方法主要有由概括实践经验而成的归纳法和靠逻辑生成的演绎法两种。从一种思想或理论假设出发设计成的一种教学模式，就是所谓的演绎教学模式。20世纪50年代以后产生的教学模式大都属于这一类型。演绎教学模式是从理论假设开始的，形成于演绎，其对科学理论基础非常重视。演绎教学模式的这一特点不仅为人们自觉地利用科学理论做指导提供了一定的可能，而且为主动设计和构建一定的教学模式来达到预期的目标奠定了一定的基础。由此可以看出，演绎型的体育教学模式的发展是教学模式发展的一个重要趋势，是与教学理论的发展和研究方向相符的。因此，改革中要注意保留演绎型的体育教学模式。

（二）体育教学模式的发展

1. 理论研究的精细化

研究体育教学理论，既是为了更好地指导体育教学实践，也能起到对体育教学实践进行总结的作用。如果没有理论研究，又或者缺乏体育实践，整个体育教学就会失去意义。因此，必须将体育教学的理论研究与实践研究相结合，来加强理论研究的力度与成效。

（1）与其他理论相同的是，体育教学模式的研究必将从对一般教学模式的研究走向对学科教学模式的研究，再到课堂教学模式的研究。

（2）对体育课堂教学模式的研究又趋向于精细化，包括学期教学模式、单元教学模式、课时教学模式。精细化是体育教学模式研究的必然趋势。

2. 教学目标的情意化

教学实践研究表明，智力因素和非智力因素对学生的学习活动有着非常重要的作用。现代体育教学模式的不断发展也逐渐对传统教学活动中过于强调智力因素而忽视非智力因素的作用等状况进行了改善，并取得了良好的效果。现代体育教学模式的目标是在使学生增长知识、培养能力的同时，更加注重人格教育、品德教育、情感教育与知识教育的结合。随着人们对人本主义心理学越来越重视，学生的情感陶冶也开始备受关注，人们将情感活动视为心理活动的基础，对学生独立性、情感性和独创性进行了更加全面的培养。例如，情境式体育教学模式和快乐式体育教学模式通过问题情境的创设，提高教学过程中的新奇与趣味性，使学生的学习兴趣得到有效激发，从而产生一种强烈的学习动机，在这种动机下学习和掌握体育知识技能带有很强的情意色彩。

3. 教学形式的综合化

体育教学形式的综合化是指体育教学模式向着课内和课外一体化方向发展。由于受到时间的限制，课内的时间不能充分培养和发展学生自动化的运动技能与锻炼身体的习惯。这就需要在教学中安排充足的课外时间进行练习和巩固，而课内的主要任务就是学习新知识，并针对错误的动作做进一步改进。只有这样，学生才能更加熟练地掌握运动技能，实现个体运动技能的自动化。但从目前的情况来看，我国各高校对课外体育活动的重视程度相比于体育课本身要弱很多，有的甚至处于放任自流的状态，这对体育教学效果产生了非常严重的影响。

从体育教学模式发展的角度来看，由于目前对课外体育活动不够重视，使得有关这一方面的研究也受到很大的影响。"课内外一体化"教学模式虽然设计了课内与课外相结合的教学，但在实际的运用过程中还不够成熟，也没有形成明确的操作模式。因此，目前并没有将其列入现有的体育教学模式体系中。当这种模式的理论与实践发展成熟后，其自然能够成为一种重要的体育教学模式。

4. 教学实践的现代化

随着现代教育和科技的快速发展，高校体育教育在教学手段方面得到很大程度的突破；各种教学实践活动也呈现出较为明显的现代化特点，并逐渐实现了对传统体育教学方法的改革和创新。在现代体育教学活动中，先进技术产品和手段的运用在很大程度上提高了体育教师的授课效率，也进一步增强了学生的学习兴趣，调动了他们主动学习的积极性。目前，现代体育教学模式已经开始与现代教学技术手段相融合。由此可以看出，在体育教学模式中引入和运用先进的技术手段是其发展的重要趋势。

5. 评价标准的多元化

体育教学模式不同，其评价方式也会有所差别。随着现代教育改革的不断深入，体育教学模式也发生了较为明显的变化。单一的评价方式是很难对某一体育教学模式的科学性做出全面的、客观的反映的。这就要求在评价时采用全面的评价方式，所选择的评价指标也必须多元化。

传统的体育教学模式过于重视结果评价，而忽视了对学生学习和实践过程中的评价，这就使得学生的学习兴趣、爱好、情感反应等方面都很难得到全面的体现和反馈。而现代的体育教学模式逐渐摆脱了单一的终结评价方式，开始重视学生的学习过程评价、单元评价以及学生的自我评价等。

第四节　体育教学设计的改革

良好的体育教学离不开前期进行的相关教学设计。合理的体育教学设计可以为体育教学的顺利进行提供保障。设计是一项严谨、周密的工作，它是在现代教学活动中运用系统、科学的方法，发现、分析和解决各种教学过程中出现的问题，从而实现教学效果最优化的过程。现如今面对体育教学改革的势头，体育教学设计也要随之做出诸多适应性的改变与完善。因此，本节主要对体育教学设计的基本理论、评价以及相关改革与发展等内容进行研究。

一、体育教学设计的基本理论

（一）教学设计与体育教学设计

1. 教学设计

对体育教学设计定义进行归纳，首先要看一看教学设计的概念。目前学术界对教学设计定义的认识还没有达成共识，不过一些学者的研究使得教学设计获得了下列几种描述：

（1）外国学者对教学设计概念的描述。学者布里格斯（LeslieJ. Briggs）认为，教学设计是"分析学习需要和目标以形成民族学习需要的传送系统的全过程"；加涅（R. M. Gagne）认为，"教学设计是一个系统化地规划教学系统的过程"；瑞达·瑞奇（RitaRichey）则认为，教学设计是"为了便于学习各种大小不同的学科单元而对学习情景的发展、评价和保持进行详细规划的科学"。

（2）我国学者对教学设计概念的描述。在我国，关于教学设计的概念描述主要有两种观点：一种观点将教学设计看作"为了达到一定的教学目的，对教什么（课程、内容等）和怎么教（组织、方法传媒的使用等）进行设计"的过程；另一种观点则认为教学设计"是以获得优化的教学效果为目的，以学习理论、教学理论和传播理论为理论基础，运用系统方法分析教学问题、确定教学目标、建立解决教学问题的策略方案、试行解决方案、评价试行结果和修改解决方案的过程"。

通过上述国内外学者对教学设计概念的表述可以总结出，教学设计是在进行教学活动之前，由教学执行者（通常为教育管理部门）根据教学目标的要求，运用系统方法对教学活动要素进行分析和策划的过程。

2. 体育教学设计

在研究了教学设计的概念后，将之与体育教学的特点相结合，就可以大体确定体育教学设计的概念。体育教学设计是指教学管理部门在体育教学活动进行之前，以系统的思想和科学的方法为指导，结合与体育课程有关的学科以及体育教学的特点，制订的一种科学的、切实可行的体育教学实践操作方案。

（二）体育教学设计的理论基础

要想顺利完成体育教学设计工作，首先要拥有扎实的理论基础，以使设计工作沿着正确的思路进行，并最终获得预期的实用效果。对于体育教学设计来说，这个过程非常严谨、科学和系统，再加上与体育教学特点的结合以及考虑到多种体育教学要素的影响，这个过程有时甚至显得较为复杂。在这种情况下，就更加需要教学设计者应用许多学科理论作为设计依据。

与现代体育教学设计相关的理论有很多，大多数体育教学设计的要素和方法都建立在这些理论基础上。具体来说，体育教学设计的理论基础主要包括系统理论、学习理论和教学理论三种。

1. 体育教学设计的系统理论

（1）系统理论概述

从"系统"这个词的词义上来说，"统"意为多种元素的相关总和。美籍奥地利学者贝塔朗菲（L. V. Bertalanffy）是一般系统论的创始人，他所认为的系统是"相互作用的诸要素的复合体"。在系统论中，他认为万物都是在一种系统的形式下存在，人类所生存的自然界就是由不同层次的等级结构组成的开放系统，而在其中的客体也都是由诸要素以一定结构组成的具有相对功能的系统，这些客体处于不断运动之中。

系统的规模可大可小，应根据实际需要而定。例如，规格较为庞大的主体，其所蕴含的系统自然较大，而较小的主体对应的系统也相对较小。不过，不论是大系统还是小系统，它的构成都应该满足下列三个条件：

①特定的环境。系统的存在需要一些能够满足系统存在的特定环境。只有在这种情况下，它才能在这个环境中发生作用。没有环境则没有系统。

②特定的元素。元素是构成系统的基本内容，这种元素被称为"必要要素"。这些必要要素之间并不是相互独立的，而是彼此之间有一些联系，各要素之间相互依存、相互制约，共同形成结构。

③特定的结构。系统之所以称为系统，是因为构成系统的各元素之间存在一定的相互联系，元素之间没有联系，则不能构成系统。

完整的系统有其独到的特征，具体体现在以下六个方面：

①系统的集合性。多种事物（子系统）集合为一个系统，因此可以说，任何

一个系统都不是单一存在的，而是由不同子系统组成的。

②系统的整体性。从系统整体往内部看，系统是不同要素的统一体，两个或多个可以相互区别、具有不同功能的要素根据逻辑统一性构成系统。要素的不同特点相加构成系统的功能，由此看来，系统的功能要大于各要素的功能之和。而从外部看系统，它只是一个整体，人们关注的是整体的功能与表现，并不会深挖其内部各要素的功能。这就是系统的整体性特征。

③系统的相关性。系统的相关性主要描述了系统中各要素之间的关系。它们彼此相互联系、相互依赖、相互作用，共同为整体系统服务。

④系统的目的性。任何系统的存在都有其特定的目标，为了达到这一目标，就要合理调配内部的系统功能。

⑤系统的反馈性。系统的存在并不是一件恒定的事物，系统从总体上看有一定的稳定性，但是由于一切事物都是处在运动中，使得系统为了保证自身的正常运行必须通过反馈进行自我调节，使自己处于一种相对稳定、平衡的状态。

⑥系统的适应性。系统要依托环境而存在，环境为系统提供一定的物质、能量要素。另外，系统还会受到环境的限制。由此可见，系统与外部环境之间存在着相互作用。因此，系统要不断适应外部环境的变化来维持自身的完整性和正常运转。

（2）系统理论对体育教学设计的支持

之所以系统理论被确定为体育教学设计的理论基础，关键就在于这一理论可以为体育教学设计提供较为系统的分析方法。系统的整体性与系统内部的相关性均与体育教学设计的需要相吻合，这使得体育教师能以一种整体观去把握和进行体育教学设计。

根据系统理论的观点，可以将体育教学系统的构成划分为五个要素，每一个构成要素都是学习教学系统的一个子系统。具体如下：

①教学主体。这里的教学主体主要是体育教师。作为体育知识或技能的传授者，体育教师是教学活动中的重要人物。在体育教学中，教师群体就是一个集体，其中有带头人、骨干和助手等要素；作为个体，教师需要具备丰富的体育知识、运动技能、教学技巧以及主观努力程度等要素。

②教学对象。这里的教学对象是接受体育教学的学生。学生作为知识的学习者和接受者，是体育教学系统中必不可少的要素之一，如果没有学生，教师也就没有存在的必要，教学也就无从谈起了。

③教学内容。体育教学内容是多方面的。在学校体育教学中，体育教学内容主要通过教材的形式来表现。在体育教学实践中，教学内容是教师传授知识的依据。目前体育教学中的主要内容包括体育与健康知识、体育与健康技能、提高学生的社会适应能力、培养学生体育运动兴趣等。

④教学方法。教学方法是指教师和学生为达到体育教学目的和完成教学任务所采取的方式、途径、手段、程序的总和。常见的学校体育教学方法主要有动作示范、教具和模型演示、多媒体演示、讲解法、口令指示、间歇法、持续法、重复法、循环法、游戏法、比赛法等，可以概括为直观法、语言法和练习法。

⑤教学手段。教学手段是指师生在体育教学过程中交换信息时承载和传递信息的工具。传统的体育教学手段主要包含语言、文字、动作示范等。随着科学技术的发展，越来越多的载体被体育教学所运用，如视频、电影、电脑模拟和数据分析等。体育教学系统的各个子系统是相互联系、相辅相成、有机统一的，它们在体育教学目标的支配下共同发生作用，缺一不可。总之，构成体育教学系统的各个子系统的构成要素的素质和结构决定了体育教学系统的整体功能和主要特点。

2. 体育教学设计的学习理论

（1）学习理论概述

学习理论是研究人类学习行为、阐述学习基本规律的理论学说。它的主要研究对象是人类学习的本质及其形成的机制。从现代科学划分来看，它属于心理学理论研究的范畴。学习理论强调的学习泛指有机体因经验而发生的行为变化。

现代学习理论主要有三大学派，即行为主义学派、认知主义学派和人本主义学派。不同的学派对学习的性质有不同的理解和认识，"行为主义的学习理论强调学习刺激与反应的联结，主张通过强化和模仿来形成和改变行为；认知主义的学习理论强调学习是认知结构的建立与组织的过程，重视整体性和发展式学习；人本主义的学习理论讲到学习是发挥人的潜能、实现人的价值的过程，要求学生愉快地、创造性地学习"。通过对上述三大学派对学习性质的不同理解的分析，行为主义心理学家认为学习是"由经验引起的行为相对持久的变化"；认知心理学家认为学习是人自发的某种倾向性变化，且这种变化要保持一定时期以及不能仅是由于生存的需要；人本主义者认为学习应"以学习者为中心"，重视学生潜力的发展和自学能力的发展。

（2）学习理论对体育教学设计的支持

学生是体育教学的客体，教学的目标也是以学生获得知识或掌握技能的水平作为评定标准的。因此，体育教学设计也必须要以尊重学生、重视学生的体育学习需求为基本，遵循学习的基本规律。因此，学习理论是学校体育教学设计的重要理论基础之一。

结合学习理论的基本原理，体育教学设计应根据学生的体育学习需要，确定学校体育的教学目标、教学策略、实施方案和教学媒体，充分发挥体育教学的教育功能，提高体育教学质量，促进学生身心的全面发展。

学习理论主要有行为主义、认知主义和人本主义三大学派，不同的学派对体育教学设计的支持具体如下：

①行为主义学派对体育教学设计的支持主要体现在它重视对学生作业的分析、对教材逻辑顺序的研究以及对学生行为目标的分析。在此基础上，它还会考虑一些在教学中更为复杂的因素，从而优中择优，力求设计最优教学策略。此外，行为主义学派支持下的体育教学设计还强调及时对教学做出客观的评价，如此循环往复，获得正确的反馈，以使程序设计更符合逻辑性，为体育教学设计的分析、设计和评价提供必要的理论基础。

②认知主义学派对体育教学设计的支持主要体现在以下两个方面：第一，在体育教学设计中，教师应重视学生特征对教学的影响，重视对体育教材内容的研究，并在充分研究教材与学生实际情况后做两者之间的协调，以期能够更具针对性地使学生顺利接受教材内容。第二，是教师对体育教学设计模式、教学方法和手段的选择，以达到使学生在原有体育知识和技能以及认知结构的基础上，顺利完成对新知识与技能的同化和认知结构的重新构建，提高学生学习体育的积极性和主动性，促进学生全面发展的目的。

③人本主义学派对体育教学设计的支持主要体现在教学实践中充分挖掘学生的潜能，激发学生的主观思考意识，使学生在体育教学中真正获得快乐。人本主义在现代体育教学中的直观展现就是"以人为本"的体育教学原则。这也是体育教学设计要遵循的原则之一。在体育教学设计实践中，管理部门或体育教师必须重视对学生学习需要以及学习兴趣的分析，重视对体育教学策略和学校体育教学过程的分析，培养学生对体育学习的积极情感和良好动机，变"要我学"为"我要学"，使学生通过体育学习获得对自己有价值、有意义的体育与健康的知识和技能。

3. 体育教学设计的教学理论

（1）教学理论概述

教学理论可谓体育教学的本体理论，它是研究教学行为的本质和一般性的教学规律的学科。教学理论的主要研究内容是通过规律性的认识来确定优化学习的各种教学条件与方法，进而解决教学行为中教的内容、教的方法以及教的行为结束后学生获得教学信息的结果等。

国内外在较长一段时期内都有关于教学理论的研究。例如，我国孔孟的"学而不思则罔，思而不学则殆""循序渐进""举一反三""因材施教""循循善诱"等儒家教学思想以及近现代时期蔡元培、陶行知等倡导教学要重视发展儿童的个性、发挥儿童主观能动性的教育思想都是比较实用的教学理论。国外如教学理论经历了萌芽时期、近代形成期、现代发展期三个时期等。

古今中外教学理论的研究和发展对现代学校体育教学设计具有重要的指导作用。概括来说，教学理论的研究对象和范畴主要包括以下五个方面：

①教学本质。解释教学过程的影响因素、组成结构及规律。

②教学价值、教学目的和教学目标。探讨教学目的、教学目的的制定依据以及教学活动的关系。

③教学内容。分析教师、学生与教学内容的关系，科学选择、调整和合理编排教学内容。

④教学模式、教学原则和教学组织形式。重点研究教学的手段和方法。

⑤教学评价。主要包括教学评价的标准、要求、手段和反馈。

（2）教学理论对体育教学设计的支持

教学理论对体育教学设计的支持主要在于其作为教学理论与教学实践之间的一座桥梁，体育教学设计需要设计者通过对教学理论研究的对象和范畴等的认识及其相互之间的关系分析完成体育教学设计。而教学理论刚好能够合理解释其中遇到的种种问题。在体育教学实践中，教学设计是科学解决体育教学问题、提出解决方法的过程，它以教学理论为基础，结合体育教学设计的各项要素，如体育教学指导思想、体育教学目标、体育教学方法、体育教学活动程序、体育教学组织形式、学校体育教学媒体等进行体育教学设计。

（三）体育教学设计的特点

除加入了体育教学的特点和诸多要素外，体育教学设计还具有区别于其他教学设计的特点。教学设计在与体育教学相结合后，形成的特点主要有超前性、差距性和创造性。

1. 超前性

体育教学设计的概念已经表达出了它的超前性特征，即体育教学设计都是要在体育教学开始前完成，有些甚至要早早完成设计环节的多项工作，此后便有专门部门对设计成果进行评估，甚至是实验。因此，体育教学设计是对教学活动中可能出现的一切问题和情况进行的一种预测。

在体育教学实践中，"体育教学设计在前，体育教学在后"。也就是说，体育教师应该在上体育课前先设计出该体育课的教学方案。从本质上讲，体育教学设计只是体育教学活动的一种设想和预测，它是对即将进行的体育教学中可能产生的问题进行分析，并根据体育教育、教学理论和学生的学习需求，针对教学活动中可能发生的问题提出解决方法的一种构想，是体育教师在进行体育教学之前对体育教学所做的安排或策划。因此，体育教学设计具有一定的超前性。

2. 差距性

体育教学囊括的要素较多，在教学活动开始后，不管是课时教学还是周教学、月教学、学期教学，都会与先前计划的内容有所偏离。事实上，体育教学设计本身就是一种对未来教学实施方案的构想，它依据多种可能的要素预估而成，体育教学的"变数"使得体育教学设计难免和体育教学实践之间存在一定的差距。

鉴于这种特点，就需要体育教师在教学中根据实际教学情况不断地对教学计划进行调整和弥补。主要表现在以下两个方面：一方面，体育教学设计是以体育与健康课程理念为基础，以学生的体育学习需要为基础的，对体育教学实践具有指导意义；另一方面，体育教学过程的复杂性和多变性使得在实际的教学过程中很可能出现这样或那样的问题，教师在体育教学设计中有可能考虑得不周全，体育教学设计者对体育教学中可能出现的问题的理解、对现有条件的分析、所采取的解决问题的方法等不能全面概括教学实践。

3. 创造性

现代体育教学目标的多元化、体育教材的多功能性、体育教学方法和手段的多样性以及这些要素之间复杂的关系决定了体育教学过程具有复杂性和不确定性的特点。现代体育教学是动态的、非线性的、复杂的，体育教师在教学活动之前想完全控制和使之按照既定的计划发生、发展是不现实的。尽管体育教学设计要依据现有实际情况进行，但是为了体育教学发展的需要，在进行教学设计的过程中，还要有意识地做出一些富有创造性的设计。

教学活动经常变化在过往的教育理念中是一种大忌。现代体育教学设计则认为，体育教学拥有一定的变化特性并非缺点，这与体育教学的本质相关联，也为体育教学设计提供了创造性地设计教学的开放空间。因此，体育教学过程就是发展学生创造能力的过程，体育教学设计过程就是培养教师创新精神的过程。

在体育教学实践中，体育教师创造性地解决教学过程中出现的问题的能力对培养和提高学生的创新意识和创新能力具有重要意义。体育教师要想具备一定的创新性和创造能力，就必须具备一定的文化基础知识和较扎实的专业知识，具备主动适应基础教育的意识与能力，具备创造性的想象力和创造性的思维，只有这样，才能设计、创造出多元、有效的体育教学方案。

二、体育教学设计的评价与策略构想

（一）体育教学设计的评价

1. 体育教学设计方案的评价

（1）体育教学设计方案评价的作用

完善体育教学设计方案需要良好的方案评价。对于方案评价，其最大作用就在于两者相互的互动反馈可以使之与体育教学规律和实际的特点更加相符。因此，合理的体育教学设计方案评价可以有效地促进设计理论可持续发展、教学方案完整科学以及促进教师对体育教学过程整体性的再认识。除此之外，对体育教学设计方案进行评价还有利于体育教师对体育教学的流程、体育教学法与手段的选择等相关技术更加熟练，对提高体育教学质量起到非常重要的作用。

（2）体育教学设计方案评价的内容

体育教学设计方案评价的内容几乎囊括了所有与体育教学相关的元素，具体包括体育教学目标、体育教学主体（教师与学生）、体育教材内容、体育教学策略、体育教学过程，以及影响体育教学实施效果的教学模式、课程类型、课程结构等要素。

（3）体育教学设计方案评价的方法

对体育教学设计方案的评价需要使用特殊的评价理念与方法，鉴于体育教学的诸多特殊性质，对体育教学设计方案的评价不能等同于对其他学科教学方案评价的方法。另外，教学技术都有能够检验自身缺陷的方法，体育教学设计方案也不例外，它也具备发掘自身设计缺陷的能力与方法，就是所谓的"教学设计缺陷分析法"（详见图4-6）。不过在体育教学设计方案的评价中，针对教学设计缺陷的分析评价的关键不在于方案本身的优点，而是实实在在教学设计方案的缺陷，由此，需要在评价中对优点部分做暂时性的过滤，防止晕轮效应对最终的客观整体评价产生影响。教学设计方案的缺陷是促进体育教师的体育教学设计技术进步的有效方法，体育教师在进行体育教学方案设计时应注意自我检查和自我纠错分析。

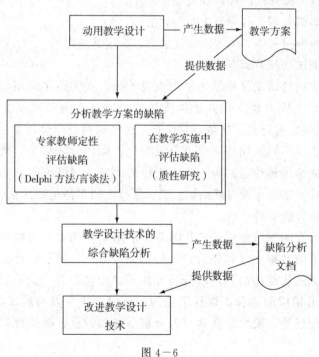

图4-6

2. 体育教学设计方案实施的评价

当体育教学设计方案制订完毕后，就可以着手准备进入方案的实施阶段。对于方案的应用是否与预期相一致，需要经过教学实践的检验才行。因此，对体育教学设计方案实施的评价是检验教学设计方案是否合理的重要环节。对体育教学设计方案实施评价的具体环节如下：

（1）教学实施

在教学设计方案完整的基础上，通过对不同组别的受试者进行教学，对受试者的学习水平应达到预期的教学效果（教学目标的要求）进行分析。教学过程中应尽量避免人为因素的影响。

（2）观察教学

体育教学方案的实施是一个动态的过程，要想对这一过程进行准确的评价，就需要在教学过程中进行教学观察。开展教学观察的人员可以是体育教师本人，也可以是学校体育教学管理部门的工作人员。观察者在观察整个教学过程的同时，需要对教学过程中的情况做如实记录。具体的记录内容如下：

①教学过程中各项体育教学活动花费的时间。

②教师对各项教学内容的组织和安排方法、风格及特点。

③学习者提出的问题的性质和类型。

④教师是如何处理学习者提出的问题的。

⑤在整个教学过程中，学习者的注意力、态度是怎样的。

（3）后期测试和问卷调查

后期测试和问卷调查是教学评估的重要手段，在实践中运用得非常广泛。对于体育教学设计方案来说，在方案执行后的一段时期内就可以着手对教学效果（学生的学习成绩）进行测试或是问卷调查，这个周期单位可以是月，也可以是学期，甚至是学年。不同周期的测评可以反映出不同的方案效果，周期越短，评价越具体，评价的结果越相近。但无论是怎样的周期，测试与问卷调查都便于全方面了解教学设计方案对体育与健康知识和动作技能的保持是否具有意义。

（4）归纳和分析资料

在测试与问卷调查结束后，要及时对测试结果和问卷进行收纳和规整，以便统计出富有实效的数据，以此作为评价的依据。另外，教学设计方案的评价者可对教学设计方案的实施做出初步的分析并找寻其中可能存在的问题，思考问题的由来并尝试做出相应的解释，遇到困惑的问题时，还可以与被试师生进行访谈，洞察其中的问题根源，最后整合自己的分析结果和数据，对体育教学设计方案进行修改。

（5）评价结果报告

评价报告是整个评价过程的终结，最终评价通过报告的形式供相关人员进行研究和分析。为此，评价报告中的内容必须做到全面、准确、客观和完善。具体来看，体育教学设计方案的评价报告应包括下列内容，缺少其中任意一项都不能称其为完整的报告。

①方案名称。

②方案宗旨、范围与要求。

③方案评价项目。

④方案评价。

⑤方案改进意见。

⑥方案评价者的姓名、职称。

⑦方案评价时间。

体育教学设计方案的评价结果后应附上评价数据概述表、采访记录、有关分析说明等书面材料，以便于后续分析、总结。

（二）体育教学设计的策略构想

1. 体育教学设计策略概述

（1）体育教学设计策略的概念

体育教学设计要想获得与时俱进的发展，就需要制定一系列切实有效的策略，为此，首先了解体育教学设计策略的概念就显得很有必要。体育教学策略，是指体育教师为有效地完成特定的体育教学目标而采用的体育教学组织形式、教学方法、教学手段等因素的总体思路、谋略或智慧。

通过定义就可以看出，体育教学策略在体育教学设计的过程中居于重要地位，是关键的一个环节，其目的就在于解决体育教学中的"教"与"学"的问题。

（2）体育教学设计策略的特点

①目标性

体育教学策略的目标是为了解决体育教学中实际发生的问题而提出的具体方案。因此，体育教学设计策略一定要有明确的目标，这就是它的目标性特点。

②多样性

体育教学设计策略是为了解决教学问题而提供的方法。因此，只有多样的策略才能为解决问题提供坚实的基础，才能适应复杂多变的体育教学过程。

③实践性

前面多次提到体育教学设计策略是为了解决实际教学过程中出现的问题而存在的。因此，体育教学设计策略的依据要从教学实践中来，由此产生的策略也就要带有实践性的特点，以求在教学过程中发挥实效，具有充足的可操作性。

④可控性

体育教学策略的可控性表现在通过它可以使体育教师良好地掌控和管理体育教学过程，灵活地组织体育教学活动。

⑤综合性

体育教学策略不是单一方面的教学谋划，而是某一范畴内具体教学方式、措施等的优化组合。因此，体育教学设计策略应全方位地考虑体育教学中的所有构成要素及其之间的关系，以达到切实适应体育教学实践的目的。

2. 体育教学设计策略与实施

（1）体育教学设计策略的原则

①体育教学策略的设计应逻辑清晰、层次分明、内容完整，使学校体育教学内容的层次与学生的学习程序有机地结合起来。

②体育教学策略的设计应具有一定的指导作用，在学生尝试做出所要学习的行为表现时给予指导和提示，同时避免学生过分依赖教师。

③体育教学策略的设计应明确阐述教学目标，并尽量展示出学生在学习结束后应产生或完成的行为表现，使学生对需要掌握的知识技能有学习的方向性。

④体育教学策略的设计应调动学生的学习兴趣和积极性，使学生产生学习的欲望，增进其进行学习的内驱力。

⑤体育教学策略要使学生能在学习中获得成功，为进一步学习新知识、完成新的学习任务奠定基础。

⑥体育教学策略的设计应注重不断或定期地练习新学的知识和技能，以促进记忆和迁移，不断提高学生运用知识和技能的能力。

⑦体育教学策略的设计应体现"以人为本"的体育教学特点，充分考虑不同学生的差异性，重视学生的身心健康发展，促使每个学生都能在各自的原有基础上不断有所提高和进步。

（2）体育教学策略设计的依据

①教学目标

体育教学策略可以为体育教师制定课堂教学策略提供一个大的方向，体育教学策略是完成特定的学校体育教学目标的方式，教学策略应符合体育教学目标的要求。

②学习理论和教学理论

体育教学策略的设计应以教师的教学理论与学生的学习理论为理论基础，突出科学性。

③教学内容

内容决定方式，体育教学策略就是学校体育教学内容的方式。

④教师能力

教师是教学策略的执行者，体育教学策略的设计必须充分考虑教师的条件，再完善教学策略。如果教师不能驾驭，也是无效的。

⑤学生特点

教学策略的执行对象是学生，因此教学策略必须围绕学生展开，充分考虑学生的特点。

⑥教学条件

教学策略的实施会受到学校客观教学条件的制约，制定学校体育教学策略时要充分考虑学校的客观条件。

（3）体育教学策略设计的步骤

①确定体育教学顺序

体育教学的顺序是指教学过程进行的前后次序，主要包括体育教学内容呈现顺序、体育教师活动顺序、学生活动顺序三方面内容。这三个方面相互联系、相互配合。其中，体育教学内容呈现顺序是主线，体育教师活动顺序和学生活动顺序是第二位的。

②设计体育教学组织形式

体育教学组织形式是教师与学生为实现体育教学目标所采用的各种方式，主要包括班级教学组织形式（或称全班教学）、分组教学组织形式、个别教学和复式教学四种。科学地确定学校体育教学组织形式，有助于培养学生的体育情感，提高学生的学习质量，发展学生的个性。

③选择体育教学方法

在现代体育教学实践中，合理地选择体育教学方法有利于调动学生的积极性和主动性，提高体育教学质量，优化教学效果。教师在选择体育教学方法时，应充分考虑具体的教学目标和任务，教材内容的性质和特点，学生的实际情况，教师自身条件，教学条件，教学方法的功能、适用范围和使用条件等（表4－1）。

表4－1　常见体育教学方法及内容

体育教学方法	内容
以语言传递信息为主的体育教学方法	讲解法、问答法和讨论法等
以直接感知为主的体育教学方法	动作示范法、演示法、保护与帮助法、视听引导法等

体育教学方法	内容
以身体练习为主的体育教学方法	分解法、完整练习法、领会教学法和循环练习法等
以探究活动为主的体育教学方法	发现法和小群体教学法
以情景和竞赛为主的体育教学方法	运动游戏法、运动竞赛法和情景教学法

三、体育教学设计改革研究

（一）以学习主体为依据的体育教学设计改革

1. 起点能力分析

学生的学习起点能力与体育学习内容息息相关。因此，体育教学设计的改革也要关注学生学习起点能力的问题，否则将很容易导致所设计的体育教学内容脱离学生学习的实际。如果设计的起点过高，依靠学生自身的努力便很难达到，如此一来，会重挫学生参与体育教学的积极性；但如果这个起点定得太低，会让学生有一种很容易就能达标的心理，其结果也是适得其反的。因此，准确地确定学生的起点能力，对于教学设计来说是很重要的。

（1）学生知识起点能力的分析

分析学生知识起点能力，主要是判断学生原来具有的知识结构的状态。认知结构指"学生现有知识的数量、清晰度和组织方式，它是由学生眼下能回想出的事实、概念、命题、理论等构成的"。学生的认知结构是影响体育课堂教学意义接受的最重要的因素，学生把自己的认知结构与教学内容联系起来，就会产生巨大的作用。也就是说，要促进新知识的学习，就要增强学生认知结构与新知识的有关联系。因而，了解学生的原有认知结构，分析学生知识起点能力非常重要。美国学者约瑟夫·D. 诺瓦克提供了一种绘制"概念图"来判断学生认知结构的方法。"概念图"是一种知识结构的表现方式，知识被视为由各种概念和这些概念所形成的各种关系。每个学生因为自身的实际情况不同，绘制的概念图也不相同，而体育教学就是不断完善这个概念图的过程。描述概念图的步骤主要由以下几项构成：

第一步，让学生确定已经掌握的内容中所有有关的概念，依据自己学过的体育知识内容列出概念一览表。

第二步，将列出的概念符号排序，从最广泛、最一般的概念开始排列，直到最具体、最狭窄的概念为止。

第三步，按金字塔结构排列所列的概念，顶端是一般的概念，具体的概念放在较低层次上。

第四步，分析确定各概念之间的关系。要在每一对概念间画一条线，并选定符号来表示两概念的关系。

第五步，在图中找出不同部分概念之间的关系，图上标出交叉的连接线。

第六步，学习一段时间，重新考虑和绘制概念图。

（2）学生技能起点能力的分析

学生技能起点能力分析判断常用"技能先决条件"的分析方法，该方法由加涅和布里格斯等人提出。"技能先决条件"法从终点能力着手，逐步分析达到终点能力所需要的从属知识和技能，分析到能够判断从属技能确实被学生所掌握为止。体育教学设计可通过学生能否完成这些最简单的技能来判断学生技能起点能力水平。另外，也可以通过测试了解学生的掌握程度，据此确定学生技能起点水平。

（3）学生态度起点的分析

态度是指特定情况下以特定方式反应的内部准备状态，受到情感、认知和行为倾向各成分之间关系的影响，往往表现为喜爱与厌恶、趋向与回避、接受与排斥等，是"习得的、影响个人对特定对象做出行为选择的有组织的内部准备状态或反应的倾向性"。态度包括情感成分、认知成分、行为倾向成分三个方面。情感成分与伴随于概念或命题的情绪或情感有关，被认为是态度的核心部分；认知成分与表达情境和态度对象之间关系的概念或命题有关；行为倾向成分与行为的预先安排或准备有关。

2. 一般特点分析

学生的起点能力对体育教学将产生直接的影响，而一般特点将产生间接的影响。学生的一般特点可以通过认知发展阶段学说来分析。皮亚杰把儿童的心理发展分为以下四个阶段：

（1）感觉运动阶段

感觉运动阶段属于第一阶段。一般来说，这个阶段是 0～2 岁婴幼儿感觉和运动协调发展的阶段。

（2）前运算阶段

前运算阶段属于第二阶段，在这一发展阶段中，主要指 2～7 岁儿童，其头脑中有事物表象，且能够用一定的词代表头脑中的表象。这一阶段的学生能够进行初级的想象，可以理解运用初级概念及其相互之间的关系。这一阶段的学生能设想过去和未来的事物，能进行直觉思维和半逻辑思维。

（3）具体运算阶段

具体运算阶段属于第三阶段，这一发展阶段主要涉及 7～12 岁的儿童学生。这时，其思维会发生质的变化。与前运算阶段单凭知觉表象考虑问题不同，具体运算阶段能进行逻辑推理或逻辑转换。处在这一时期的儿童学生只是通过具体的材料或客体来进行推理或转换，需要以实际经验和具体的形象为基础，并不是抽象的命题。

（4）形式运算阶段

形式运算阶段属于第四阶段，主要是12～15岁年龄段的学生。儿童日趋成熟，认知发展从具体向抽象过渡，逐渐摆脱具体经验支持，能够理解并使用相互关联的抽象概念。

在体育教学设计中，儿童认知发展阶段学说有重要意义。儿童认知最主要的变化为从具体认知向抽象认知的过渡，这就决定了各个年龄段学生体育学习内容的选择和体育教学方法的采用。对处在各个认知发展阶段的学生进行体育教学设计，必须将具体的事物作为认识抽象事物的基础，按照这样的思想来进行体育教学设计，引导学生的思维逐渐向抽象的逻辑思维过渡。

3. 学习风格分析

学生的学习需要通过自己接收、处理信息，并做出反馈。如果接收信息和处理信息速度不同，反馈方式也就不同。比如，同一个知识内容，有的学生只要5分钟就能掌握，而有的学生却需要10分钟。学生学习，在本质上是有差异的，有的学生动手能力强，有的学生善于思考，那么在教学的时候，就应该将体育教学个别化，给每个学生设计适合其特点的学习规划，这正是现代教育所追求的目标，也是体育教学所追求的目标。引起学生学习存在差异的原因有很多，学习风格占有极为重要的比重。学习风格"是个人喜好掌握的信息和加工信息的方式"，是"心智加工个性化的一般行为倾向，它是智力的个性特征"。总的来说，学习风格是个体灵活的喜好、习惯或个性特征。也就是说，体育教学设计要符合学生的特点，就需要对学生进行学习特征测验，学习风格则是学生所具有的特征的重要组成部分。为了使体育教学设计能适应学生各自的特点，就需要了解学生的学习风格。对于学生的学习风格，可以从以下五个方面来把握：

（1）社会性需求

①喜欢与同龄学生一起学习。

②喜欢向同龄同学学习。

③需要得到同龄同学经常的赞同。

（2）感情的需求

①能自动激发动机。

②具有负责精神。

③能坚持不懈。

④需要经常受到鼓励和安慰。

（3）感知或接受刺激所用的感官

①喜欢听觉刺激学习。

②通过动态视觉刺激学习效果最佳。

③喜欢多种刺激同时作用的学习。

④喜欢从印刷材料中学习。

（4）信息加工的风格

①喜欢自定步调。

②喜欢在训练中有大量正面强化的手段。

③用归纳法展示内容时，学习效果最佳。

④喜欢高冗余度。

⑤喜欢通过触觉和动手活动学习。

⑥喜欢使用训练材料主动学习。

（5）环境和情绪的需求

①喜欢零食。

②喜欢弱光、低反差。

③喜欢安静。

④喜欢一定的室温。

⑤希望有背景声音和音乐。

⑥喜欢视觉上的隔离状态。

⑦喜欢四处走动。

（二）以学习需要为依据的体育教学设计改革

学生的学习需要也是体育教学设计改革需要关注的问题。在开展体育教学设计改革之前，相关人员务必要深入到体育教学实践当中，并与一线体育教师有深入的交流，以便真切地了解教学中存在的问题。如果这个了解过程简单、粗略，那么即便教学设计改革多么卓有成效，其最终结果也必定是脱离教学实际需要的。

目前，在体育教学工作中，人们的固定思维是过于注重在方法、形式以及宣传上下功夫，至于体育教学目标是否符合客观的实际需要，则很少被考虑到，更少听取学生的意见。在现在和未来的体育教学设计改革中，这仍是需要着重解决的问题之一。由此可见，对体育教学设计的学习需要进行分析是非常有必要的。

1. 学习需要的概念

学习需要是指学生在学习领域中的现在水平与预期水平之间的差。这一定义刚好为教学提供了目标，即可以认为学生的学习需要就是教学的目标，当然，教学目标的内容不仅如此，它还包含更多的内容与预期。另外，从需求的角度上来说，既然作为学习需要，那么就应表现出学生的"学"的情绪更高，而教师的

"教"只是为学生的"学"提供某种信息传输上的支持。

对学生的学习需要进行分析，主要是指在充分的调查研究基础之上，发现教学过程中存在的问题并分析其性质，论证解决该问题的必要性和可行性的过程，其核心在于了解问题。具体来说，主要目的有如下四个方面：

（1）在体育教学的学习中发现学生可能出现的问题以及已经存在的问题。

（2）细致分析原因，力求在体育教学设计时就预先确定几种解决问题的方案。

（3）分析优势与不足，论证解决问题的可能性。

（4）分析关键问题的重要性，力争在有条不紊的节奏中有秩序性地优先解决体育教学设计课题。

2. 学习需要的类型分析

（1）标准的需要

标准的需要，是指个体或集体在某方面的现状与既定标准比较而显示出来的差距。国家各种类型的标准测试便是既定标准。

标准的需要可以通过下面三步来确定：

第一，获取标准。如《体育与健康课程标准》《体育教学大纲》《国家体育锻炼标准》《中考标准及分数线》等。

第二，收集对象与标准相比较的资料和数据。

第三，比较后确定标准需要。

（2）比较的需要

比较的需要，是指同类个体或集体通过相互比较而显示出来的差距。比较的需要可以通过下面四步来确定：

第一，确定比较的事物是什么，如是比较体育考核成绩还是学生对运动技能的掌握程度等。

第二，收集比较对象和参照对象的相关资料和数据。

第三，比较确定两者之间的差距，并做详细记录。

第四，为了确定是否满足这种需要，还需要分析判断这种需要的重要程度。

（3）感到的需要

感到的需要，是指个体认为的需要。它是个体必须改进自己的行为或某个对象行为的需要和渴望，其显示的是行为或技能水平与渴望达到的行为或技能水平之间的差距。体育教学设计要明确并改进与行为有关的需要和由于某种渴望而激发的需要之间的区别。

（4）表达的需要

表达的需要，是指个体把感到的需要表达出来的一种愿望。这一需要，人们往往愿意尽力满足。确定表达的需要，要收集资料和数据。可采用的方法有问卷调查、面谈、填写登记表、座谈等。另外，对于是否满足表达的需要，体育教学设计还要做出价值判断。

（5）预期的需要

预期的需要，是指以考虑学习后将要达到的学习效果为主的愿望。与之相比，过往长期的体育教学设计通常更多地考虑现实的需要。因此，在体育教学设计改革中要特别注重对预期需要的设计，它是体育教学设计的重要组成部分。

（6）危机事件的需要

危机事件的需要在现代大部分教学设计中都较少出现，或者并没有将这部分内容当作主要教学项目，经常只是一语带过式的点到为止。然而，在体育教学中设计一些处理危机事件的教学内容也是非常恰当的，如如何在火灾、地震等自然灾害中脱身或增加生存的概率等。

3. 学习需要分析应注意的问题

在学习需要分析中需要对多方面问题予以关注，如果忽视了如下问题，则可能导致对学习需要分析得不全面。下面对此做一些简单的探讨。

（1）起点的分析正确与否

体育教学是在学生一定起点的基础上进行的，所以分析、掌握学生的起点非常重要。体育教师在学生学习新知识、新技术技能前，一定要分析其知识技能准备情况，并且要在体育教学中组织复习，以旧引新，加强新旧知识技能的联系，将新知识技能纳入学生原有的知识技能结构中。

（2）教师所用教学策略有效与否

体育教师上课前应该精心策划安排课型、体育教学程序、体育教学形式，确定体育教学活动、使用的体育教学方法，采用有效的教学策略。只有教师采用的教学策略有效，才能够取得良好的教学效果，完成体育教学目标。

（3）体育教师所用教学手段有效与否

学生的个体学习是存在差异的，但是绝大多数不会存在学习能力的高低问题。在体育教学中，多数学生能达标；而在某些情况下，有相当部分的学生不能达标。出现这样的情况就要考虑教学手段是否有问题，是否需要改变教学手段。

（4）体育学习内容难易情况

体育学习内容应该随着年级增高而逐步加大难度，但难易程度并不好确定。在体育教学中，体育教学内容的难易情况往往和教师传授的方式有关。体育教师教学应该做到化难为易、化繁为简、化深为浅，这样学生就可以掌握较难的体育学习内容。

（5）学生达到体育教学目标与否

体育教师在制定体育教学目标时要根据学生的实际情况、体育教学大纲的规定和体育与健康课程标准的要求三个方面来确定。因而，要找出学生与教学目标之间的差距。寻找差距可以通过听课、对学生运动技能做评估来进行。如果大多数学生达标，则说明体育教学目标符合实际。

（6）学生在体育教学的学习上获得成功与否

使学生在体育教学的学习中获得成功，这是体育教学重要的教学任务。学生在学习上获得成功，心理上就会产生愉悦感，从而使学习兴趣得到提高，增强学习动力，增加学习的信心。这样，学生学习就有了内在动力，也就是能动性，这对终身体育会产生巨大的作用。因此，体育教师分析学习需要时，要重视学生在教学中是否获得成功。

四、体育教学设计的现状及发展

（一）体育教学设计的现状

高校是我国最高等级的人才教育培养基地。正是凭此优势，高校在与教育有关的多个领域都具有示范性和带头性的特点，对于体育教学设计来说也是如此。对于体育教学设计现状问题的研究，主要以我国高校为例开展。

从目前来看，尽管我国在极力推进体育教育改革，但是大部分高校的体育教学仍旧以传统体育教学理论、模式和实践为主，迅速摒弃传统的体育教学方法并不是一个短时间内就可以达到的目标。另外，在体育教学设计方面为了达到一定的教学目的，以一线体育教师为例，采取的准备工作可以概括为"两背一写"，即背教材、背教法和写教案。而从教学模式上来说，大多数高校体育教学内容为某项竞技项目，模式较为传统，对于教学的反馈也是以较为传统的"两率"，即达标率、优秀率来评价。如此单调、古板的模式，再加上枯燥的量化评定标准，自然会让学生逐渐失去对体育教学的兴趣。这种情况显然与现代强调的"以人为本"的教学理念相违背。从实际效果上来看，也难以培养学生体育学习的兴趣和能力，无法达到全面教育的目的，更不要提培养学生的终身体育意识了。

在研究体育教学设计现状的过程中，研究者还发现诸多影响教学设计工作的问题。随着体育教学改革的不断深入，这些问题给体育教学设计带来的矛盾越发凸显。因此，为了获得最佳的体育教学设计效果，就必须首先洞悉问题所在，然后排除问题或将问题的影响程度降至最低。这些问题具体如下：

1. 体育教学内容分配不平衡

体育教学内容分配不平衡主要体现在现代学校在体育教学中过于注重对竞技体育项目技能的教学，连同最终的考核也主要以对运动技能量化标准的形式进行。如此就使得诸如体育理论知识和运动意识培养方面的教学占据次等地位。例如，传统的田径运动被普遍用来作为体育教学的内容，具体包括短跑、长跑和跳远，学期末的考核指标也就是完成跑步的用时和跳跃的最远距离。尽管在体育教学改革后，一些高校出现了自主选择式教学模式，如乒乓球、羽毛球、足球等项目供学生选择，但课程中仍旧以对相应项目的技战术能力的培养为主。这本无可厚非，可从整体上来看，这在改变教学内容的分配方面与当初的田径教学没有本质上的差别，改变的只有运动项目，仍旧缺乏系统的理论知识的传授。这定会导致我国大学生普遍体育理论知识匮乏，不能形成规律的锻炼日程，不利于学生的身体素质整体提高。

2. 教学方法与手段单一

随着科学技术的发展，现代体育教学手段的丰富程度与过去相比已经有着天壤之别。从理论上来说，现代体育教学方法与手段显然更加丰富一些，然而从实际来看，在大多数体育教学过程中，体育教师仍旧更青睐选择最为便捷和方便的语言法和示范法进行教学。传统的教学方法与手段之所以能够延续至今，一定有它优势的地方，我们并不是批评传统教学方法与手段，时代在变化，学生的需求也在逐渐提升，一贯地使用这种方法会使学生在教学活动中产生被动的接受感觉，学生的主动性、创造性得不到有效发挥，学习热情无法主动释放，无法体会到从体验到运动的快乐和成就感，无法被引导到自主学习的机制中。

3. 教学安排局限性较强

进入 21 世纪后，信息社会的高速发展使得全球信息快速传递，许多国际上较为流行的瑜伽、拓展运动等体育运动传入我国，被更多的人所知晓。学生作为对新鲜事物较为青睐的群体，无疑对新型体育运动表现出更多兴趣。但是就目前我国高校体育教学的安排来看，仍旧过多地依赖课堂授课，场地也基本局限于篮球场、足球场等场所，这显然无法满足大学生对运动范围扩大的要求，更不要提参与新颖的体育运动项目了。在课堂教学中，教师的主导地位仍是大多数体育教学的共识，尽管学生这一教学主体的自主性越发加强，但与预期还相差甚远。教学安排的局限性影响导致体育教学课程的单一、授课方式的呆板，更使得教师安于现状、不求思索，在体育课程备课和实施教学中固守教材和大纲，缺乏创新。

（二）体育教学设计的发展

1. 体育教学设计的发展要点

（1）体育教学设计遵循"以人为本"的原则

"以人为本"作为体育教学的原则之一，不仅对体育教学活动有指导作用，还对与体育教学相关的一切事物有指导作用，体育教学设计也是其中的一项。

遵循以人为本原则开展的体育教学设计工作必定会在设计中关注人文精神在体育教学中的存在意义，这使得体育教学不仅是一个领域的知识或技能的培养这么简单，而是要成为培养人的良好生活习惯和健全人格的教育行为。

过于注重传授体育知识或技能的教学设计不免太过简单粗暴，是一种"重教轻育"的行为。我国体育教学长期延续这种理念，不过在新时代下，特别是对素质教育重新定义后，这种观念得到改变，体育育人的关键在于"育"，而学习运动技术或知识只是育人的一个载体。因此，体育教育工作者应坚持"以学生为本"进行教学设计，在课堂教学中多引入丰富多彩的群众体育形式，不断丰富大学体育课程的教学资源，致力于构建以"运动计划能力"和"身体素质"为核心的体育课评价指标体系，不断促进大学体育教学的发展。

（2）在体育教学设计中加入现代教育技术

时至今日，社会已经迈入现代化信息时代，支撑信息传输的媒介就是电子计算机和互联网，凭此契机，多媒体技术的发展也日新月异。这些技术手段的不断翻新为高校体育课程的教学设计提供了强有力的技术支持，为高校体育教学工作注入了新的活力。

现代教育技术在体育教学设计中的应用主要体现在辅助和支持作用上，以此为高校学生自主学习体育课程、进行个性化发展搭建网络信息平台。多媒体教室的建立以及将便携的多媒体终端带到各种教学场所，更展现了现代教育技术在实践中较强的适应能力。另外，体育教师应紧随潮流，激励自身再学习，掌握多媒体设备和软件制作等能力，制作出生动有趣的、个性化的课件，对学生进行理论知识的讲授，并结合模拟运动教学，丰富体育课程的教学方法。

（3）体育教学设计要注重对学生"终身体育"意识的培养

"终身体育"是现代体育教学的目标之一，这一目标也符合素质教育的要求。在体育教学设计中要将"终身体育"的培养理念融入进来，最终通过向学生传授体育知识、运动技巧、运动技能以及运动方法等教学行为使学生清楚地知道一个健康的身体对人的一生幸福生活的重要意义。为此，要力求建立有利于形成终身体育的项目自主选择机制和教学模式，注重引导和培养学生"终身体育"意识，并通过多种形式巩固教学成果。

2. 体育教学设计的发展趋势

体育教学设计处在不断的发展之中，国内外教育领域均对此有较多关注。纵观现代体育教学设计的现状与发展方向，可以想见未来体育教学设计的发展趋势。具体如下：

（1）教学设计越发注重跨学科研究与跨领域应用

现代的学科研究几乎不存在单一领域单一研究的情况了，更多的是相关多领域的共同合作研究。这种跨学科共同研究的趋势也在体育教学设计的研究中出现。

目前，对于体育教学设计研究的关注点在于当代的学习理论本体论和认识论基础完全不同于传统教学设计的客观主义基础。由此使得在对"以人为本"的教学理念的研究中更加关注问题始发、项目始发以及探究式的学习环境，还有认知学徒方式、建构主义学习环境、基于目标的情境等。

除跨学科研究外，体育教学设计的应用范围也更加广阔。首先应该明确的是教学设计是一种有效设计和制造学习环境的方法，其产生的目的在于加强学生参与教学活动时学习环境的形成。所以，体育教学设计的过程使用到诸多（如测量和管理等）技术和知识。这种持续发展是教学设计领域内外一系列推动和发展的结果。

（2）教学设计越发注重技术与教育理念的结合

技术与理念之间是相辅相成的关系，两者相互促进。体育教学设计也是如此。若没有先进的技术，教育理论则很难被推动前行；教育理论若发展到一定高度，又势必会带动相应的技术发展。

由此可以看出，教学设计的变化来自技术对教学内容和方法的影响。在此情况下，教学设计如果没有达到特定程度，技术就不会在本质上自动改进教育。一些最有魅力的技术应用拓展了可以呈现的问题本质、可以被评估的知识和认知进程。技术提供的新能力包括直接跟踪和支撑问题解决技能、建模和模拟复杂推理任务等。除此之外，技术还可以对概念组织和学生知识结构的其他方面进行数据收集，这使得学生参与讨论和小组项目的表征成为可能。这些都是教学设计开始逐渐注重技术与教学理念结合的发展趋势表现。

（3）教学设计越发注重对学习环境的构建

学习环境是开展教学活动的另类载体。学习环境包括有形的体育教学场地、体育器材等，无形的体育教学环境包括体育教学软实力、教学氛围以及校园体育文化等。现代教育学认为学习已经不再像过往那样单纯是对知识的传输或接受的过程，而是已经将学习的行为认定为需要有强大意志性、意图性、自主性的建构实践。知识和技能的获得需要在个体运用知识和技能的"情境"中得到。因此，为了获得所需知识或技能，就需要为这一目标特别创建与之相适应的环境。

（4）教学设计越发注重评估理念和方法

教学理念是指导教学行为的基础，教学方法则是实现教学目标的途径。因此，这两个因素必定是未来教学设计要关注的重点。对教学设计进行评估，也要关注这些内容。

具体来说，教学设计将会把个体差异的分析、社会文化差异的分析、对学生学习需求的分析、信息和方法的结构分析作为评估的重要内容，而将信息技术选为评估工具。评估需要超越对局部技能和离散的知识点的关注，而要把推动学生进步的更复杂的方面包含进来，具体方面主要是对元素认知的评估、对实践和反馈的评估、对"情境"与迁移的评估、对社会文化大环境的评估等。

第五章　体育教育理念的革新与发展研究

体育教学理念的改革与发展对体育教育起着非常重要的作用。体育教学理念的创新能在很大程度上带动体育教学的发展，促使体育教学向着科学化、先进化的方向发展。近现代国内外体育教育发展的研究表明，体育教学要想取得良好的发展，没有一个先进的、符合现代教学要求的体育教学理念是根本行不通的。

第一节　体育教学改革中的教学理念

教育理念对于教育的发展来说至关重要，可以说，教育理念的发展、改革和创新是教育改革的先导。多年来，我国体育教学工作研究者对体育教学的目标、任务、方法、手段等问题展开了深入而具体的研究，这在很大程度上推动了我国体育教学的发展。

一、近现代体育教育理念的形成

（一）自然主义体育教育理念

欧洲文艺复兴时期，自然主义体育教育理念诞生，这一教育理念的基本原则是：体育教育应以"自然教育"为中心，按自然原则利用自然手段对儿童进行合乎自然的体育教育，要根据儿童的兴趣和需要来合理地选择体育教育内容。另外，本理论还认为，要想使儿童成为一个全面发展的人，就必须将儿童置身于大自然，让儿童在大自然中获得进一步的发展。这一教育理念在历史上延续了数百年，影响甚远。这一理念既有优点，又有缺点，具体表现如下：

1. 自然主义体育教育理念的优点

（1）它充分肯定了体育在人的成长过程中的作用及意义，并提出了一套自然主义的体育方法，能促进人类自身良好的发展。

（2）它注意到了兴趣和需要（即人的心理）在体育教育中的作用，在当时具有一定的先进性，在现代教育观念中也有着不可磨灭的作用。

2. 自然主义体育教育理念的缺点

（1）它以"本能论"为立论基础，认为人的兴趣和需要也都源于人的本能，具有一定的片面性。

（2）把体育混同为教育，突出强调了文化教育功能而忽视了增强体质这一体育的本质功能和主要目的。这种错误的认识导致体育教学中出现"放任自流"的现象，进而导致人们对体育的教育性和科学性产生怀疑和误解，不能科学地认识体育的本质。

（二）体质教育理念

体质教育理念的基本观点是：体质教育的根本目的就是增强体质，促进健康，使学生的身体形态、机能和基本活动能力得到全面发展。体质教育与强身健体是密不可分的，体育教育的真正意义就在于增强人的体质、完善人的身体，这也是体育区别于德育、智育和美育的地方。这一观点充分认识到了体育教育的特殊功能——增强体质、完善身体，对发展学生体质、增进学生健康起到了非常重要的作用。但在这种教育理念下，教学目标过于狭窄，教学模式过于单一和刻板，过分强调了体育教育的生物属性和身体发展性，而忽视了体育教育的教养性和教育性，因此这种做法是不可取的。

（三）折中主义体育教育理念

这一教育理念的基本观点是：在体育教育过程中，一方面，要坚持"技术观"；另一方面，要坚持"体质观"，体育教育是自然主义教育和体质教育的综合。这一教育理念认为体育教育要试图克服上述两种体育教育模式的不足而各取所长，但它也在一定程度上导致体育教育理念的混乱，学生既要实现技术水平的提高，又要实现体质的增强，这是一个难以解决的问题。因此，寻求一种科学的教育理念观成为现代教育的需求。

二、新课改下的体育教育理念

随着课程改革的不断进行，体育教育理念也发生了很大程度的转变，一些落后的、难以适应时代发展和教学需要的旧理念被先进的教学理念所取代，这极大地促进了体育教育的发展。

（一）新课改下体育教育理念的转变

新课程改革背景下，体育教育理念发生了很大的转变，这些转变突出表现在以下几个方面：

1. 深刻贯彻了"健康第一"的指导理念

学校教育要树立健康第一的指导理念，切实加强体育教育工作。健康第一不仅是学校教育的指导理念，也是体育教学改革的指导理念。合理的体育教学是以身体练习为主要手段，合理地选择运动负荷，力求培养和提高学生的自尊、自信、意志及团队意识、合作精神、竞争能力、创新意识、人际交往等方面的能力，使其更好地适应社会。现代先进的体育教育理念能把身体健康、心理健康与社会适应的目标与教学内容、方法及学习评价等较好地结合起来，从而形成良性互动。

2. 突出了学生在学习中的主体地位

在体育教学中，学生是体育学习的主体。体育教育新课程标准强调，要"以学生发展为中心，重视学生的主体地位"，主要表现在：比较重视自主学习、合作学习和探究学习等学习方式的运用，促使学生主动积极地参与学习和锻炼；重视组织教法的创建，激发学生学习体育的兴趣，使学生获得积极的情感体验；尊重学生的个体差异，注意因材施教，使每一个学生都学有所得；加强对学生的学法指导，重视学生自我评价与相互评价的运用，帮助学生学会学习。只有学生的主体地位得以确立，以学生为中心进行教学，才能促进学生全面发展。

3. 注重创建良好的教学氛围与和谐的师生关系

新的体育教学理念注重运用情境教学、快乐教学、主题教学、体育游戏、激励性评价、师生互动、合作讨论等方法和手段来营造良好的教学氛围，使学生能积极地投入到体育学习之中。和谐的师生关系是学生主动学习的前提之一，也是学生获得愉快的情感体验的重要因素。现代先进的体育教育理念要求体育教师要关心学生，以身作则，发扬教学民主精神，倾听学生意见；学生尊敬教师，自觉维护课堂教学秩序，在课堂讨论中畅所欲言；师生之间、同学之间形成良好的教学气氛，从而促进教学水平的提高。

4. 关注学生的运动情感体验

在体育教学中，学生的情感体验非常重要，它是培养学生体育学习兴趣和终身体育意识的关键，同时是学生积极主动学习的重要条件，是促进教学质量提高的重要因素。现代体育教学理念能根据学生心理活动的规律来组织教学，能满足学生的心理体验，提高学生的学习兴趣。

5. 重视课程资源的开发利用

《新课程标准》主要强调课程目标的统领作用，由体育教师根据学生的身心特点合理地选择教学的内容与方法，这是符合体育教学实际的做法。在新的体育教育理念的指导下，有的体育教师还开发出一系列具有较强健身性与趣味性的教学内容，极大地提高了体育教学质量。

6. 科学的体育学习评价

在体育教学评价中，多元学习评价是新体育课程改革的一个亮点，这种教学评价突出的是学生的自我评价与相互评价。在评价内容上，其既注意知识技能、运动参与和学习态度的评价，又注意合作精神与情意表现的评价，能在很大程度上提高学生学习的积极性，促进教学水平的提升。这一教学评价虽然取得了一定的成绩，但在实际运用中也存在一些问题和不足，主要表现在以下几个方面：

（1）学习目标存在问题。有的学习目标不够明确、具体，难以进行检查评价；有的学习目标没有体现区别对待、因材施教的原则；有的学习目标过多，不利于教学；有的学习目标的表述不够规范，制定得不合理。

（2）忽视运动技能教学。主要表现在以下四个方面：第一，偏重于选用技术含量较低的教材。第二，教学中缺乏对学生的指导。第三，用于运动技能学习的时间偏少。第四，缺乏对教学质量的要求。

（3）自主学习、合作学习、探究学习是现代比较先进的教学模式，但是有些教师在具体运用时只关注外在的形式，对其实际效果重视不够，导致教学效果欠佳。

（4）在课程资源开发利用上，对各种资源的整合重视不够，对已有资源的有效运用不够充分，有的课程在资源利用上还存在一定的浪费现象。

（5）在学习评价方面，教师在运用激励性评价时，存在言过其实的现象，向学生传递了不真实的信息，致使学生的学习受到影响。

新课程改革为体育教师的能动性提供了更大的空间，广大的体育教师应认清形势，牢固树立终身学习的意识，认真把握好新课程标准，不断探索新的教学方法、手段、模式等，不断提升自己的专业化水平，促进教学质量的提高。

（二）新课改下的先进体育教育理念

随着现代教育的不断发展，涌现出众多先进的教育理念，这些理念对我国体育教育的发展产生了深刻的影响，其中影响力较大的有终身体育教育理念、人本主义教育理念等。下面主要阐述终身体育教育理念对我国体育教育的影响。

1. 终身体育教育理念的概念

终身体育是指在人的一生中都要进行身体锻炼和接受体育教育与指导，它是终身教育的重要组成部分。具体来说，就是一个人从生命的开始到生命结束，都要适应环境与个人的需要，进行身体锻炼，以取得生存、生活、学习与工作的物质基础或条件。终身体育既是指人从生命开始至终结的整个过程中都要持续地参加体育锻炼，使体育成为日常生活中必不可少的内容，又是指以正确的体育观与方法论指导人在不同时期、不同生活领域中参加体育活动的实践过程。终身体育本身是理念意识和行为倾向的有机结合，体育意识是终身体育的理念基础。体育意识的强烈程度直接影响人们终身体育理念的形成。终身体育强调个体生命整个过程中不同时期的体育，即体育健身贯穿于生命的全过程。经过一段时间的发展，这一理念逐渐在体育教育中确立了地位，成为现代先进的体育教育理念。

一般来说，终身体育由相互联系、相互影响的学校体育、社区体育、家庭体育构成，共同作用于个人，并要求学校、家庭、社区均应开展体育活动，为人们提供参加体育活动的机会。终身体育贯穿于人的一生，对于社会而言，是全体国民的体育，二者的统一是终身体育追求的最高目标。

终身体育理念的形成是人类自身和社会发展的必然要求。在学校中开展体育教育，并向学生灌输终身体育的理念，对于大学生的成长及适应社会都具有重要的作用。

2. 终身体育的特征

（1）体育锻炼时间的终身性

终身体育之所以是一种先进的教育理念，就在于它突破了传统的学校体育目标过分强调学习和掌握运动技能的观念，使学校体育教育获得了进一步发展和延续。传统的体育教学观念把人接受体育教育的时间局限于在校学习期间，体育锻炼的内容也局限于体育知识、运动技能的学习和掌握。终身体育则要求根据个体生长发育、发展和衰退的规律和阶段性特征进行科学的身体锻炼，体育锻炼要贯穿人的一生。

（2）体育锻炼群体的全民性

终身体育锻炼具有全民性的特点，这是指接受终身体育的所有人，在对象上有儿童、青少年、成人和老年人等；在范围上，有学校体育、家庭体育、社会体育等。以终身体育为指导开展全民健身运动，其实质是群众体育普及的进一步发展，以实现广泛普及化。在现代社会，每一个人都要学会生存，而学会生存离不开体育。因为生存发展是时代的主流，要生存就必须会学习、运动锻炼和保健。人们要想更好地生活，就要把体育与生活紧密地联系在一起，在参与体育活动中终身受益。

（3）体育锻炼目的的实效性

终身体育的最终目的是维护和改善人的生活质量，增进健康，延年益寿。终身体育是以适应个人发展和社会发展为根本着眼点的。人们为了改善自己的生活质量，根据自身条件合理选择适合自己的体育方式，做到有的放矢，具有较强的针对性和实效性。总之，终身体育锻炼要有明确的目的，要能促进自身的全面发展和终身发展。

3. 终身体育教育理念的意义

（1）提倡终身体育的理念满足现代化社会发展的需要

终身体育的一个重要目的就是增强体质，这也是我国社会主义体育事业最本质的特点。社会劳动力由不同年龄段的人组成，人们也都面临着如何保持身体健康，使自己能够适应社会分担的一份工作的问题。提高劳动生产率，除了靠科学技术水平的提高外，关键还是需要掌握科学技术的人创造物质产品，来满足人类生存发展的需要。要适应现代社会发展的需要，要保持身体经常处于最佳状态，就要在人生的不同阶段选择不同的身体锻炼形式与内容。无论处在哪个年龄段、从事何种职业，人们都面临对它的选择，以保证自己身体更加健康，精力更加充沛，以适应社会的发展变化及未来生活的需要，而这种伴随人生一起发展的体育就是终身体育。随着社会现代化程度的不断提高，现代人把经常从事身体锻炼作为生活方式的一个重要内容与标志是人类文明发展的必然。全民族都能做到天天坚持身体锻炼，并养成自觉锻炼的习惯，反映了一个国家的文明程度，展示了现代人的生活方式，从而促进了社会的发展和进步。

（2）迎合终身教育理念，促进学校体育改革

在很长一段时期内，我国学校体育教育受传统教育理念的影响，过于重视技术技能的教学，而忽略了其他方面的教学内容，这使得体育教学中出现了一系列问题。通常情况下，学生走上社会后，就几乎不参加体育锻炼了，致使身体状况每况愈下，不能适应变化了的环境，这种情况极大地阻碍了其自身的进一步发展。终身体育不是只追求某一特定的运动技能和运动的熟练程度，而是学会分析自身的身体锻炼和运动实践的综合能力；注重培养学生对体育的爱好、兴趣，养成锻炼的习惯，注重学生掌握系统的体育基本理论知识和科学的身体锻炼方法以及检查评定方法，形成终身体育的意识、理念和能力、习惯，这对学生自觉、自愿参加和组织体育活动的能力提出了更高的要求。终身体育理念的提出促进了体育教学改革的进程，成为体育教学中重要的指导理念。

（3）满足体育生活化的要求

大众体育发展的动力是体育生活化，生活化的体育是社会进入小康社会的必然产物。在现代社会，人们生活的价值容量在不断地扩大，生活与体育之间的联系越来越密切，人们在每个阶段参与体育锻炼，增强自己的体育意识，提高对体育锻炼的认识并形成自觉自愿的锻炼风气，这已经成为社会发展的必然。社会成员终身体育意识的形成，对推动群众体育的开展，提高群众体育活动的兴趣，促进文化交流都具有重要的意义和作用。终身体育注重人的个体性，并且着眼于人

一生中的不同年龄阶段、不同的生活环境、不同的职业特点来选择不同的内容和方法，采用不同的形式进行身体锻炼，以终身受益。在我国，虽然大众体育获得了一定程度的发展，但受场地、器材、经费和组织等因素的影响，每年开展群众体育活动的次数是非常有限的，其时效性也不高。因此，大力倡导终身体育的观念，增强体质水平是实现体育生活化的社会发展的要求。

（4）终身体育的发展有利于社会主义经济建设

终身体育与经济建设互相影响，二者之间的关系非常密切。经济的发展制约着体育的发展，也影响着终身体育的发展。随着我国经济建设的不断发展，人们更加清楚地认识到体育与经济的关系：经济是体育发展的基础，体育也能促进经济的发展，二者是相互促进的关系。在经济不断发展的情况下，终身体育理念得到较大程度的强化。

社会对体育的需求是体育发展的动力，经济的不断发展又促进社会对体育的发展提出要求，同时，社会经济的发展为体育事业的发展提供了经济投资的可能。终身体育就是在经济发展的条件下不断向社会提供体育劳务这种特殊的体育消费品，人们通过体育锻炼能达到强身健体、丰富业余文化生活、提高体能和心理素质的目的，更好地将精力投入到经济建设中，促进社会经济的发展。

第二节　影响我国体育教学理念的因素分析

一、建构主义学习理论对我国体育教学理念的影响

（一）建构主义学习理论概述

1. 建构主义的概念

人在已有认知结构的基础上，通过学习的过程将外界环境中的信息整合到原有的认知结构中，从而引起自身认知结构的改变，形成一种全新的认知结构。这就是建构主义的观点。通过学习，人们都具有了一定的认知结构，这个认知结构是人们进行认知的基础，它决定着人们的认知活动和实际行动。人们在不断吸纳新的外界信息的过程中使自己的认知结构不断丰富和完善。

总的来说，同化、顺应、平衡是影响人类认知结构的三个重要过程。同化是指在学习的过程中，个体对所输入的刺激进行过滤或对其进行改变的过程。换句

话说，就是在对刺激进行感受时，个体将这些刺激融入头脑中原有的图式之中，并使这些刺激成为其中的一个部分。顺应是指在学习的过程中，个体遇到无法用头脑中原有的图式来同化新刺激时，就会对头脑中原有的新刺激进行修改或重建，以此对外界环境进行适应。平衡是个体通过自我调节在具体的学习过程中促使自己的认知从一个平衡状态向另一个平衡状态过渡的发展过程。

2. 建构主义的特征

建构主义具有以下几个特征：

(1) 探究性特征

探究性学习在学生学习的起始阶段和结束阶段都有着非常重要的作用。在研究发现式学习这一模式时，布鲁纳提出，学生是教学过程中积极的探究者。教师要创设出良好的情境来方便学生进行独立的探究，并便于学生自我思考问题，使学生参与到知识获得的过程之中，要建造一个活的小型的藏书库，而不是直接向学生提供现成的知识。总的来说，学生要积极、主动地探究、学习和消化知识，而不是被动、单纯地接受知识。

(2) 情境化特征

通过对学生学习方式进行研究发现，学生正式学习均与特定的情境相脱离，而这种类型的学习会产生很多不良的后果，如抽象化、形式化、简单化、记忆表征单一化等，通常来说，这种类型的学习结果也仅仅是应付接下来的考试，并不能将已经学到的知识在一种复杂的真实情境中加以运用来解决所遇到的实际问题，从而导致"高分低能"现象的出现。因此，建构主义学习理论十分注重进一步加强各种知识表征（动作的、情节的、语义的）之间的相互联系，并将知识表征与多样化的情境相关联，这样就能创设出良好的学习情境，学生在其中可获取丰富的知识。

(3) 问题导向性特征

建构主义学习理论主张学生在学习过程中通过积极扮演一定的角色来解决相应的问题，学生在解决问题的过程中还能够学习到其所应该掌握的各种知识。在教学过程中，教师通过积极指导和启发学生进行相应的问题探索来触发一系列学习活动。这一过程不仅拓展了学生的思维，还提高了学生运用知识的实践能力。

(4) 社会性特征

建构主义学习理论具有一定的社会性，在该种学习模式之下，根据学生发展的社会源泉、社会文化中介以及通过心理的处理和加工来促进知识的内化等方面，开发各种以现代网络技术和计算机技术为载体的多种学习方法，进一步突出其学习模式的社会性。需要注意的是，为了使社会性学习作用得以更好地展现，在学习过程中一般通过学生与教材和互联网等的互动来达成相应的目标。

综上所述，在所有的教学活动中，学生的主体"建构"均发挥着重要的作用。学生通过教师的讲解获取知识，并且将所掌握的知识结构进行更为合理的同化和顺应，从而使意义建构得以完成。但需要注意的是，这也不能说全部的教学活动都是建构主义的，只有社会性、情境化、探究性和问题导向性同时具备后，所进行的学习才能称为建构主义的学习。而在整个建构主义学习中，对学生主体的"建构"既是教学的起点和依据，也是教学策略和归宿。与传统教学不同的是，在建构主义的学习过程中，学生获取知识的途径、教师和学生的地位、教学条件发生的机制等问题都有很大的不同。在体育教学不断发展的过程中，倘若能将建构主义学习理论中的各个流派的不同观点进行调和和整合，或许会获得新突破。

（二）建构主义学习理论对我国体育教学理念的适应与不适应性

1. 建构主义学习理论对我国体育教学理念的适应性

总的来说，建构主义学习理论具有三个鲜明的观点：第一，学生学习的过程不是教师单纯灌输知识的过程，而是学生自觉学习的过程。第二，整个学习过程是学生之间相互合作、沟通、构建知识的过程。第三，学生学习的过程是学生根据所具有的知识经验进行探究新知识的过程。以上三个观点重点突出了"自主""合作""探究"三个关键词汇。因此，从一定程度上来说，我国教学过程中推行的自主学习法、合作学习法以及探究学习法等都是以建构主义学习理论为基础的。由此可见，建构主义学习理论不仅为探索新的学习方式和方法提供了必要的理论支持，还能开拓教育工作者的头脑，促使其创新教学手段和方法，从而促进教学水平的提高。

在体育教学的过程中，体育教师应改变旧有的、落后的教学方式，采用"自主、探究、合作"的学习方式，不断提高学生自主学习的能力，锻炼学生的创造性思维。另外，还要培养学生的交际能力和团队合作意识。建构主义学习理论也对教师提出了较高的要求。就学习理论的基本原理来说，教师不只是扮演知识的传授者和引导者，还具有更多元的角色。因此，实施新课程改革的重要环节就是实现教师的专业化发展，并促进教师职业的不断成长，从而适应新课程改革的要求。在改善学生的课堂地位方面，建构主义起到了极大的推动作用。从具体实际来看，阻碍我国基础教育改革的重要因素之一就是学生主体地位的缺失。在这种教学理论的指导下，学习的中心变为学生，他们从被动的接受者转变为主动的学习者。学生在学习的过程中可以主动地对各种信息进行加工，并进行相应意义的主动建构，从而促进自身知识水平的提高。在运用建构主义理论进行学习时，应注意以下几个方面的要求：

（1）为了更好地实现知识的学习，应用探索法和发现法对知识的意义进行构建。

（2）在意义建构的过程中，学生要对相关的信息资料进行主动的搜集和分析，并提出自己的想法和假设，然后验证自己提出的假设，得出结论。

（3）学生要将当前所学内容反映出的事物与自己已经了解和掌握的事物建立联系，并对这种联系进行必要的思考。为了更好地促进学生的学习，教师应在教学过程中创造平等、自由的学习氛围，保证师生之间沟通和交流的顺利进行，并使得学生之间能够开展充分的交流与合作。对于学生的话语权，教师应给予充分的尊重，并允许学生表达自己的观点，教师还应认真听取学生的观点，并根据学生表达的观点有针对性地进行必要的、合理的、有效的引导。新课改特别加强了在心理健康和社会适应方面对学生人格塑造、社会适应性、人性养成等方面的重视，有着更加多样性内容的意义建构、极具个体性的效果和多重性的价值，在教学的各个时期都产生了新意义并对社会交流与合作有着更多的依赖。在教学过程中，教师可以有效利用各种运动项目的群体参与性特点，通过创设相应的体育教学情境来加强师生之间与学生相互之间的交流与合作，并采用多种教学模式使体育教学的课堂变得丰富多彩，更好地促进学生个性的形成、身心健康的发展以及社会适应能力的提高。

2. 建构主义学习理论对我国体育教学理念的不适应性

建构主义学习理论的观点认为，在教学过程中，学生各种知识的学习或获得并不是被动接受的，而是学习主体主动和自觉吸收的过程。但这也说明，具有意义建构价值的是那些学生难以理解、需要学生掌握和深刻理解的知识，而那些只需要学生了解的知识就没有进行意义建构的必要，否则学习就是无意义的。

与其他学科的课程有所不同，以身体练习为手段，以运动技能为教学内容是体育课程的主要特征。在体育教学过程中，各体育运动项目之间是一种并列平等的关系，因此它是不同于由简到繁的逻辑认知的。体育运动的学习过程是学习主体对自己身体不断认知的过程，通过对相应的技术动作的模仿和重复，初步掌握相应的动作技术。在体育课程中，大部分动作技术和技能结构相对良好，这也决定了其能够被模仿和受到重现。在动作掌握的粗略阶段，倘若这些客观呈现，如动作的讲解、示范和练习等都不正确，学生就很难通过这些客观呈现建立起正确的条件反射，就会迫使学生降低学习动机，甚至在学习的过程中出现一些不必要的运动损伤，最终使得体育教学无效化。

随着我国体育教学改革的不断深化发展，建构主义学习理论在我国体育教学过程中发挥着越来越重要的作用。但是在教学过程中，人们对建构主义学习理论也产生了一些错误的认知。有人认为，在体育课程改革过程中，新课程的推行是对传统的接受式学习方式的否定，取而代之的便是学生"主体意义建构"。美国教育学家杰罗姆·布鲁纳推行"发现式学习",最终以失败告终。有学者对其失败的原因进行了分析和研究,认为学校的主要任务是向学生传递相应的人类文化知识,而学校中最基本的学习方式为有意义地进行学习。有意义的接受学习是一个主动学习的过程,它是指学生对教师所传授的知识进行积极主动的选择、整合、内化,并将所学到的新的知识纳入已有的认知结构中,从而更好地理解和掌握所学的新知识。

通过研究和分析我国现阶段中小学的实际情况,并结合美国认知教育心理学家奥苏贝尔的有意义学习理论,在我国中小学体育教学改革过程中,应积极推行有意义的、积极主动的接受式学习。具体而言,推行这方面体育教学改革的原因有如下两点:

(1)在接受式学习中,其主导性也存在文化发展的制约性和客观的物质基础。我国尚处于社会主义初级阶段,属于发展中国家,在教育教学资源方面仍然较为贫乏,"大班"教学仍然是相当一部分教学和学习活动开展的主要环境条件,而具有简约性、系统性、基础性和高效性等优势的有意义的接受式学习正好能够满足我国当前社会的发展需求。

(2)学生具有很多被动性特征,如依附性、受动性、模仿性等,他们是教育的主要对象,也是处于成长过程中的个体。由于学生具有这些鲜明的个性特征,接受式学习成为最有效和直接的学习方式。在教学过程中,如果教师盲目地否定接受式学习方式,而机械、呆板地复制建构主义学习方式,不仅会在一定程度上降低体育教学的效率,还会降低体育教学的质量。

通过对我国学校体育教学现状的研究和分析可以发现,新课改中所倡导的学习方式的转变,是使学生变被动性学习为主动性学习,锻炼学生的创造性思维,然后再使学生的创新性得到进一步发挥,在其所具备的发展基础之上来促进主体意义建构的实现。

二、现代西方教学理念对我国体育教学理念的影响

(一)现代人本主义教育理念的基本观点

进入 20 世纪,随着现代科学技术的快速发展,科学主义逐渐成为当代教育发展的主流。科学在改变人们生活方式的同时,改变着人们的价值观念。科学的发展带给人们诸多便利,但也使得人们越来越受制于众多的科技产品,并且这一趋势日益凸显。

以科学主义为标志的结构主义、要素主义,20 世纪 50 年代以来在教育改革方

面的失败、认知心理学和行为主义对人们关于人性的认识带来种种困惑，教育的价值越来越工具化，人们也逐渐丧失了接受教育、获取知识的兴趣，这些都决定了现代人本主义教育理念将会再度盛行。

现代人本主义教育理念的特征主要表现在以下三个方面：

1. 追求自我实现的教育目的

现代人本主义理念的观点认为，教育的最终目标就是要实现自我、形成完美的人性，并达到人所不能及的最高境界。人的自我实现包括两方面的内容：其一，是人格的整体性；其二，是人格的创造性。人格的整体性主要体现在人学习的整体性，学生的自我和环境、情感和智力在学习的过程中有机地结合起来。罗杰斯认为，认知和情感两种因素的结合就是人的学习，教育者所要做的就是促使这两种因素的结合。人格的创造性则是指人的性格、个性以及个人整体的充分发展等方面。创造性是每个人与生俱来的潜能，教育就是要对这种潜能进行挖掘，要有助于创造性的培养，它的最终目的就是要培养出一个不惧怕变革，并且能够勇于追求新事物的人，在变革中享受变化的乐趣的新人。因此，现代人本主义教育的根本理念就是培养人的创造性，这是这一教育理念的价值所在。

2. 尊重学生自由发展的课程安排

在现代人本主义教育理念中，应充分给予学生自由选择的机会，他人应尽可能少地干涉，这样才能培养起良好的独立性，建立自信心。不存在一成不变的课程在任何时候都适应所有的学生，必须要提供多种多样、幅度不同的课程方案，使其适应不同学生的个性特征，并且引导其根据自身的发展需要来进行选择。在教学过程中，应使学生所学的知识与其生活经验相互结合，还要使情意因素和认知因素有效结合。

3. 尊重学生情感体验的教学方法

在体育教学的过程中，现代人本主义主张教育者要以学生为中心，让学生通过切身学习获得经验，并让学生在学习中发现自我，学会尊重他人，建立自信心，促进独特个性的形成。因此，学校所做的应是给学生营造良好的人际交往环境，教师应报以真诚的态度，给予学生充分的尊重、理解和信任。

由此可知，在弘扬人的个性，强调以人为中心，尊重人的情感体验等方面，现代人本主义教育理念与新人本主义、古典人本主义教育理念是一脉相承的。通过对人本主义的发展历史进行分析和研究我们不难发现，现代人本主义与古典人本主义和新人本主义所针对的对象并不同。古典人本主义和新人本主义主要针对封建教育，而现代人本主义主要针对科学主义。现代人本主义教育在一定程度上否定了教师的权威，肯定了学生在学习中的主体性，重在培养学生的创造精神。另外，现代人本主义还注重发挥体育教学中的非理性因素的重要作用，并且随着经济社会的发展，其也表现出了一定的时代进步性。在新的时代环境下，科学人本主义和现代人本主义已经成为两个相互抗衡的主流。

但是，空想特征和片面性在现代人本主义教育理念中仍然存在，它的理论基础有唯心主义的一面，其教育目的更是表现出偏执于"个人本位"，在将人与科技、人与社会相对立、相分离的同时，它对教育价值的认识也受到更多的束缚，并且反理智主义也进一步得到助长。从一定程度上来说，现代人本主义是对古典人本主义和新人本主义理念的背叛，它逐渐背离了后两者所倡导的理性传统。科学主义教育理念对经济社会的发展具有重要的促进作用，符合社会发展的主流趋势，其在教育中的主流地位逐步确立，并得到进一步巩固。因此，随着教育价值多元性逐渐被人们深刻地认识，人本主义教育理念也逐渐呈现出与科学主义教育理念相融合的趋势，并使得科学人本主义教育理念的概念得以形成。在《学会生存》中对科学人本主义教育理念进行了阐述。它认为，科学人本主义的目的主要是关心人和他的福利，它是人道主义的，同时科学人本主义也是科学的。总的来说，科学人本主义不仅尊崇科学，还注重人道，它所要达到的是理性与情感的平衡发展、社会与人的需要的平衡发展。

（二）现代人本主义教育理念与我国的素质教育

随着改革开放的深化进行，我国不断总结、吸收和借鉴国外的先进体育理念和教育理念，并不断对我国的传统教育进行反思和改革。现阶段，我国教学改革的重要方向之一，就是对人性化教育、人本化教育与教育的意义和价值方面的改革。通过对我国教育改革的发展历程进行分析可知，我国教育改革深受人本主义教育理念的影响，并且突出反映在教学观、价值观以及课程观等方面。具体而言，主要体现在如下三个方面：

1. 在教育价值观上，人的价值重新回归为教育的本体价值

过去的教育在社会价值和工具价值方面较为侧重，随着对教育认识的不断深入，人们逐渐认识到这种教育是对其本质属性的违背。体育活动能培养人的社会性，在这一过程中，人既是教育的出发点，也是最终的归宿点。如果教育缺少了对人的社会性的培养，就失去了其所具有的独立存在的价值和本质特征，同时其所具有的社会价值也就成为空谈。人的价值的实现必须要重视对人的主动性和创新精神的培养，才有可能更好地体现出教育的社会价值。早在1999年，为了更好地促进我国教育事业的发展，树立正确的教育价值观念，国务院颁布了《关于深化教育改革全面推进素质教育的决定》。该决定指出，素质教育的实施方针是"坚持实现自身价值与服务祖国人民的统一"，而素质教育最根本的目标是"使学生养成独立的人格，实现个性的全面发展"。

2. 在课程观上，重视学生的生活经验

教学实践表明，判断一种教学活动是否成功开展，关键要看其能否在教学的内容与现实生活和固有的经验之间建立一定的内在联系。因此，有些学者认为，在教学改革中应增强课程的现实性。近些年来，我国的课程结构不断得到调整，并在课程体系中融入活动课程和综合课程，同时越来越关注隐蔽课程。因此，在现代教育改革过程中，在相应的课程内容缩减、难度降低的同时，与社会现实生活的关系却逐渐变得更加紧密。

3. 在教学观上，尊重学生的主体性

在传统教学中，教师一直是教学的中心，这非常不利于学生的主体性学习。而在现代教育观念下，整个教学更加注重学生的主体性，重视学生在学习过程中的情感体验，注重其积极性和主动性的培养。由此可见，我国的教育教学观受现代人本主义教育理念的影响非常大。

（三）现代人本主义教育理念对我国学校体育改革的启示

1. 对学校体育价值的重新定位

现代体育教学处处体现着人文精神，这与弘扬人文精神的时代潮流是相适应的。这种发展趋势为人们思考学校体育教学的价值提供了便利。我们知道，学校体育的根本出发点和落脚点是"育人"，它是现代教育的重要组成部分。但长期以来，人们在理解体育科学化的基础上，常常采用生物学的观点来对学校体育的价值做出判断，并且过多地关注学校体育"增强体质"的功能。另外，随着商业社会的不断发展，实用主义对学校体育产生了重要的影响。在现实社会中，学校体育并没有实现学生充分的情感体验和创造性的培养，对于学生个性的发展也有所欠缺。

实际上，学校体育的首要本质功能就是增强学生的体质，社会需要使得学校体育为经济发展和社会政治服务成为必然，但这些并不是唯一的。因此，我国现阶段体育教育改革是要在增强学生体质的基础上，进一步拓展体育教学的人文价值，建立多元化的体育教学价值体系。

2. 对学校体育目标的重新建构

增强学生体质、掌握"三基"和德育是我国传统的学校体育教学目标。多元化的学校体育价值体系对学校体育目标多样性、多层次的建构提出了必然要求。

实际上，我国学者已经认识到，技术教育和体制教育并不能完全作为学校体育实践的重心，应该把重心从单纯地追求学生的外在技能水平向追求学生的全面协调发展转移。这些都体现出我国在学校体育改革中更加注重学校体育目标的人文倾向。

3. 对学校体育课程内容的重新调整

我国分别在 1993 年、1997 年修订了中小学体育和高中体育教学大纲，这两次修订使教学内容的灵活性和教育性在新的体育教学大纲中得到加强，而在促使学生养成良好的体育习惯、弘扬民族文化、符合学生身心发展特点方面也进行了较大的改进。我国体育课程处于不断进步和发展之中，但是其并不能完全满足素质教育的需求。因此，现阶段应对体育课程内容进行多方面的调整，具体内容包括以下四个方面：

（1）趣味性：在课程改革过程中，要充分利用学生的好奇心，激发其学习的兴趣。

（2）创新性：课程内容还要为学生创新精神的发展提供广阔的空间。

（3）适用性：课程内容的设置要侧重于对学生的终身体育能力的培养，加强与社会和生活的联系。

（4）普及性：课程内容中对于一些竞技体育项目中不适合该年龄阶段学生的技术要领、规则、器材和设施要进行相应的改造，并使其更有利于在全体学生中普遍开展，更具有健身价值。

4. 对学校体育教学的重新认识

人本主义学校体育教学理念树立了众多新的教学观念，如成功体育、快乐体育和终身体育等，这些教育理念的共同特点有：尊重学生的主体地位、注重培养学生的创新精神、注重学生个性的发展、注重激发学生的学习兴趣和学习积极性等。在不断发展和探索的过程中，一些新的体育教学模式不断被提出，并且逐步发展和完善，最终得到广泛传播，如情境式教学、发现式教学、快乐式教学以及创造式教学等。但对于如何尊重学生的自我选择，满足学生个体的需要；如何将学习由被动变为主动，由机械性学习变为有意义学习；如何在教学过程中营造轻松活跃的学习氛围，使学生获得良好的情感体验；如何全面和谐地发展学生的个性等问题已经成为现代学校体育教学改革讨论的热点话题。

21 世纪，我国学校体育正在等待一个尊重个性、回归人性的时代来临。在这样的时代环境下，学生学习体育知识不再承受痛苦和沉重的负担，而是为了展现自我、弘扬个性、满足自身享受快乐的需要。虽然此处对现代人本主义教育理念对我国体育教学理念的影响进行了重点的阐述和讨论，但并没有对其他的教育理念进行否定；相反，在全球化的发展背景下，各种理念文化处在不断发展和融合之中，教育理念也呈现这一发展趋势。随着改革开放的深入，我国的学校体育教学理念也呈现出多元化的发展趋势。

三、现代人文精神对我国体育教学理念的影响

（一）人文精神概述

1. 人文概念

作为一个动态的概念，《辞海》将人文解释为："人类社会中的各种文化现象。"它是指人类文化中优秀的、健康的、先进的、科学的部分。

在社会生产生活中，人类、民族和人群会形成一定的价值观念、理念符号以及道德和行为规范，这即为文化。在人类文化中，人的价值观念是整个文化的核心，它深刻地影响着其他方面的形成和发展；信息符号是文化的基础，它不仅实现了信息之间的沟通，还在一定程度影响了文化的发展和继承；行为和道德规范以及法律法规方面的内容也是人类文化的重要内容，它起着规范和制约的作用。在不同的发展时期，人类文化具有不同的发展特征，文艺复兴时期的特征表现为人们给予人文以高度的重视。人文是人类文化中最为核心的部分，是价值观念及其行为与规范方面的内容。作为一种先进的理念，人文理念体现了尊重、重视和关爱他人等方面的内涵。

2. 人文分类

人文可分为教育、文化、历史、法律、艺术、美学、国学、哲学。具体如下：

教育：科学、学术、素质（礼仪素养品德）。

历史：中国、外国、世界。

文化：文学。

艺术：美术、电影、音乐、神话。

社会：人权、法律、政治、经济、军事。

美学：跨学科（艺术、伦理、文学、心理、哲学）。

哲学：理念、宗教。

国学：易学、诸子。

3. 人文精神

在我国的学术中，人文精神有着较多的运用，但对于人文精神的内涵尚未达成一个统一的观点，故学者在有关人文精神的学术讨论中各持己见。在一些人看来，由哲学、文学、伦理、艺术和历史等构建出来的人类精神世界的理念和知识领域就是人文，而人文精神就是在其中体现出来的具有最高级意义的价值观念和行为准则。

王汉华在《"人文精神"解读》中对人文精神进行了研究和整理，并针对人文

精神的概念提出以下五层含义：

（1）从科学的角度来看，人文精神是对科学、知识、真理的追求和探索。

（2）从道德的角度来看，人文精神就是对道德信念、道德人格、道德行为、道德修养的追求和看重。

（3）从价值的层面来看，人文精神就是渴望和呼唤自由、平等、正义等重大价值。

（4）从人文主义的层面来看，人文精神就是尊重和关注人，就是期盼和高扬人的主体性。

（5）从终极关怀的层面来看，人文精神就是反思信仰、幸福、生死、生存、社会终极价值等问题。

（二）现代人文精神对我国体育教学理念的具体影响

1. 传统体育教学理念的更新

在传统体育教学发展和改革的过程中，生物体育观是其基础。在新的历史时期，我国在人文体育观念的影响下，在教学改革中出现了"学习领域目标""课程目标"等一些新的概念。在教学过程中，对教学目标也进行了多方面的层次和类别划分，确立了"身体健康"和"运动技能"两个最为基础的目标，并且在此基础上确立了"心理健康"和"社会适应"等方面的新的目标。

20世纪以来，我国教育与意识形态和政治之间具有较为密切的关系。在商业化不断发展、实用主义逐渐盛行的社会背景下，我国大学进行了人文教育与科学教育两种观点之间的论战，在很长一段时间里，科学主义主导了我国的大学教学。在科学主义的影响下，大学教学呈现出科学至上的原则，并且政治化和意识形态化也较为严重。科学主义膨胀造成人文精神的萎缩，造成在教学过程中人文性逐渐缺失，人文精神缺失也成为我国社会的一大弊病。

在体育教学改革过程中，随着课程改革的深化进行，人文精神逐渐回归。在开展大学管理、教学等方面的活动时，僵化的行政观念模式正在逐步松动，并且处处体现着人文关怀的印记。在教学过程中，体育课堂从教师示范、学生学习与练习的循环中解脱出来，并将其他所需要达到的目标穿插其中，从而让教学环境变得更加生动，学生也容易接受。

2. 对课程体系进行调整

在体育教学改革中，课程体系改革是重要方面。课程体系方面的改革能够使教学内容更加丰富多样，还能够更好地满足社会发展和学生进步的多方面需求。但是，在体育教学实践过程中，在设置相应的教学课程时，学校多有不当和不足之处。在教学过程中，为了赶上教学进度，一些学校都会牺牲体育教学的时间，用来进行其他学科的学习。并且，在教学过程中，体育课的上课时间也不好，很难满足学生的体育锻炼需求。

体育教学中，在人文理念的影响下，上述教学中的一些问题得到了明显的改善。学校在设置相应的体育教学课程时，开始考虑学生的各方面需求，并且逐渐将学生作为课程中的主体。学校在进行教学内容和课程体系设计时，更加注重学生的个性和性别特点，并且开始根据学生的身体素质水平来提供丰富多彩的、供学生进行选择的体育教学内容。在体育教学过程中，教学工作者更加注重学生的身心发展规律，通过多方面的努力来提高学生的学习兴趣和学习积极性，使得体育教学的效果得到进一步提高。

3. 教学方法的优化

在体育教学改革中，对体育教学方法的改革是重要内容。在人文主义理念的影响下，在体育教学过程中，通过多种形式的改革，改进体育教学的手段，培养了学生的人文精神。作为人文体育教学的重要组成部分，学生在体育教学过程中要得到全面发展，就需要教育工作者对学生的素质教育给予高度重视。

受到人文主义教学理念影响，教学方法进行着优化和发展。教师在人文教学实践中通过不断创造和探索生动有趣的教学方法，使学生能够在教学过程中真正体会到体育运动的快乐，并且能够在运动过程中感受到乐趣和独特魅力，从而形成终身体育理念。

学校在对原有体育教学课程内容进行改革的过程中，运动场馆和运动设施逐渐得到发展和完善。体育运动场馆和设备是教学必不可少的学习环境，通过多方面的建设，不仅能够使学生更好地进行体育运动，还能够使其深入理解体育教学中的人文主义精神。

4. 构建科学的高校体育教学评价体系

在人文教学理念的影响下，教学评价体系逐渐发展和完善。新的评价体系不仅注重对学生进行全面的评价，还注重对教师教学方面的评价。在教学过程中，评价者开始注重"区别对待"的原则，针对教师和学生的不同情况进行相应的评价。

教师在对学生的学习效果进行评价时，开始逐渐重视对多方面的教学效果进行量化分析，并且将定性评价和定量评价相结合，大大提高了体育教学评价的科学性，对于学生认识自身的不足以及获得学习的动力起到了良好的促进作用。

在对学生进行评价时，体育教师将不仅局限于其对技术技能的掌握情况，更加注重对其创新能力、学习态度、意志品质等方面进行综合评价。学校在构建相应的评价体系时，不仅注重其科学性和可操作性，更加注重在评价过程中体现多方面的人文关怀。每堂课完成后，体育教师都要及时回忆每个学生的出勤情况及所有隐性情感的表现，做出较为客观的记录和评价，并善于通过学生在学习过程中的表现来考查学生的情感态度的变化和进步程度，并将学生情感的评价结果作为重要的素材，来保证学习效果评价的合理化和科学化。

5. 加强校园人文环境建设，营造良好的体育教学氛围

在体育教学过程中，良好的教学环境是取得较好的体育教学效果的重要保证。因此，从教学过程看，应加强学校的人文环境建设，营造良好的教学氛围。

人文环境建设并不仅是学校的体育场馆和运动设施等方面的建设，还包括学校的体育文化建设，体育文化建设使学生能够积极主动地参与到学校组织的各项体育运动之中，并且能够全身心地投入。体育运动文化的建设是一个长期的过程，在这一过程中，学生不自觉地受到感染和熏陶，从而认可和接受相应的体育运动文化。高校校园人文环境建设能够更好地营造出体育教学的人文氛围，更好地加强和促进人文精神的培养。

6. 加强高校体育教师队伍建设，提高教师人文素质

在高校体育教学过程中，体育教师对学生产生了更为直接的影响。换句话说，要想贯彻好体育教学中的人文精神，体育教师是关键因素。如果体育教师不具备较高的人文素质，就无法培养出富有人文精神的学生。在教学实践中，无论是体育教师的形象、口才，还是其所具有的知识基础、专业水平、人格力量、道德修养等，都对高校学生人文精神的养成产生了直接或间接的影响。因此，不可否认的是，高水平师资队伍建设是培养学生人文精神的前提条件，加强体育教师的专业素养与人文素质，不断更新知识，是将人文精神融入体育教学的关键。

人文理念对学校体育有着深入而透彻的影响，同时是一种挑战。所有真知都来源于实践，作为体育教育工作者，要想形成一套切实可行、较为科学的课程体系，还有很长的路要走，必须进行观念上的转变，树立以人为本的现代体育观，迎接人文体育时代的到来。人文体育的根本是对全民健身的充分认识，而学校体育是推进全民健身的火种。

第三节　体育教学理念的整合与发展

纵观我国整个体育教育发展史，我国体育教学理念受外国教育理念的影响较大，如捷克夸美纽斯的"大教学论"教育理论、英国洛克的"绅士教育"、法国卢梭的"自然教育"、瑞士裴斯泰洛齐的"和谐发展课程"、英国斯宾塞的"科学教育"、美国杜威的"儿童中心理念"等；进入 21 世纪，瑞士皮亚杰的"建构主义"、美国加德纳的"多元智力"、法国米歇尔·福柯和雅克·德里达的"后现代主义"

等，都对我国的体育教学理念产生了重要影响。在我国，康有为、蔡元培、梁启超、严复等学者的教育理念也占有一定的地位。由此可见，我国的体育教学理念呈现出"百花齐放、百家争鸣"的局面，但其中的大部分理念都很不统一，欠缺一定的科学性和系统性。因此，对我国体育教学理念的整理就显得尤为必要了。

一、理念体系在学校体育领域的应用

我们对整合理念体系框架的实践运用问题也进行了综合思考，从其整体内容来看，已关系到众多领域的众多学科内容，因而其实践应用领域也相对比较宽泛。相关专家教授认为，探寻解决问题的思路要放开去，最后再收回来。本节是由青少年的身体素质持续下降，肥胖、营养不良、近视等现象大量出现引申而来的，因而最后我们还是选定整合理念体系在体育领域的实践应用。

体育、教育虽然是历史发展过程的产物，但与人类社会共存，具有永恒性。经研究，我们认为体育、教育发展的不平衡也是历史发展特定阶段的产物，其影响不言而喻，但也不需要过分紧张。我们认为，身体素质的可持续发展问题也是个历史过程问题，它会随着经济、政治、科技、生态、文化等社会生活水平的整体改善而逐步改变，现阶段如果要求每个人百米跨栏跑都具有刘翔那样的速度及身体素质也不现实，但身体素质持续下降也是有范围的。有学者说："身体素质的下降已严重影响了中国新兵兵源的招募，进而严重影响了国防力量，这样长期下去将会严重影响人类的进化过程，甚至是遗传和变异的良性循环。"仔细分析也不无道理。

我们应该辩证地分析青少年身体素质发展的各方面问题。虽然身体素质下滑是多种因素导致的社会现象，但通过研究我们发现，问题解决的落脚点和切入点还得从基础入手、从学校入手。因为从年龄层来看，学校教育是人生成长过程中重要的基础阶段，尽管有各种各样片面的体育教育教学认知影响了学校体育工作科学合理和谐地运转，但相比之下，我们也不是就无所作为。我们从众多城市公园晨练的实践中观察，发现人们的体育锻炼整体意识与多年前相比还是有所提高、有所改善的，同时发现这些锻炼群体年龄结构集中于时间比较宽裕的中老年阶层。这种身体锻炼环境氛围对青少年身体锻炼起着促进作用，但没有解决目前青少年身体素质下降等实质性问题，仍需另寻出路。要想解决青少年身体素质持续下降、肥胖、营养不良及近视等问题，就得弄清楚这些问题的根源，这样我们才能有的放矢。现就青少年健身强体问题分析如下：

青少年体育锻炼健身几大问题：

（1）很大一部分学生的体育科学理念有待增强。他们几乎不锻炼，在学校只过着循环简单重复的"三点一线"生活。他们没有认识到体育锻炼过程具有强身健体、促进正常发育、调节增强大脑机能和改善神经支配能力以及增强社会适应能力等方面的功能和作用。

（2）少数学生认为自己体育基础薄弱、身体素质一般，就主动退出或回避体育锻炼。其实，大众日常体育运动并不要求过高的身体素质。我们可以从简单的广播体操、慢跑、羽毛球、乒乓球、跳绳等项目做起，逐渐提高自身的身体素质。

（3）众多学生锻炼时不注重做准备活动和整理放松运动。锻炼前如果不做准备活动，内脏器官功能惰性等因素就会影响我们的体育锻炼运动能力，也易导致运动损伤；锻炼后不做整理放松运动，会增加心脑血管、呼吸系统负担，对健康也会产生不利效应。

（4）众多学生缺少持之以恒地坚持每天锻炼的习惯。科学的体育锻炼必须遵循经常性原则和渐进性原则，体质的增强是日积月累的漫长过程。我们真心地希望每个同学都能把体育锻炼当作日常习惯，并养成终身体育锻炼意识。

（5）众多学生体育锻炼的项目过于单一。中学阶段正值身体发育的第二个黄金时期，他们的心肺、血管、大脑、身体等都具有很大的潜力可开发，只有全面地、系统地、多元化地进行体育锻炼，才能使他们更加全面均衡地成长和发展。

对学生这些健身过程的实际因素进行科学辩证分析我们不难发现，基础教育、体育基础教育运作过程有待进一步完善和加强，怎样才能使学生具备科学的体育锻炼意识及其良性循环实践应用是迫切需要我们解决的问题。在多年的教育教学工作实践中我们也发现，中学阶段学校生存和发展明显受到以升学率为核心的指挥棒影响。无论从质上还是从量上来看，一般情况下，考试能反映事物的内在运行规律。当然，我们也要重视其运作过程的负面影响。虽然现在的运行模式有巨大的功效，但学生的身体健康也是需要我们认真思考的问题，因为人是事物的主体，失去了人本身这个载体，再多的财富又有何意义呢？这也是我们家长、教育工作者及社会都希望得到科学解决且很现实的问题。我们以科学认识世界、深化物质多样、普遍联系发展、辩证唯物历史、人民群众创造、全面务实实践、德是灵魂、智是核心、体是源泉、美是神韵、能是根本、人是升华、相关规律为依据及创新为过程的综合性理念体系框架来武装我们的头脑，进而处理我们学习、生活和工作中的一切问题。也就是说，不仅要从事物内在要素去找答案，而且要从与事物相关的多要素中去发现问题。这样我们就能很自然地得出：

（1）内因。首先，改革和完善教育环节、体育环节，用科学的思想理念体系武装我们的教育、体育及相关要素内容，使我们的教育教学对象主体生活在一个科学而理性的成长环境中。其次，是到位。学校应该开展的课程、活动不能只流于形式，而要有全面务实的实践观。

（2）外因。对这个问题的认识我们认为非常重要，因为经济基础决定上层建筑，上层建筑的反作用在一定时间和范围内将会长期影响经济基础，在教育上表现为教育生产力的解放和发展，尤其是现在人们的思想文化水平还未达到相当层次的时候。经过研究，我们认为教育部应将体育教育学科纳入高考内容，这也是本书对当前青少年健康问题的解决做出贡献的重要思想。科学文化理论知识能通过考试等方式来推动和运行，体育科学理论与实践同样可以通过考试来推动和运行，并使之健康良性和谐发展。

二、体育教育理念整合对我国体育教学的影响

（一）国外体育教学理念的整合

对我国体育教学发展进行研究，我们发现，中国体育教学发展史是移植、吸收、内化国外教育理论，并不断进行中外文化交融，实现中国体育教学学科现代化、科学化的历史。对国外教育理念进行整合与研究，不仅可以帮助我们更好地了解国外先进的体育教学理念，也能帮助我们更深刻地了解中国体育教学现代化演进的脉络和发展现状，从而为我国体育教学的发展奠定坚实的基础。

国外体育教育理论与理念的引入对我国体育教学的发展产生了积极的影响，但也存在一定的局限性。因此，我们在探索与研究中国体育教学理念发展的过程中，要采取辩证的眼光看待国外教育理论与理念的引入，既不能全盘否定，也不能照搬照抄，而应取其精华、去其糟粕，对其进行扬弃式吸收，这样才能更好地促进我国体育教学的发展。

（二）我国体育教学理念的整合

近代以来，我国著名的理论家有很多，他们大都接受过外国教育，他们的理念大多是中外文化结合的产物，研究这些理论家的教育理念对我国体育教育的发展具有重要意义。实际上，对这些理论家的研究基本上是零星式的，缺乏一定的系统性，没有形成一定的研究体系。因此，综合研究、系列研究、比较研究他们的教育理念、体育理念对我国体育教学的改革与发展具有极为重要的作用。

三、加强国外与我国体育教学理念之间的融合

受主客观等方面因素的影响，国外与我国体育教学理念之间存在较大的差异。因此，比较与融合中外不同的体育教学理念，指出二者之间的差异非常有必要。

通过对比，我们既要吸收外国体育教学理念中优秀的部分，又要摒弃其糟粕；既要总结我国体育教学优秀的理念，也要放弃不合时代的内容，还要比较中外文化背景差异，比较中外体育教学理念的共性与差异性，从共性中寻找结合点，从差异性中寻觅不同的功能，把中外体育教学理念有效地整合起来，从而促进我国体育教学的发展。

四、深入研究体育教学中存在的各种矛盾

在体育教学中存在各种矛盾，如何采取恰当的方法处理这些矛盾是保证教学工作顺利开展的关键。在体育教学中存在的主要矛盾有传授知识（运动技术）与掌握技能之间的矛盾，学生身心发展的矛盾。

（一）在体育教学中存在传授知识（运动技术）与掌握技能之间的矛盾

一般来说，运动技能的形成具有自己特定的规律，但是需要传授的运动技术（教材）却很多。因此，在教学实践中存在大量的低水平重复或者是学而不会的现象。究其原因，是在教学设计过程中没有遵循运动技能形成的规律，教材选用得不合理，教学方法不恰当，考评标准不合理等，导致最终的结果是学了体育十余年，真正掌握的运动技能寥寥无几。因此，正确处理掌握知识与运动技能之间的关系，需要转变旧有的理念观念，将这一理念贯彻在实际教学中。

（二）在体育教学中还存在身心发展的矛盾

身心发展观是坚持一元论还是二元论是一个哲学与世界观的问题。我们在体育教学理论与实践研究中往往会有所偏颇，体质论学派长期坚持身体发展论，认为体育教学的重点应该是发展学生的体质。目前，有的学者大力提倡体育教学发展学生的心理与社会适应能力方面的功能，把心理发展推到体育教学功能的前台，这些都是不合理的。对于体育教学而言，身心发展是一元的，学生的身体与心理都需要借助运动技术传习这个手段实现和谐发展的目标。我们只有秉持这个理念，体育教学理论与实践研究才不会走偏。

第六章　高校体育教师的角色转换与素质提升

高校体育教学中"教师、学生"双主体教学方式的转换是实现"快乐体育""健康体育"的重要途径，也是新课程和教学改革深入的具体要求。但在实际教学中，学生身体素质水平下滑严重，究其原因，教学中理论与实践存在的强烈反差，即教师、学生的教学主体理念转换过程缺少实践经验，因而产生矛盾，直接影响着改革的深入和教学目标的实现。本章分析体育双主体教学，旨在强调高校体育教学的理论指导价值和实践操作依据。

高校体育选课制的出现符合"以学生为中心（主体）"的教育理念及体育教育改革深化的方针路线，且已提倡和要求多年。但在实践过程中，高校体育教学如何实现学生身体素质的提高是摆在广大体育教师面前的一个重点课题。一方面，要求体育教学中实现"快乐体育""健康体育"的教学思想及"以学生为主体"的教学理念；另一方面，要求全面提高学生的身体素质水平及"以教师为主体"的教学似乎成为两个矛盾的主体。本章从教学理念上分别对"以学生为中心"和"以教师为中心"两方面的教学主体进行阐述，再次论证这两个矛盾的主体是相互依存、相互补充、相互发展的，并不是对立的。另外，强调在高校体育教学中应当以科学发展观为理论指导，灵活机动、科学有序地完成体育教学工作，推进高校体育教学改革的深入。

第一节　高校体育教师的角色转换

一、相关概念

（一）角色

"角色"一词是戏剧中的固有名词，指演员根据剧本在戏剧舞台上扮演的戏剧人物。美国著名社会心理学家米德（GeorgeH. Mead）最先将"角色"这一词引入社会心理学及社会学领域，称为社会角色。人类学家林顿认为，"角色是与地位结合在一起的，一个人占有的是地位，而扮演的是角色，个体在社会中占有与他人地位相联系的一定地位，当个体根据他在社会中所处的地位实现自己的权利和义务时，他就扮演着相应的角色"。美国学者蒂博特和凯利从三个方面对角色概念进行阐述："首先，角色是社会中存在的对个体行为的期望系统，该个体在与其他个体互动中占有一定的地位。其次，角色是占有一定地位的个体对自身的期望系统。最后，角色是占有一定地位的个体外显的、可观察的行为。"

（二）教师角色

随着角色理论的发展，教师角色也在各种文献中被频繁使用。瑞典教育学家胡森（T. Husen）主编的《简明教育百科全书》中对教师角色的内涵从三个方面做了解释：

（1）教师角色就是教师行为，主要指教师在工作环境中，即在学校和课堂上的行为。

（2）教师角色就是教师的社会地位。

（3）教师角色就是对教师的期望，不仅包括学生、家长、学校领导、社会公众对教师的期望，也包括教师对自己的期望。这三种认识相辅相成。

Kathryn. K. Noori 在其研究中认为，"教师与学生都是学习者，在学习中构建自己的知识体系。同时，教师必须在观察学生、帮助学生中发展自己的能力，主要包括营造良好环境，帮助、敦促学生发现问题和做出理论假设"。

顾明远主编的《教育大词典》中对教师角色有这样的定义："教师与其社会地位、身份相联系的被期望行为，主要包括两个方面：一是教师的实际角色行为；二是教师角色期望。教师角色即社会所期望的教师个人表现的行为模式，它既包括社会、他人对教师的行为期待，也包括教师对自己应有行为的认识。"

教师角色不是一成不变的，它随着教师活动时空的变换而不断发展和转换。随着时代的变迁，人们对教育的关注，社会对教师角色的期望也在不断发生变化。正是教师角色的多样性和丰富性使得教师不得不在各种角色之间进行转换。

（三）体育教师角色

体育教师作为从事学校体育的工作者，不仅是学校体育教育目标的实行者，也是实现学校体育教学任务的执行者。我国高校教科书《教育学》第五章第三节中明确指出，"体育教师是向学生传授体育知识和卫生保健技能，培养运动能力和良好的卫生习惯，促进正常发育，增强体质，培养全面发展的新人"。

从体育教师体现的职业特点、享受的权利和履行的义务以及国家社会、学校家庭、学生家长对体育教师角色的期望来看，体育教师角色是指与其身份和社会地位相一致的一系列权利和义务的规范与行为模式，这是人们对体育教师具有的高尚品德、良好的职业道德、较高的教学能力、扎实全面的体育运动技术、丰富的体育理论知识所表现出来的期望，它构成体育教师这一特定的群体。

二、国内外对教师角色的研究

（一）国外对教师角色的研究

美国社会学家米德在 20 世纪初将角色概念引入社会心理学中，用以分析在不同情境中个体应有的行为方式。他认为，"个人是各种角色的总和，角色代表对占有一定社会地位的人所期望的行为"。教师角色被引入教师研究中正是因为角色理论在西方的产生。

1. 国外传统教师角色定位

传统的教师角色受科学主义与宗教的影响，是建立在宗教压迫和中世纪封建统治之上的。因此，传统的教师角色观展现着基督教的烙印，定向于超个人化，个人应该趋向于其他人、其他社会群体和其他文化。教与学是通过在其他人的思想和感情里认识个人自我来超越差异的一种对话。社会实际上是他人的错觉，而这种错觉是由个体自身创造的。教育应该是超越个人自身和他人的分界线的过程。教师是"神父"，学习者便是"教徒"，是学者们对传统教师的角色定位。

2. 国外现代教师角色定位

教师角色慢慢地从封建和宗教的牢笼中解放出来是伴随着文艺复兴和宗教改革实现的。从社会学的角度，学者们把教师角色归结为"组织者角色、管理者角色、咨询者角色、交流者角色、职业角色、革新者角色、伦理者角色、政治角色和法律角色"。在学习化社会与信息化的趋势下，当代的教师角色的探讨逐渐开始转向"以学生为中心"，并且扩展到教育社会心理学的领域，而且取得了十分丰硕的成果。因此，从社会心理学方面，学者们对教师角色进行了归纳和总结，以感情因素为标准从消极到积极分为"侦探和纪律执行者""替罪羊""家长的代理人""知识的传授者""团体的领导""模范公民""治疗学家"和"朋友与知己"。此外，也有学者认为"应把教师视为先知、导师、课程创造者、学科设计者和文化诠释者"。

国外对于教师角色问题存在几个主要的理论学派，简要梳理如下：

（1）符号互动论的教师角色观

人所处的社会是一个互动的群体，其间有具体的符号形象、意义作为双向沟通、交流的纽带。个人在所处的互动实体里展现的行为不是单向的形象（符号）传达，而是相互影响的，在双向的影响过程中，个人对社会的影响并不是被动接受的，而是能主动接受、拒绝或调整社会影响。符号互动论者认为教师是与环境中的成员不断进行互动的，其角色"自我"会受到权威参照群体、服务对象、同辈团体等的期望和影响，因而会不断改变与修整"自我"的角色表现。

（2）冲突论的教师角色观

冲突论与功能论不同，其对社会秩序的看法不强调社会秩序的稳定、平衡与发展，而是重视对不稳定状态——社会冲突现象的剖析。个人在冲突状态中可以通过自主的理性行动在不断沟通和反省的社会行动中展现。也就是说，个人与社会是处于相互辩证、不断发展的动态关系中。因此，冲突论者不强调让教师习得特殊预定的规范技能，而是要教师不断地认识冲突的情境，协同冲突的理性去自觉寻找最为合理的权力分配方式，创造最为合理的教育秩序。

（3）结构功能论的教师角色

社会的特征是稳定均衡的整体，很少有激烈的变迁，每一社会体系为了达到这种和谐均衡的发展功能，都必须依赖彼此协调合作的结构运作，因为个人存在于"社会角色"的结构中，其具有某种身份地位，与其他成员之间的角色关系是密不可分的。在任教学校的社会体系中，教师是教学者的角色；在班级社会体系中，教师领导着学生，扮演着领导者角色；在学校社会体系中，教师是被领导者，受到校长、相关行政人员的领导，其主要角色参照为校长、学校行政人员、同事、家长、学生。在此角色链条中，制度化的校长领导、科层化的学校组织是构成教师角色期望的要素。美国社会学家米德将角色概念引入社会心理学研究中，表示教师与学生的非正式关系，对教师角色行为产生了一定的影响。因而，就功能派的观点而言，教师所在的学校体系、学校之外的社会文化结构以及人格体系结构共同构成了社会角色期望与规范的环境力量，这些环境力量透过角色期望与规范的影响作用决定着教师的角色态度、价值和行为。

（二）国内对教师角色的研究

1. 国内传统教师角色

孔子认为师者要教的是"人生之学"，是"平治天下的大道"（《论语·里仁》）。也就是说，教师是道德示范者的角色。唐朝的韩愈在《师说》中提到："师者，所以传道授业解惑也。"认为教师是传授道理、讲解知识、解答疑问的人。传统教师角色深受中国封建思想影响，是维护封建统治的产物。因此，在教学中，传统的学校教育过分强调教师的权威和尊师重道，认为教师是教学过程的统治者。因而，师生关系就变成了统治与被统治的关系。传统教师的角色是"教书匠""知识权威""春蚕""蜡烛""园丁""人类灵魂的工程师""真理的代言人""人梯""铺路石"。

2. 国内现代教师角色

随着社会的变迁，封建思想受到了抨击，近代教师与古代教师的角色发生了本质性的变化。学者与专家对教师是"园丁""蜡烛"等隐喻中的教师角色进行了重新思考，尽管这些教师角色蕴藏着深刻的道理，但是仍然存在弊端。自新中国成立以来，在新课改的进程中，我国对教师角色也不断进行着探究与钻研。学者们纷纷从网络教学角度、社会学角度、综合视野的角度等对国内教师角色进行了深刻的研究，也有学者对教师专业化中的教师角色、教师职业中的教师角色和教学关系中的教师角色进行了探讨。新型的教师角色受到重视。教师是教书育人、言传身教的教育者、学生集体的组织者、学校与社会的沟通者、智力资源的开发者、文化知识的创造者、心理健康的指导者、未来生活的设计者、教育现代化的开拓者。

3. 国内对体育教师角色的研究

（1）新课改背景下的体育教师角色

体育与健康课程基本理念和指导思想的转变对体育教师的角色进行了重新定位。学者们指出，体育教师应具备体育教学设计、课程内容的呈现、课程内容的改造、体育教学的调控、运用现代教育技术、进行相关学科拓展及开展体育科学研究的能力。同时，在教育观念上也要进行转变，由"教师中心论"向"学生主体论"转变；由"教材为中心"向"健康为中心"转变；由"内容衍生目标"向"目标引领内容"转变；教学方式由"传习式"向"学导式"转变；学习评价由"统一标准论"向"关注个体差别论"转变。因此，体育教师应该是课堂教学的设计者、学习内容的提供者、学生消除困惑的帮助者以及指导者、培养者、研究者、传道者、示范者、管理者、授业者和解惑者的角色。

（2）专业化下体育教师角色特征

世界教师教育正向教师专业化的潮流和趋势发展，这也是我国教师教育改革的目标和发展方向。体育教师专业化指体育教师在专业知识、专业学习方法和专业精神等方面不断丰富与成长发展的过程。学者们指出，体育教师专业化呈现的发展趋势使体育教师在知识结构、发展理念和角色定位上要进行转变。总的来看，体育教师应该是集"学生学习的促进者、体育课程的研发者、课外体育的引导者和体育文化的创造者、体育教育的研究者等多种特征于一体的复合体。"

（3）新时期体育教师应突出时代性

时代与社会的变迁通常也会体现在教师角色上，这就决定了对教师角色的理解与认识应随着时代发展和社会进步而变化。新时代背景下的体育教师必须从传统角色中走出来，牢牢建立并体现对个体生命尊重的核心理念，引领学生生命教育，保持学生的可持续发展，并最终形成终身发展能力的教育目标。此外，新时期的体育教师也应该是一个集运动机能的传授者、自强不息的学习者、课余体育的引导者、体育教育的研究者、体育文化的创造者以及健康教育的兼职者等多种特征于一体的教育者。

通过对体育教师角色相关文献的分析可以总结出，学者们均是从理论角度对体育教师的角色进行研究，包括体育教师在新课改背景下的角色转换研究、专业化下体育教师的角色特征、新世纪对体育教师提出的新要求等。本研究将从实证角度着手，以社会学为视角对体育教师的角色进行研究，通过对国家社会、学校家庭、教育方针政策等的了解，总结出社会学视角下体育教师的角色、学生对体育教师的角色期望与体育教师对自我角色认知的差异、影响体育教师角色转换的因素，最终为体育教师更好地与社会期望的教师角色相适应和协调提出策略和建议。

三、新时期高校体育教师角色转换现状

新中国成立以来，我国体育教育界通过几代人的不懈努力与追求，普通高校的体育课程教学在不断改革与发展，并取得了很大的成就。如体育课程对改善学生的体质健康状况发挥了重要的作用；"增强学生体质"已成为体育工作者的共识；教材的选择性加大、多样化有所体现、教学质量逐渐提高，等等。但是，随着社会的进步和我国教育事业的发展，普通高校体育课程也出现了一些不能适应时代发展、有待进一步解决的问题。如在体育教学观念上仍存在技术教学观念、竞技运动教学观念等观念上的误区；在教学内容上，仍存在无助于健康的、过时的教学内容等；在教学形式上，仍存在以教师为中心的、过于严密的教学组织形式等；在教学方法上，仍存在传授式、系统教学法等陈旧的教学方法，等等。因此，为了全面贯彻党的教育方针，促进学生的健康发展，使当代大学生成为社会主义事业的建设者和接班人，根据《中共中央国务院关于深化教育体制改革全面推进素质教育的决定》和国务院批准发布实行的《学校体育工作条例》的精神，在总结高等学校体育课程建设和教学改革经验的基础上，由教育部制定并颁发了《全国普通高等学校体育课程教学指导纲要》（以下简称《指导纲要》）。《指导纲要》在课程性质、课程目标、课程设置、课程结构、课程内容与教学方法、课程

建设与课程资源开发、课程评价等方面都较以往有重大创造和突破。这种具有时代特色、富有创造性的变革对于实施课程的主体——高校体育教师的素质提出了更高的要求，给高校教师带来严峻的挑战和不可多得的发展机遇，同时给我们带来体育教学改革对体育教师角色的期待。

（一）期待教师具有全新的教育观念

观念是人类高层次心理需要的反映，能产生强大的内驱力。《指导纲要》在确定体育课程内容的主要原则中明确指出，"把健康第一的指导思想作为确定课程内容的基本出发点，同时重视课程内容的体育文化含量""要以人为本，遵循大学生的身心发展规律和兴趣爱好，既要考虑主动适应学生个性发展的需要，也要考虑主动适应社会发展的需要，为学生所用，便于学生课外自学、自练"。它突出体现了普通高校体育应全面贯彻"健康第一"的指导思想和树立"以学生的发展为本"的教育观念的客观需求。在当前高校体育教育教学改革和发展的形势下，我们高校体育教师应主动更新自己的教育观念，突出认识和关注学生的"主动性发展"，牢固树立"以人为本，健康第一"的教育观念，确实为学生的健康考虑，不断改进教学内容和方法，面向全体学生，尊重学生的个体差异和自主发展，培养学生的创新精神和能力。

（二）期待教师具有时代创新精神

《指导纲要》中明确指出，"教学内容要与学科发展相适应，反映本学科的新进展、新成果""学校应根据学生的特点以及地域、气候、场地设施等不同情况确定课程内容，课程内容应力求丰富多彩，为学生提供较大的选择空间"。可见，新时期高校体育课程教学内容的选择具有很强烈的与时代发展相适应的多样性。由于学校体育工作是在时空中不断发展与变化的，其工作对象、条件与环境也处于不断发展变化的状态。因此，广大教师要想很好地适应当前高校体育教育教学改革和发展的需求，需要具备宽厚的基础知识和多层次、多元化的复合型知识结构，需要有敏锐的洞察力和与时俱进的创新精神，随时了解并掌握社会发展对高校体育产生的新影响，保持随机应变的灵活性和适应性。同时，应具有创造性的教学模式与方法，及时调整自己的教育教学工作，不断以新的工作方式、方法积极有效地指导学生主动学习，适应新形势发展的需要，使自己永远处于工作的主动地位。

（三）期待教师具有良好的综合能力素质

《指导纲要》中明确提出，"为实现体育课程目标，应使课堂教学与课外、校外的体育活动有机结合，学校与社会紧密联系，要把有目的、有计划、有组织的课外体育锻炼，校外（社会、野外）活动，运动训练等纳入体育课程，形成课内外、校内外有机联系的课程结构"。这就要求新时期的高校体育教师不仅要有高超的体育课堂教学艺术和运动训练技巧的能力，充分调动教师和学生双方教与学的积极性，充分发挥教师的主导作用和学生的主体作用，促使学生掌握终身锻炼身体的技术、技能，培养学生终身体育锻炼的意识和习惯，结合有目的、有计划、有组织的课外体育锻炼，校外（社会、野外）活动，加强学校体育与社会生活的紧密联系，努力拓宽学生从事体育锻炼的途径，丰富社会知识，增强社会适应能力，还需要在知识经济时代社会信息量进一步扩张（增大）的条件下，努力实现自身体育科学及相关学科知识拥有量结构性的整体跃迁，能够及时准确地分析体育与健康问题和提供运动处方，全面开展指导体育锻炼，促进康复、健身、健美等社会工作能力提高，不断开拓高校体育工作的新领域。

四、新时期高校体育教师角色转换分析

（一）从师生关系看教师角色转换

师生关系是教学中的基本关系，良好的师生关系是顺利完成教学任务的保证。由于受旧教育观念的影响，传统意义上的师生关系突出强调教师的权威地位，强调体育知识、技术、技能的传授，相对忽视学生的主体地位和需求，"师道尊严"在体育教学中同样普遍存在，学生始终处于一种被动的学习状态下，按照教师的意愿和口令来完成教学任务，学生的主动创新意识被忽略，师生关系一般。在当今倡导"以人为本，健康第一"教育观念的背景下，广大高校教师需要努力转变观念，牢固树立"以学生发展为本"的教育理念，摆正自己在教学中的位置，重视建立新型的师生关系，充分发挥教师的主导作用，充分体现学生学习的主动性和创造性，努力实现教师角色的相应转换，促进学生的健康发展。

（二）教师要实现体育知识技能的传授者向学生自主学习、锻炼的引导者的角色转换

在传统教育中，知识技能的传授是体育教学活动的主要内容，教师是体育知识技能的传授者，学生获取体育文化知识主要是通过教师在体育教学和训练中的传输、教导来完成的，教师决定着学生学习和训练的内容、进程和方式。但在知识经济时代，随着网络技术的高速发展，信息高速公路的开通，学生获取体育文化知识的渠道呈现出多样化的特征，仅依靠教师在体育教学和训练中的传输、教导已不能适应当代大学生自主学习的发展需要。体育教师的社会角色应更多地体

现为学生学习资源的提供者、学习技巧和媒体资讯的咨询者、学生独立研究性学习的指导者、心理问题和学习障碍的诊断者。因此，广大教师应积极调整自己的角色，实现体育知识技能的传授者向学生自主学习、锻炼的引导者的角色转换。

（三）教师要实现体育知识技能的传授者向学生智力资源的开发者的角色转换

在传统教育中，体育教师非常重视体育运动知识、运动技能的"教"的传授，相对忽视促进学生"人"的发展，以"教"定"学"，让学生配合和适应教师的教。教师重视的是"跟我学，跟我做"，学生可以不知其然，更不必知其所以然，重机械训练，轻创造性培养。长此以往，学生逐渐习惯于被动学习，助长了学生学习的依赖性，同时扼杀了学生的创造性，不利于学生潜能的开发和身心发展。随着终身教育、终身体育的发展和理念的逐步深入，体育锻炼应贯穿于学习者的一生，体育教学应使学生的潜能得到充分发挥，使不同学生的个性得到自由和谐的发展，学生不再是体育运动知识、运动技能的"接受器"。因此，体育教师在教学与训练的过程中不仅要向学生传递人类已有的体育运动文化知识、运动技能等间接经验，让学生掌握从事终身体育锻炼的基本知识和技能，更应转变教育教学观念，增强创新意识，善于根据高校体育教学工作的实际，针对学生不同的个性特点、学习类型、学习风格，灵活运用各种教育方法、手段，因材施教，关注学生的情感体验，培养学生创造性学习的能力，促进每个学生都得到适合自己个性特点的最大化和最优化的发展。重视学生智能资源的开发，重视学生获取体育文化知识技能及创造性学习能力的提高，突出学生智力本位的个性发展和促进学生个体整体素质的提高。

（四）教师要实现体育知识技能的传授者向学生身体心理健康的指导者的角色转换

众所周知，体育活动对增进学生身体健康有积极作用。实际上，体育活动既是一种身体活动，也是一种心理活动和社会活动，它既能促进学生的身体健康，也能改善学生的心理健康和社会适应能力。由于知识经济给现代社会发展带来了巨大的影响，未来社会人的生存压力增加，竞争日趋激烈。大学生由于自身的生理、心理发展特点，加之处在人生观、世界观、价值观形成的关键时期，心理健康问题日益突出且变得越来越复杂。因此，加强心理健康教育已成为学校体育教育的重要内容之一。需要广大教师积极承担学生的心理医生、心理卫生保健者和指导者的角色，做好学生心理问题的咨询工作，用自己积累的心理健康知识为那些有心理困扰和心理障碍的学生提供及时、有效的指导和帮助。同时，利用体育教学训练的特殊手段开展多方面的心理健康教育活动，依照心理健康的原则，维护学生的自尊心，消除学生的紧张和焦虑，释放、迁移学生的不良情绪，积极引导学生养成乐观向上、积极进取的生活态度和独立勇敢、坚忍不拔的意志品质，以及严于律己、团结协作的优良作风。

五、从教师自身发展来看教师角色转换

（一）教师要成为终身学习者，未来社会将是终身学习的学习化社会

教师只有再度成为学生，才能与时俱进，不断以全新的眼光观察和指导整个教育过程。21世纪，体育科学发展很快，为完成社会赋予高校体育教师的使命，体育教师需要有广博的文化基础知识，精深的专业科学知识，系统了解体育学科的发展史、现状和未来发展的趋势，适应时代发展的要求，掌握和运用现代教育技术手段，促进体育科学的建设与发展。此外，还应紧跟时代的步伐，通过继续教育（目前在我国教育改革发展进程中，比较重视中小学体育教师的继续教育，并制定了相应的政策及一系列保证质量和效果的规章制度，但是对于高校体育教师的继续教育问题却未有明确的规定。我们认为，新时期高校体育教师同样需要而且更加需要通过继续教育紧跟我国教育事业和学校体育发展的步伐，不断更新自己的知识，进一步提高自身的专业素质和教育教学管理能力）认真学习当前高校体育课程改革的先进理念，以全新的视角审视并切实走进新课程，及时了解和掌握新兴的教育理论和方法，充实丰富教学手段，提高教学效果。因此，新型体育教师应树立大学习观，利用一切机会和途径做一名学习的有心人，长期坚持，不断进取，更新知识，以满足社会发展和未来教育教学工作的需要。

（二）教师要成为研究者

教师进行教育科学研究活动无论在教育理论知识体系的构建方面，还是在解决实际的教育教学问题从而推动教育教学实践发展方面，都有其不可替代的重要价值。教学过程实际上就是科学研究的过程，是提高体育教师教学业务能力的重要途径。体育教师要想适应当前教育教学改革的需要，促进学生的健康发展，提高新时期人才培养的质量，作为一个科学研究者，就要善于对自己的教学进行研究，不断地对自己的教学进行反思和评价，结合教学实践在工作中总结自己成功的教学经验，发现和分析其中存在的问题，将其上升到体育理论的高度，并提出相应的改进方案，不断在研究中掌握和运用先进的教学方法，形成新的理论知识

充实到体育教学实践中，用先进的理论指导自己的教学工作，做一名有建树的学者型体育工作者，使自己始终站在学科发展的前沿，以提高自己教学、训练、科研工作的实效。

《指导纲要》的推广实施必将推动教师观念的更新，需要教师行为发生与之相适应的变化。新世纪普通高校体育课程教学改革期待教师具有全新的教育观念、时代创新精神和良好的综合能力素质。在当前《指导纲要》颁布和实施的大背景下，教师应不断地进行角色转换、角色适应、角色调整等，从而更好地完成普通高校体育教学全面促进学生健康发展的任务。当今在教师角色的重塑过程中，需要我们广大高校体育教师从新型师生关系、教师自身发展等角度重新认识自己的角色特征，努力实现从体育知识技能的传授者向学生自主学习、锻炼的引导者、学生智力资源的开发者、学生身体心理健康的指导者的角色转换。同时，教师应成为终身学习者和研究者。

第二节　高校体育教师的角色定位与素质要求

新一轮教育改革浪潮正在全世界掀起，许多国家围绕提升教育质量纷纷推出改革举措，以保持教育领先地位，增强国家竞争优势。结合国际形势与我国实际，教育部发布的《国家中长期教育改革和发展规划纲要（2010—2020 年）》（下文简称《纲要》）指出，提高质量是我国高等教育发展的核心任务，是建设高等教育强国的基本要求；确立了"人才培养"在高校工作中的中心地位。胡锦涛同志在2010 年全国教育工作会议上强调，要把促进人的全面发展、适应社会需要作为衡量教育质量的根本标准。但是，我国当代大学生的综合素质与党和国家要求的"全面发展"尚有一定的差距。"培养全面发展的高素质创新人才"的一贯教育思想，严峻的国际竞争形势，均对当前我国高等教育改革提出了新的要求。

"体"是我国教育目的提出的人才培养规格与方向（即造就德智体美劳等全面发展的社会主义事业的建设者和接班人）的重要方面，体育对培养全面发展的高素质创新人才具有突出而特殊的教育价值，是学校教育不可或缺的重要组成部分。但是，当前高校体育课程目标的达成并不理想，体育课程的育人价值未得到充分、完全发挥。为适应我国高等教育改革，高校体育课程必须从教育观念、教学方法、教学模式、教学手段等方面进行相应转变。体育教师是体育教育与教学改革的执行者，是影响高校体育教学改革成效最重要的变量。因此，在高等教育国际竞争日趋激烈、我国高等教育改革亟待进行的关键时期，为了适应体育教育改革的需要，体育教师转换角色、完善素质是首先要解决的问题。由此，深入思考与研究体育教师如何重塑素质，提升教学质量，真正发挥"人类灵魂与健美工程师"的独特育人功能，直接贡献于"培养全面发展的高素质专门人才和拔尖创新人才"战略主题，既是对我国高等教育改革文件精神的积极响应，又是一项促进学生成长成才的现实课题。

在高校教育改革的新时期，体育教师需加强学习，坚持树立与时俱进的教师观、教育观、教学观与质量观，努力成为学生学习的引导者、启发者、指导者、促进者。教育部《关于加强高等学校本科教学工作提高教学质量的若干意见》明确指出，高等学校教师的师德和教风不仅直接关系到教学质量，也对学生形成世界观、价值观、人生观有着直接影响。体育教师素质的高低不仅直接决定体育教学效果与质量好坏，对学生组织纪律性、勇敢顽强的意志品质以及进取精神的养成也能发挥显著作用。结合"培养全面发展的高素质创新人才"的培养目标，体育教师应清醒地意识到自身的神圣使命与职业特点，积极提升综合素质，提升教学能力，提高教学效果，使学生真正受益。

一、高校体育教师角色的重新定位

体育教师是体育教学活动的施动者，是能够对人才培养产生重要影响的关键因素之一。在高等教育改革的新时期，在"全面发展的高素质创新人才"培养目标的指引下，高校体育教师的定位（见图6-1）应着重凸显"育人"职责，并通过多种角色来实施。

（1）体育知识的传授者。高校体育教师首先应是体育技能、健康知识的传授者，是发动、指导和评定大学生体育学习的人。

（2）学生的榜样。作为"伦理化身"与"道德楷模"，体育教师的教学与处世态度对学生的模仿性学习十分重要，教师应该成为人格修养的楷模。

（3）集体的领导者。高校体育"分层选项"教学班是由不同专业、年级学生组成的"临时教学班"。教师的不同领导方式和策略会影响学生的个性发展。

（4）人际关系的艺术家。体育教师必须采用技巧创设融洽和睦的班级氛围与积极学习的情景，改善"临时教学班"凝聚力缺乏、学习氛围淡薄的现状。

（5）心理辅导者。体育教师要充当心理辅导者的角色，消除心理异常、身体残疾学生因学习苦、难而产生的负面情绪，使每名学生都能成为身心健康的人。

（6）学者和学习者。体育教师要坚持学习掌握新技能与新知识，使自己成为体育、健康、生理、营养等方面的学者和运动高手，满足大学生的求知欲望，启发他们的创新思维。

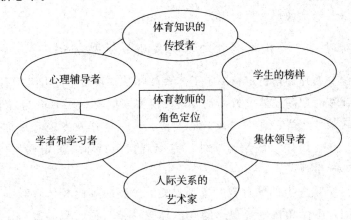

图 6-1　新时期高校体育教师的角色定位

二、新时期"高校体育教师基本素质"模型

（一）培养全面发展的高素质创新人才对高校体育教师素质提出的新要求

新时期体育教师素质不能适应高校人才培养需求的具体体现为：

（1）思想道德素质——政治、道德素质基本合格，对职业素养的养成缺乏重视。

（2）科学文化素质——两极分化趋势明显，本科、硕士、博士教师各有所短。

（3）教学能力——"讲解—示范—练习"的传统教学方法仍唱主角。

（4）专项技术能力与科研能力难以兼顾——具备本科学历的教师科研能力相对薄弱，具备硕、博研究生学历的教师专业技能与学科知识水平差异明显。

要培养适应社会需求的"全面发展的高素质创新人才"，当代高校体育教师的素质应着重从如下方面进行提升和加强：

（1）以高尚的职业道德激发学生体育学习的兴趣爱好——应更加注重职业道德的修炼。

（2）以良好的公民道德潜移默化地影响学生的道德观念——内化公民道德素质

（3）通过创造性教学调动学生学习的积极性——需特别注重提升创造性设计教学策略的能力

（4）转变观念，寓教育于体育教学，达到引导学生树立正确人生观、价值观的明显效果——相应地提升教育能力。

（5）通过对体育及相关学科知识的深入、系统研究，以科研促教学，启发学生创造性思维——全面提升科研能力。

（二）新时期"高校体育教师基本素质"模型分析

新时期体育教师的角色定位决定了体育教师基本素质与能力必须有新的发展。

本节构建新时期高校体育教师基本素质模型（见表6－1）分为以下几个步骤：第一步，以政策性法规、党中央及政府文件、权威著作及专家意见框定模型的一级指标。第二步，以国家政策与文件、专家观点为蓝本，选定模型的二级指标。第三步，参考学生观点。

相比于传统观念上的体育教师素质结构，"新时期高校体育教师基本素质模型"更加全面，不仅涵括传统观念的政治思想道德素质、身心素质、教学能力素质，还包括组织能力素质、科学文化素质，尤其凸显了调动学生学习积极性的教学能力、开拓创新的职业道德、引导学生树立正确价值观、人生观的教育能力以及发现、分析并创造性地解决问题的科研能力。

表6－1　新时期高校体育教师基本素质模型

类型	一级指标因子	二级指标因子
政治思想道德素质	政治素质	坚定的政治立场
		高尚的政治品德
		较高的政治水平
	职业道德素质	爱岗敬业
		为人师表
		无私奉献
		教书育人
		创新意识
	公民道德素质	爱国守法
		明理诚信
		团结友善
		勤俭节约
		自强自立

续　表

类型	一级指标因子	二级指标因子
身心素质	身体素质	健壮的体格
		充沛的精力
		优美的姿态
		饱满的精神
		正常的智力水平
	心理素质	充分了解自己，能做客观评价
		情绪稳定，能控制自身行为
		开朗且具有亲和力的性格
		良好和谐的人际关系
		较强的适应能力
		务实的人生态度
		较强的自信心
		心理、行为与年龄、性别相符
能力素质	教学能力	能理解、贯彻、制定教学文件
		能科学制定教学管理措施和办法
		客观评价教学效果的能力
		选择、加工、开发教材的能力
		创造性设计教学策略的能力
		严密组织课堂教学的能力
		调动学生积极性的能力
		根据反馈信息采取措施的能力
		能以社会主义思想道德教育学生
		能引导学生树立正确价值观、人生观
		能引导学生抵制错误思潮
	科研能力	能发现、分析并创造性地解决问题
	组织能力	组织体育竞赛、活动的能力

续　表

类型	一级指标因子	二级指标因子
科学文化素质	基础理论知识	人体科学知识
		运动损伤、康复保健知识
	专业知识与技能	专项运动理论知识
		专项运动技战术知识
		竞赛规则与裁判知识
		技战术教学与训练的原理与方法
	教育学心理学知识	教育学、教学论、学校体育学知识
		教育心理学、运动心理学知识
		运动训练学知识
	横向学科知识	体育社会学、行为学、管理学知识
		体育史、体育哲学、体育美学知识
		奥林匹克知识
	社科知识	文史哲等知识

备注：①一级指标参考资料来源：《教育指导纲要》、毛振明《体育教学论》、李秉德《教学论》关于教师、体育教师素养的论点。②二级指标参考来源：《学校体育工作条例》与专业体育院系权威体育教学论专家、资深体育教师与德育教师关于体育教师应具备的素质与能力的观点。

（三）造成高校体育教师素质滞后于新时期高校人才培养需求的原因分析

1. 体育教育人才培养规格与高校人才培养目标对体育教师素质的要求存在偏差

据了解，我国高校体育教师主要由专业体育院校、师范类高校或综合型高校体育院系培养，但几乎所有院系在确定体育教育专业人才培养规格时，均未紧密结合高校培养全面发展的高素质创新人才的实际需求。具体体现为：侧重于"掌握体育基础理论知识、体育教育基本理论与技能"；在课程设置与学时分配上，技术课均占大部分；对于思想道德、职业道德、心理等方面素质，或以"德智体全面发展"笼统代之，或根本没有提出要求。在这种培养方案的指导下，作为未来体育教师的体育教育专业学生运动技术水平突出，但思想道德、纪律观念、责任感等方面略显不足。如某体院体育教育专业规定人才培养规格为：掌握较系统的教育心理、体育生物、体育社会和体育技术的基础理论，全面掌握体育教育的基本理论、基本技术和基本技能，并在全面发展的基础上有所专长，毕业后能够胜任学校体育教学、课余运动训练、体育部门的管理和科研工作。上述规定仅对学生掌握各种知识与技能做了简单要求，而对各类素质并未提出明确要求。

2. 人才培养方案落实不得力，导致未来体育教师创新能力不足

在体育教育专业课程设置中，大多数体育院系均涉及教育学、体育管理学、体育社会学、运动心理学等理论课程，但在落实过程中，或因课时数较少，或因教学效果不佳，导致毕业生知识结构单一，科研创新能力也因此受到极大影响。

3. 学校领导"体育育人观念"意识淡薄，导致体育教师素质意识薄弱

"重优势学科，轻弱势学科""重理工社科，轻体育艺术"的功利思想在我国高校普遍存在。因短期效益不明显，体育课程基本被边缘化，体育教育与其在"德智体全面发展的教育目标"中所处的重要地位名不副实。从学校到教务处、体育部，从领导到教师、学生，均对体育课重视不够，体育课教学质量评价实施不力，体育教师缺乏压力与动力，社会对体育教师"工作消极，自甘人后，不思进取"的评论时有耳闻。

表 6-2　几所体育院校体育教育专业人才培养规格表

学校	体育教育专业人才培养规格
北京体育大学	(1) 具有一定的人文社会科学和自然科学基本理论知识，系统掌握体育教育基础知识、基本理论和基本技能，掌握基本的科研方法，具有独立获取知识、提出问题、分析和解决问题的基本能力及开拓创新精神，具备一定的从事体育教育业务工作的能力和适应体育教育工作的基本能力与方法 (2) 具备健康体魄、良好卫生习惯以及扎实的营养卫生知识，具备健全的人格和较好的心理素质，达到二级运动员等级标准和军事训练合格标准 (3) 掌握一门外语和一门计算机语言
上海体育学院	(1) 德智体美全面发展 (2) 掌握体育教育基本理论、基本知识、基本技能，学校体育教育工作规律 (3) 具有较强的体育教学实践能力，有项目专长 (4) 能在学校从事体育教学、课外体育训练和竞赛工作 (5) 能从事学校体育科学研究、学校体育管理、社会体育指导等工作
武汉体育学院	(1) 德智体美等方面全面发展 (2) 系统掌握体育教育的基本理论和专业知识 (3) 具备较强综合素质、实践能力和创新精神 (4) 在全面发展的基础上有所专长

续　表

学校	体育教育专业人才培养规格
华东师范大学	（1）具有良好的职业道德、专业基础和科学素养 （2）具有现代教育理念、创新精神和较强的实践能力 （3）胜任学校体育与健康课程教学、运动训练及竞赛组织等工作 （4）德智体全面发展、多能一专

4. 职业使命感缺乏，导致体育教师责任意识淡化

或多或少受"学校体育不被重视"观点的影响，体育教师对"人类灵魂工程师"的角色产生质疑，对肩负的神圣使命与责任逐渐淡化，"体育无关学生成长成才"的思想逐渐膨大。其中，也有体育教师自身对体育的育人功能了解不深，没有从人才培养的高度认识其重要性与特殊性的原因。比如绝大多数体育教师依旧将体育课程的目的简单地理解为仅传授运动技能，在课堂中有意识地培养学生的终身体育习惯的教师少之又少。

5. 功利思想严重，导致体育教师素质参差不齐

具有硕士、博士学位的体育教师是体育教学能力、组织管理能力偏低的代表群体。21世纪初，本科教学质量评估开始实施，许多高校因教师学历未达到相应指标，纷纷争抢具有硕士、博士学位的毕业生，随后面临的问题是这些毕业生上岗后因体育技能生疏、教学能力过低而无法胜任公共体育课教学任务。受学科建设思想影响，部分综合型大学依托体育特色相继开设体育本科专业、硕士学位点，因学科建设、专业教学需要，也引进了一批专项素质较差的硕士与博士研究生毕业生。

第三节　高校体育教师素质提升路径

（一）体育院校要修订并严格落实体育教育专业人才培养方案，真正满足人才培养所需

1. 以《纲要》"全面发展的高素质创新人才"培养目标为出发点，认真完善、修订体育教育专业人才培养方案，对科学文化素质、思想道德素质、教学能力、创新能力提出明确要求，课程设置、学时安排上较传统方案占更大比重。

2. 按照完善修订后的方案认真贯彻执行，并建立相应的监督考评机制，将相关素质与能力作为学生毕业就业的重要参考指标。

3. 体育院校应彻底扭转"重技术轻理论素养"的陈旧观念，积极提升专业教师的综合素质，努力营造丰富多彩的人文与体育文化氛围，使学生耳濡目染并内化为个人道德品质。

（二）学校主管领导要积极转变观念，高度重视学校体育工作，关爱体育教师

1. 从人才培养的高度深刻认识、反思学校体育工作与体育教师的育人功能，并在政策制定、经费投入、职称职务晋升、职业发展等方面给予认可，适当给予一定的倾斜政策，以保证和激发体育教师的教学积极性与主动性。

2. 高校应彻底改变竞技体育与体育教学本末倒置的错误认识，科学引领舆论导向，确保体育教学的"学校体育工作生命线"地位。

3. 加强体育教学管理，重在引导体育教师塑造严谨务实的工作作风与认真负责的工作态度。加强对体育教学的监督与管理是学校重视体育工作的表现之一。学校教学督导制要覆盖体育教学，体育教学单位也应迅速配套建立学院（系、部）教学督导制。学校督导制与学院（系、部）二级督导制双管齐下，对改变体育教师常年形成的自由散漫工作态度，树立高度责任感和敬业精神能起到显著作用。

（三）体育教师要积极适应角色定位，深刻认识人才培养的神圣职责与使命

1. 体育教师应全面认识并充分肯定自身工作的重要性与特殊性。体育具有全面的育人价值毋庸置疑，大学体育课开放、包容、师生交流频繁的特点决定了体育教师言传身教对大学生的重要影响作用。师者，传道授业解惑也。体育教师更应加深知其中的道理与责任。

2. 体育教师要重点提升职业道德素质，尤其是爱岗敬业、教书育人、关爱学生等方面。采取的途径与措施有：通过加强教育、宣传，强化体育教师的责任感与使命感；通过内部自省与外部激励，端正工作态度，提高工作积极性；建立师德师风管理办法，对体育教师进行制度约束。

（四）应全面提高高校体育教师的能力素质，突出培养教学、教育能力，强化科学文化素质

1. 着力提高体育教师课堂教学与组织能力

体育课是师生互动的实践教学环节，也是学生评价"体育教师素质的高低""对学生影响的好坏"的主要参考对象。

提升体育教师教学与组织能力的途径有：

（1）建立导师制，发挥资深教师、高职称教师的传帮带作用。

（2）严格制定并落实看、听课制度，鼓励教师互相学习，互相批评，扬长避短。

（3）通过学习培训，借鉴外院、外校及国外的先进经验。

（4）建立集中业务学习与备课制度，互帮互助，传承优秀经验。

（5）举办教师讲课、说课比赛并给予奖励，形成竞争机制。

2. 充实知识结构，尤其要注重学习横向相关知识

为有效发挥体育课程锻造学生强健体魄、促进学生个性完满展开，塑造学生坚忍意志品质、培养学生创新能力与社会适应能力等方面的作用，高校体育教师必须改变"体育专项知识、技术与技能"的单一知识结构，着重完善和充实教育学、心理学、社会学、人体科学、行为学、美学等学科知识。

3. 加强科学研究能力，给学生一瓢水，必须自己有一桶水

体育教师还要进一步理解与研究相应素质内涵，可采取如下途径与措施：

（1）加强学习，大量阅读教学论、体育教学论等专业书籍。

（2）广泛参与体育教学改革、教学方案修订、课程设置研讨会。

（3）积极申报、开展人才培养、教学方法等教学研究。

（4）体育教学单位应创设科研团队，为教师提供科学研究的平台。

4. 加强政治理论学习

体育教师可通过阅读励志书籍、观看报告会或电视剧树立完善正确的人生观、价值观、曲直观与荣辱观，自觉抵制错误思潮，并严格做到身体力行，以此影响、引导学生。

（五）建议

1. 学校应高度重视体育与体育教学工作，可通过完善制度建设，加强体育教学管理，凸显体育课程的重要地位，激发体育教师对教学工作的积极性、主动性与创造性。

2. 引导学生树立正确的体育价值观，充分认识体育课程的重要性。

3. 以《教育指导纲要》中的体育课程目标为指导，坚决扭转"只重技术传授"的陈旧体育教学观，尤其注重寓情感体验、品德教育于体育教学过程，潜移默化地提升学生的综合素质。

4. 营造良好的学习氛围，尊重关爱学生，基于高超技艺准确、熟练、优美地示范，激发和培养学生浓厚的体育学习兴趣。

5. 注重对发现法、问题探究法等探究性教学方法的使用，强调学生在教师的指导下自主、探究性开展学习，启发学生创新思维、创新能力的培养。

6. 增补或增加体育理论教学环节，为学生掌握体育技能，树立终身体育锻炼思想提供有益补充。

第七章　教师主体理念在体育教育改革进程中的转换

第一节　"以学生发展为中心"的体育教育理念

一、"以学生发展为中心"教学理念的历史演变

自古以来，有关教学的理论大体可分为两类：一类是"以教师为中心"的教学理念，即十分注重教师和教材的作用；另一类是"以学生为中心"的教学理念，其非常强调学生的主体性与主动性。"以学生为中心"的教学理念在我国自古有之，如在《论语》中，孔子有很多论述："学而不思则罔""温故而知新""不愤不启，不悱不发""三人行，必有我师焉""多闻，择其善者而从之""古之学者为己，今之学者为人""有教无类"，等等。而"以学生为中心"的教育理念正式提出则源于美国儿童心理学家和教育家杜威的"以儿童为中心"的教育思想。

在此之前，美国的教育（19世纪末以前）主要是"以教师为中心"的，强调传授基本知识和基本技能，提高学生的学业成绩。但是，传统的"以教师为中心"的教学暴露出较多弊端：形式主义的教育、呆板的教育、非人性化的教育，等等，从而导致学生群体的智力与职业期望上的分化日趋明显。

为此，以杜威为代表的美国进步主义教育家强烈批判了"以教师为中心"的教学，抨击了传统教学采用的分科教学、将知识人为地割裂开来的形式。"以儿童为中心"的杜威进步主义教育认为，"儿童是积极主动的，教育就是从学生的需要、兴趣、经验和活动出发，充分利用他们探究和表达的自然冲动，把握其活动，给予指引，使其最终掌握更抽象的文化及社会意义"。其目的就是要缩小学生之间智力等方面的差异，并满足那些能力较差、对抽象理论和学术探究没有太大兴趣的学生需要。

杜威指出，所谓"教育过程内在"的目的，即指由儿童的本能、冲动、兴趣所决定的具体教育过程，而把由社会、政治需要所决定的教育总目看作"教育过程以外"的目的，并指出这是一种外在的、虚构的目的。杜威还认为，教育应

该与儿童的本能和经验相互联系，因为"我们经验的世界就是真实的世界"，否则就不能收到教育的效果。他说："教育的最大毛病是把成人认为一种好的知识经验炼成一块，把它装入儿童的心里面去。"同时，他强调："毫不夸张地说，我们必须站在儿童的立场上，并且以儿童自己为出发点，决定学习的质和量的是儿童而不是教材。"

20世纪50~60年代，随着美国人本主义的兴起，以马斯洛与罗杰斯为代表的著名心理学家又一次掀起了"以学生发展为中心"的教育思潮。

马斯洛把健康人（即他所说的自我实现者）作为研究对象，概括了自我实现者的心理特征，指明了研究目的，提出了研究方法，设计了实现自我实现的途径。马斯洛的需要层次理论在现代行为科学研究中占有重要地位，马斯洛提出的"自我实现的人"的人性假设改变了人们对人性的认识。马斯洛从人本主义角度出发，揭示了人潜藏着的5种不同层次的需要，并认为这些在不同时期表现出来的迫切需要是人行动的主要原因和动力。

继马斯洛人本主义之后，罗杰斯一派仍坚持以个体心理为中心的研究，罗杰斯对教育心理学带来了重要冲击，他的观点在教育心理学中被普遍赞誉为人本主义观点。罗杰斯在他的《自由学习》一书中做了这样的解释："人们通常认为，'以人为中心'的教育方法只能用于某些学科或某些特定的情境，这是对这种方法的最大误解""以人为中心不是一种方法或技术，它是一种教学情境，个体身体在其中便能得到成长；它又是一种价值观系统，强调个体的尊严、个人选择的重要性、责任的意义和创造愉悦；它又是一种人生观，建立在强调人人皆有权力的民主精神基础上""'以人为中心'的课堂管理有利于创造促进性的学习条件，即鼓励学生主动参与到学习环境中去。课堂管理有许多方面，包括给予关注、指导、合作、管理和监督。'以人为中心'的课堂鼓励学生既为自己考虑，也为他人着想。"

罗杰斯的教学观是以学生发展为中心的教学观，他强烈批评以教师为中心的传统教学模式，认为传统教学的主要特点是：只重智育，不重视整个人的全面发展，教师是知识与权力的拥有者，单纯灌输知识，学生只能接受和服从，学校实施强制管理，师生关系不平等，缺乏民主和信任感，学生经常处于怀疑和惧怕的状态之中。因此，他提倡以学生发展为中心的教学模式，强调过程的学习方式。其基本要点是：

（1）教师要以真诚、关怀和理解的态度对待学生的情感和兴趣，创造一种促进学习的良好氛围。

（2）学习的决策是师生共同参与的过程，应当让学生单独或协同制订学习方案。

（3）学习集体的着眼点集中在促进学习过程的不断发展上面，学习内容退居第二位。

（4）课程的安排是无结构的，主要是从事自由的讨论，使学生能形成和表达他们自己的看法和感受。

（5）教师是一个非强制的知识资源，主要应是激励学生，向学生提供有价值的评论或可参考的读物。

（6）自律是学习达到目的的必备条件，学生把自律看作他们自己的责任，用自律代替外加的纪律。

（7）学习评价主要由学生自己来做，而不是由教师来做。

皮亚杰的建构主义则强调知识的学习是学生主体的一个逐渐建构的过程。所谓"建构"，就是作为认识主体的儿童个体在与客体相互作用的社会性活动中逐步建立起来的思维结构，其功能就是去认识和把握独立存在的客体结构。同时，皮亚杰十分强调主体能动性在结构形成中的巨大作用。

20 世纪 80 年代，美国学者西奥多·R. 塞瑟提出了"要素学校"。要素学校的本质是运用以学生发展为中心的教学方法教授传统的学科知识。要素学校的一个重要特点是"个别化"，即教师根据学生的个别差异布置不同的任务，并提供相应的指导。要素学校的教学评估也突显出以学生发展为中心的特征。它较少采用标准化测验，而是要求学生通过各种活动展现自身对基础知识和技能的掌握。

综上所述，"以学生发展为中心"的课程理念代表了现代教育改革的主要走向，预示着学校教育已从行为主义观点中解脱出来，并以人本主义、认知心理学的视角切实地关注学生的发展。

二、坚持"以学生发展为中心"理念在体育教学改革进程中的重要意义

（一）坚持"以学生发展为中心"教学理念是落实教育"以人为本"的具体要求

1. 坚持"以学生发展为中心"教学理念与"以人为本"思想密切相关

人本主义思潮的最先倡导者是费尔巴哈，他认为人和自然是哲学研究的最高对象，但他运用生物学视角来看待人的问题，这就注定其摆脱不了旧唯物主义的思想。马克思主义人本主义哲学观认为，"从前的一切旧唯物主义（包括费尔巴哈的唯物主义）主要缺点是：对对象、现实、感性只是从客体的或者直观的形式去理解，而不是把它们当作感性的人的活动，当作实践去理解，不是从主体方面去理解"。"以人为本"思想的提出并不是要解决人的本源问题，而是要回答人作为客观世界一员的重要性。

2. 坚持"以学生发展为中心"教学理念与人的发展问题息息相关

教育是培养人、发展人的一种重要途径，教育的本质首先应体现在"以人为本"的指导思想上，具体表现为"以学生为本"的教育理念。换言之，在教学过程中，在处理学生与教师的关系方面，首先，要坚持"以学生为本"的思想，这就要求教育工作者转变"以教师为中心"的传统观念，摆脱灌输式教学、注入式教学模式，主张一切教学活动都要以学生为中心来开展。其次，根据马克思主义关于人的发展理论，体育教学不仅要贯彻以学生为本的指导思想，还要坚持以学生发展为中心的理念，因为人的"体力与智力"是人全面发展的根本，而体力方面的发展正是体育教学所要解决的主要问题之一。因此，坚持"以学生发展为中心"体育教学理念，就要求我们从人的存在、生命价值和人的全面发展的视角出发来认识体育教学本质，更多地关注学生的生命意义和学生全面发展，特别是学生在体力方面的发展。

（二）坚持"以学生发展为中心"教学理念是确立学生主体地位教育的指导思想

传统的体育教学往往比较侧重于体育教师的教学能力，忽视学生体育学习能力的发展。由于过分强调体育教师在教学中的主导作用，导致长期存在灌输式体育教学的现象。教学是一种"教师的教与学生的学"的双边活动，在这个双边活动过程中，教师与学生皆是教学的主体。因此，对于谁是教学中的主体问题，学术界存在不同的观点，若以教师为主体，就形成了以教师为中心的观点；若以学生为主体，则形成了以学生为中心的观点；还有的学者提出了双主体论。在处理师生关系问题上，比较一致的看法是"以教师为主导，以学生为主体"。但问题是，如何在实践层面贯彻理念，这个问题如果不认识清楚，就容易导致实践与理论的偏离，最后还是穿新鞋走老路，重回"以教师为主导的教学压倒以学生为主体的教学"的传统轨道。

因此，坚持"以学生发展为中心"体育教学理念有助于确立学生的主体地位，它进一步表明与明确了学生是体育教学学习的主体，在"教与学"这一对矛盾中处于矛盾的主要方面；教师则是体育教学中学生的帮助者、指导者与协调者。教师所开展的一切教学活动必须要以学生的需要与基础作为出发点，一切都是为了学生的身心发展，而那些从教师主观出发，违背学生身心发展规律的一切行为都是与"以学生发展为中心"教学理念相悖的。

（三）坚持"以学生发展为中心"教学理念是学生适应学习型社会的有效路径

随着当代科学技术的迅速发展，现代社会知识与信息的更新周期大大缩短，社会对人的素质要求也明显提高。可以说，现代社会是一个需要个人进行终身学习的学习型社会，而学校教育是实现个人终身学习最重要的一个阶段。"'以学生为中心'，最根本的是要实现从'传授模式'向'学习模式'转变"。坚持"以学生发展为中心"体育教学理念，将有助于进一步开拓与深化学生自主学习、探究学习、合作学习等新型学习方式，培养学生学会学习、主动学习、合作学习、乐于学习的能力。

运动理论知识的学习仅是学生进行体育教学学习的一个内容，它将有助于运动操作技能的学习与掌握，但运动理论知识的学习并非体育教学的主体内容，运动技能的学习才是体育教学的本质特征之一。因此，学生在运动技能学习方面不能停留于某个运动项目上，而是要发展自身的运动学习能力。只有掌握了运动学习的各种能力，才能不断地学习与拓展各类运动项目技能，实现运动技能之间的迁移。因此，在体育教育实践教学中，我们不仅要让学生学习各种体育文化知识，掌握相应的运动技能，还要注重学生能力的培养，如运动能力、自学能力、实践能力、创新能力等。

在"以学生发展为中心"体育教学理念的引领下，体育教师应从学生的需要、基础与发展入手；根据学生的具体情况和特点，积极引导学生进行主动学习，特别是新教学改革以来实施的"自主学习、探究学习、合作学习"；应在不断总结其经验的基础上，继续深化与完善，从而进一步调动学生学习的主动性与积极性，使学生在学会运动技能的基础上，理解与体会其中的乐趣，以适应学习型社会的需要。

（四）坚持"以学生发展为中心"教学理念是实施"创新型教学"的重要保障

未来的社会不仅是学习型社会，更是创新型社会。人类发展的历史就是在不断创新的过程中完成的。学习是发展的基础，而创新是发展的重要保障，没有创新的社会是没有希望的社会，没有创新的教育更是缺乏生命力的教育。

要深化教育改革，就必须坚持"一切为了学生发展"的思想，因为青少年学生是教育兴国、社会复兴的希望，如果我们的教育忽视了"学生发展"这个起始点，教育必将陷入无源之水、无本之木的境地。

体育教学的改革也是如此。目前我们面对的是比较严峻的形势：青少年学生体质不断下滑（2010年教育部对中小学学生体质调研的结果显示：中小学生体质下滑现象基本得到遏制，但大学生体质下滑现象仍在继续）。要改变以上现象，需要广大体育工作者共同努力，不仅要落实国家近年来提倡的青少年阳光体育活动工程，而且应实施体育教学改革，以学生发展为起始点与落脚点，结合国家学生体质健康标准测试等有效手段，突破传统的"灌输式"教学模式，大胆引入国外先进的教学模式，同时对传统的教学模式进行大力改进与创新。

三、"以学生发展为中心"体育教学理念内涵解读

从人本主义视角来探究学生理论知识的学习过程，体现了"以学生发展为中心"的教学理念，即在学生学习知识的过程中，既要强调学生的认知过程，又要关注学生的感情、理智、情绪和行为等方面对教学的影响，以发挥学生在学习过程中的能动性和主体作用，重视运动学习中的人文教育、情感教育、道德教育、意志教育等。以上是教育学视角下的"以学生发展为中心"教学理念的基本思路。那么，以运动本体感觉教育为主的体育学科应如何理解"以学生发展为中心"的理念呢？其基本思路是从学生的自然属性与社会属性及其差异性等视角进行阐析。

（一）尊重学生身体发展的自然属性

第一，学生身体发展的自然属性体现为"生长发育"的过程。在儿童、青少年机体器官的生长发育过程中，其发育是否良好虽然决定因素是先天的遗传，但后天的因素也起到了很大作用，如自然环境、社会环境、生活方式、生活习惯、运动营养等。其中，良好的身体运动可以明显地促进学生的生长发育。目前，我国基础教育阶段学校的应试教育依然很普遍，学生学习时间过长、学习压力过大以及运动不足等不仅会影响青少年学生正常的生长发育，而且容易导致学生体质下降。

第二，学生身体发展的自然属性体现了"新陈代谢"规律。新陈代谢包含物质代谢和能量代谢两个方面。物质代谢又包含同化作用与异化作用。人体摄入外界物质是储能过程，而人体从事劳动或运动是消能过程。我国生活水平的不断提高容易造成青少年、儿童学生能量摄入过多，而又缺乏运动耗能，很容易造成诸如肥胖症之类的文明疾病。因此，我们要在注重科学营养的前提下，大力鼓励青少年、儿童参加室外的阳光体育活动，强化其能量消耗的异化作用。

第三，学生身体发展的自然属性体现了"用进废退"的现象。法国著名博物学家拉马克的"用进废退"理论认为，经常使用的器官逐渐发达，不经常使用的器官逐渐退化。同理，身体运动较多的部位可促其发达，经常不使用的身体部位则可能退化。因此，我们应鼓励青少年、儿童学生参加各种不同的运动项目，以促进学生身体各个部分的整体协调发展。但是，如果过度使用，也可能导致机体的伤害，如长时间超负荷运动，机体代谢率加快，血液中儿茶酚胺水平升高，氧气和能源物质的大量消耗，容易导致心肌缺血。由此可见，竞技运动训练中的大强度"超量恢复"并不适用于青少年、儿童的体育教学。

第四，学生身体发展的自然属性体现了"适应自然环境"现象。动物对自然环境的适应性较差，它们在不同气候下具有很强的选择性，如驯鹿从不在南方生活，狮子也不到北方居住。相比之下，人体对自然环境的适应能力要比动物强得多。就学校教育而言，体育活动与其他教学的最大区别之一就是需要在室外环境中教学，即学生需要走出教室，与外界环境亲密接触，不管是高温还是严寒，都需要坚持。长期下来，学生对外界环境的适应能力便可加强，如抗寒能力、抗炎热酷暑能力、对气温变化的适应能力等都可以通过室外体育教学得以提高。

第五，学生身体发展的自然属性体现了人的本能需求。本能可通过无意识的行为来体现，人类的本能是人不可缺少的一个重要方面，一般可以总结为：身体运动需求、生命安全需求、饮食需求、适宜环境的需求、性的需求、休息和睡眠的需求等。因此可以说，身体运动是学生的一种本能与天性。同时，在运动过程中，安全的需要、适宜环境的需要、运动过程中休息的需要等是学生本能的需要。

（二）尊重学生身体活动的社会属性

1. 发挥学生个体身体活动的主体性

黑格尔对人的"我"的观念给予高度重视，他说："平常我们使用这个'我'字，最初不觉其重要，只有在哲学的反思里，才将'我'当作一个考察的对象。在'我'里面，我们才有完全纯粹的思想出现。动物就不能说出一个'我'字。只有人才能说'我'，因为只有人才有思维。"这就是"物我相分"，即把我与外物区别开来，主体与客体就有分别了。

对于什么是人的主体性问题，哲学界有各种不同的解说，比较集中的观点是人的主体性包含三个方面的内容：人的自主性、能动性、创造性。针对体育教学特点，本研究认为，学生的主体性的内容应包含三个方面，即学生的自主性、能动性与创见性。为何要把"创造性"改为"创见性"呢？主要原因是：主体性中的"创造性"要素是人类主体活动的最高层次，并不是所有年龄群体都应具备的特性，如学士学位的要求是：①较好地掌握本门学科的基础理论、专门知识和基本技能；②具有从事科学研究工作或担负专门技术工作的初步能力。硕士学位的要求是：①在本学科上掌握坚实的基础理论和系统的专门知识；②具有从事科学研究工作或独立担负专门技术工作的能力。博士学位的要求是：①在本学科上掌握坚实宽广的基础理论和系统深入的专门知识；②具有独立从事科学研究工作的能力；③在科学或专门技术上做出创造性的成果。因此，只有博士研究生的培养目标才明确提出了"独立从事科学研究"和做出"创造性成果"的目标，其他年龄的群体并没有这样的要求。

因此，把中小学体育教学"学生主体性"的内容表述为："自主性、能动性与创见性"。要全面贯彻"以学生发展为中心"的理念，首先就要张扬"学生主体性"，激发学生的自主意识、主动参与意识，调动学生学习的积极性与热情，提高体育教学效果。

2. 开拓学生身体活动的群体社会性

学生的社会属性即学生个体作为社会群体关系中的一员，一方面，体现在"我"作为客观外部世界的主人而存在并体验着，如作为"我"的感觉、知觉、需要、动机、思维与意志过程，性格、能力、世界观形成过程等，这些统称为学生个体心理；另一方面，"我"不同于他人并与他人构成种种社会关系，如学生与家长、学生与教师、学生与学生、学生与社会之间的关系等。

从学校教育视角看，学生的社会关系主要表现为学生与学生之间的关系、学生与教师之间的关系。其中，他们与同班级学生之间、与班主任之间、与各科任课教师之间的关系最为密切，也更为重要。就体育教学而言，学生的人际关系具有相对的特殊性：一是学生人际交流的空间、距离比其他学科要密切；二是学生人际交流的形式丰富多彩，既有近距离的身体交流，也有远距离的呼喊欢笑；三是学生在人际交流过程中体现了情绪外显性和真实性。因此，体育教学可以更好地促进学生形成在其他教学活动中不具有的人际交流经验与技巧，为加速学生社会化进程提供了一个很好的路径。

（三）尊重学生原有的基础与身心发展、运动能力方面的差异性

在张扬学生身体活动的主体性、有效开拓学生身体活动的社会性的同时，我们必须考虑并尊重学生在身体、心理、运动能力方面的差异性，如不同年龄阶段的学生存在生理方面的差异性，包括身体形态、身体机能等方面的差异；不同年龄阶段的学生存在身体素质、心理特点与社会交往能力等方面的差异性；即使同一年龄层次的学生，在身体素质、心理特点、性别、运动能力等方面同样具有较大的差异性。这些差异性既是我们体育教学内容编制的基础，也是实施体育教学的前提，更是有效提高体育教学质量的影响因素。同时，体育是一门特殊性学科，也是具有一定难度的学科，学生在进行各项体育活动的过程中会有一定的安全隐患，要贯彻"以学生发展为中心"的理念，就必须关注学生在体育学习过程中的原有基础以及不同年龄学生与同一年龄学生之间的各种差异性，有效避免不必要的身体伤害，发挥体育活动的最大效应。

四、实施"以学生发展为中心"体育教学理念应规避的几种现象分析

（一）"教师中心论"现象

"教师中心论"现象的根源主要是受传统文化与思想的影响。从历史角度分析，"教师中心论"可谓源远流长。在宗教统治的中世纪，经院主义以僧侣为师，

"以教师为中心"的现象最为突出，并在教学中进行机械教学，学生死记硬背。随着近代自然科学的发展和注重科学知识的教学思想的确立，以教师为中心的教育日益突出，如夸美纽斯的印刷式教学孕育了以教师灌输、学生接受为主的教师中心思想。英国教育家约翰·洛克的"环境教育决定论"也体现了以教师为中心的思想。德国赫尔巴特认为，管理的主要措施是威胁、监督、命令、禁止、惩罚、权威与爱。他还把"体罚"作为一种教育手段。苏联教育家凯洛夫十分强调教师在教学中的主导地位，他的著名教育理论是"以教师为中心，以课堂教学为中心，以教科书为中心"，即通常所说的"三中心说"。

在我国，"教师中心论"的思想也是自古有之。尤其自汉代以后，儒学奠定了正统地位，教师在教学中的权威地位更加按照尊卑贵贱的等级秩序予以强化。因此，长期以来，"教师中心论"思想在我国学校教育中根深蒂固，这也造成以教师为中心的灌输式教学现象。

21世纪，我国学校体育新教学改革10余年以来，虽然大力提倡"以学生发展为中心"的理念，在实践中也有了一些明显的改善，但是教师的意志压倒学生需求的现象还较为普遍。导致"以学生发展为中心"的理念与体育教学实践之间断裂的原因是多方面的：一是"教师中心论"的思想在广大体育教师的深层意识中依然存在，一时之间要彻底得到改变的确有很大困难；二是教师传统思维与习惯的影响比较深刻。从教师角度而言，"教师中心论"习以为常，并有一个客观的评判指标，而"以学生发展为中心"的教学理念却要求教师从学生角度出发实施差异性教学，实现教学个性化。因此，从实践的操作层面上，"教师中心论"的传统思维与行为更为简便；三是传统的应试体育教育依然比较顽固。随着近年来学生体质下降现象不断被社会舆论强化，社会对体育教学的需求也是急功近利的，急需在短期之内解决学生体质问题。然而，体育教育工作却是一项周期性较长的系统工程，特别是强调"以学生发展为中心"的教学理念，更应关注学生学习体育的基础、特点、差异性、发展过程等环节。因此，社会对体育教学的需求与学生人才培养之间必然产生明显的落差，而以教师为中心的传统"填鸭式"应试教育短期内在提升教学效率方面却有较好的成效。

综上所述，体育新教学改革要真正突破较为顽固的"教师中心论"思想，广大的体育教师就需要根除传统思想与习惯的影响，从传统的灌输式教学中解脱出来，真正落实"以学生发展为中心"的体育教学理念。

（二）"学生自由论"现象

"学生自由论"的主要表现形式是"放羊式教学"，其主要根源在于：

第一，新中国成立初期，学校体育师资力量远远不能满足学校体育教学的需要，一些没有经过专门培训的军人、其他学科教师充当了体育教师的角色，从而导致所谓的"放羊式教学"。教育部在1952年颁布的《各级各类学校教育计划》中规定，从小学一年级到大学二年级均需开设体育必修课，每周2学时。我国历史上第一所培养体育专业教师的体育学院——华东体育学院（1956年改为"上海体育学院"）也是在1952年成立的。当时体育教师数量十分匮乏，那些基本没有经过专业培训的、只是对体育有所爱好或有些特长的部分"体育教师"为了应付教学，只能把体育课教学变成学生自由活动，而教师成了旁观者。"放羊式教学"的主要特征表现为"两声哨子一个球，老师学生都自由"，这对于学生而言是一种完全式的自由，体育课也变成了自由活动课。

第二，"放羊式教学"现象还源自体育教师对"以学生发展为中心"理念的误读。"新体育教学强调'以学生发展为中心'的理念就是提倡'放羊式'教学，这更是对这一新理念的误解。"落实"以学生为发展中心"的理念，并不是无原则地对学生的需求妥协，而是在满足学生基本运动需求的基础上，对学生提出学习方面的要求，关注学生的体育学习与发展。因此，"放羊式教学"并不是学生主体性的强化，也不是"以学生发展为中心"的正确落实，而是一种教学放任，是教师的自由主义教学倾向。

第三，"放羊式教学"现象也体现了体育教师教学责任的缺失。要真正落实"以学生发展为中心"的理念，就需要调动教师的积极性和主动性，并能够创造性地开展体育教学活动；而"放羊式教学"无须教师认真备课，也无法了解学生情况及钻研教法等，只需"两声哨子"，因此目前"放羊式教学"还有一定的市场，特别是在经济落后、偏远地区。但从根本上说，这体现了体育教师对自身的放任自流，体育教师的职业道德及责任心的缺失，是必须纠正的错误现象。

（三）"唯技术论"现象

众所周知，运动技术是体育健身的一种手段。因此，学生在体育教学过程中需要学会与掌握几项较为熟练的技能，为今后的终身体育打好基础。从体育教学视角分析，运动技术教学虽是体育教学的目标之一，但不是唯一目标。体育教学除了传习运动技术之外，更重要的目标是育人。如果只是强调技术学习与运动健身的目标而忽略了育人的目标，那将重回"身心发展的二元论"背景下的"头脑简单、四肢发达"之说，把体育教学的技术传习与运动健身之效和育人功效隔离起来。导致以上现象的原因是多方面的，具体如下：

第一，体育学科是一门操作性学科，运动技术是实现各项运动操作最重要的手段与途径，运动技术自然就成了体育教学的主体内容。因此，体育教师容易把运动技术传习误解为体育教学的唯一本质特征。

第二，运动技术传习容易导致对体育教学"以人为本"本质价值的误解。体育教学是以身体练习作为媒介的教学活动，而身体练习主要是以各类运动项目技术为载体的。有观点认为，体育教学的本质特征就是传习运动技术；还有的观点认为，运动技术传习是体育教学的本质目标。显然，以上这些认识过分夸大了运动技术作为工具理性的作用，而忽略了运动技术深层次的育人价值理性，因而容易将体育教学的本质价值与目标误解为纯粹的运动技术教学，造成体育教学的异化现象。体育教学实践证明，体育教学若以运动技术传习作为核心价值与目标，那么就容易走向工具理性，而忽略身体发展的核心价值，同时容易导致舍本求末。因此，体育教学不只是掌握几项运动技能，更为重要的是实现"身心教育"的本质价值。

根据马克思主义唯物论观，"身"指的是人的物质基础，"心"指的是人的道德、观念、理想、情操、信念等精神基础。我们不能把人的体质简单地理解为人体的物质部分，人的体质应该是身心的辩证统一，是互相依存、不可分离的同一矛盾的两个方面。"发展学生体质，增进学生健康"应辩证地理解为在增强学生身体健康的同时，培养学生的道德与品行，促进学生心理健康与适应能力的发展。因此，要真正落实"以学生发展为中心"的理念，就应树立"技术学习、运动健身、教学育人的三位一体"的观念，从而规避体育教学只为技术教学的误区。

习近平总书记在全国教育大会上指出，要把立德树人作为教育的根本任务，培养德智体美全面发展的社会主义建设者和接班人。"立德树人"被确立为教育的根本任务，指明了今后教育改革发展的方向。"立德树人"主要的内涵就是教育事业不仅要传授知识、培养能力，还要把社会主义核心价值体系融入国民教育体系之中，引导学生树立正确的世界观、人生观、价值观、荣辱观，培养学生的社会责任感、创新精神、实践能力。根据以上精神，我们在落实"以学生发展为中心"的体育教学理念的过程中，一定要坚持"以人为本"的指导思想，深刻认识运动技术教学的本质——运动技术既是体育教学的目标之一，又是运动健身的手段，更是育人的手段，应把运动技术教学与"立德树人"有机地结合起来。

五、新时期体育教学改革进一步落实"以学生发展为中心"理念的策略

（一）坚持不懈地贯彻"以学生发展为中心"体育教学理念

首先，自新世纪体育教学改革提出"以学生发展为中心"理念至今已有 10 余年，对于体育教师来说，无论是教学理念的更新还是教学实践，都发生了深刻变化，体育教学改革也取得了可喜的成绩。然而，也应该清醒地认识到，"以教师为

中心"的传统教学观念还比较顽固，灌输式教学现象依然存在，特别是在一些边远、落后地区，这类现象较为严重。其次，还有很多基层教师对于"以学生发展为中心"的体育教学理念一知半解或产生了误读，导致出现教学实践与理论观念脱节的现象。如在体育课教案的设计理念中，"以学生发展为中心""健康第一"等理念成了标签，至于如何贯彻与实施以上理念，却没有在教案的教学目标、教法、策略、评价等方面体现与落实，这就形成了理念与实践相互分离的现象。因此，要把体育教学理念落实到教学实践之中，就必须坚持不懈地贯彻"以学生发展为中心"的体育教学理念。最后，要正确解读"以学生发展为中心"理念的内容与本质，并以"以学生发展为中心"理念为指导思想，在体育教学实践中进行创新性教学，实现体育教学理念为教学实践服务的目的。

（二）根据学生的自然属性，有效促进学生身体的健康发展

青少年、儿童正处于生长发育时期，影响学生体质的外部因素有很多，主要有自然环境、空气质量、营养卫生、生活习惯与生活方式等，现代社会的网络化发展导致人们体力活动大量减少，加之青少年、儿童应试教育压力依然很严重，学生疲于应战超负荷的题海，室外活动时间大量减少，睡眠时间严重不足，闲暇时间部分学生又沉湎于网络虚拟世界，严重影响了青少年、儿童正常的生长发育，国家数次体质调研的结果也说明了这一情况的严重性。这不仅涉及学生的体质问题，还关乎国家下一代的全民素质问题。

要解决学生的体质问题，仅靠学校体育是不现实的，但学校体育工作做得好了，也能有效地增强学生的体质。因此，体育教学首先要根据学生的生长发育规律，大力引导学生走出教室，有效开展阳光体育1小时活动，促进学生的生长发育，提高学生的身体运动技能和体能，提高学生对外界环境的适应能力，促进学生身心健康成长。另外，"兴趣是最好的老师"，学生的兴趣爱好是我们研究体育教学的基础，也是学生对体育的本能需求。当前，体育教学改革中的高中选项教学就是满足学生兴趣、深化运动能力发展的一个很好的举措，大学体育的"真自主"教学更是体现"以学生发展为中心"理念，满足学生兴趣爱好的一项重大改革。

（三）根据学生的社会属性，有效发挥学生的主体性与社会性

学生的社会属性本质首先体现在学生的主体性方面，我们在落实"以学生发展为中心"理念时，应充分发挥学生的主体性。如前所述，体育教学中学生的主体性包含自主性、能动性、创见性要素。具体而言，学生要发挥自身的主体性，就要体现学生的主人翁意识，根据自身的特点与需要，主动选择体育教学的目标、

内容、教师、方法、手段、评价等；学生要发挥自身的能动性，就要体现学生主动适应教学需要的各种环境，积极合作，主动参与，有恒心，具有良好的心境与情绪体验；学生要发挥自身的创见性，就要体现学生主动参与教学的设计与研制、教学方法的改进、评价体系的完善等体育教学改进的实践性过程，对教学方法、手段、形式具有重新组合的能力，浅层的创编、变化能力等。

由于社会文明的进步与发展，人与人之间的交流发生了根本性变化，特别是网络信息化社会的到来，使人际空间、交往方式等发生了翻天覆地的变化，这种变化是一把双刃剑，既给学生学习与生活带来极大便利，使得学生可以进行跨时空的全球性交流；使得表达思想、情感等方式网络化、信息化；也给学生带来很多负面影响，如往日人与人之间面对面近距离的交流变成了"人机对话"，这种"人机对话"不仅损害了学生的身体健康，而且容易造成学生孤僻的个体心理与冷漠的人际关系。因此，如何使他们从"人机对话"中解脱出来，加强学生之间的交流与交往已成为教育工作者们日益关心的大事。

很多体育运动都需要以集体协作的方式才能完成，因此体育运动以独特的方式成为加强学生之间面对面交流的重要形式。张伯苓经常说："体育运动能使学生养成不偏、不私、不假，事事为团体着想，肯为团体负责，努力奋斗，甚至牺牲的精神。"学生在体育运动中不仅可以尽情地展现自己的身体，消耗自己的能量，还能通过运动与同学近距离接触与交流等，并在这种接触与交流中建立起真实的、真诚的人际关系。同时，体育教学对学生的人际关系提出一定的要求，这种要求与体育竞技的公平性、公正性合二为一。如果学生不遵循运动竞赛的规则，那么必然要受到规则的处罚，这就是体育道德与行为规范的基本点，体育教学正是通过运动竞赛这个平台，为学生搭建了社会道德、伦理、公德等社会行为规范体系。我国第八次体育教学改革突出了学生学习方式的改革，其中的"合作学习"主要立足于强化体育教学过程中学生之间的合作与交流，并通过学生有效的合作提高社会适应能力，正体现了"以学生发展为中心"的体育教学理念。

（四）在面向全体学生的基础上，尊重学生的个体差异，因材施教

在学校体育实践中，人们经常会遇到一个两难的问题，即面向全体学生的学校体育与面向少数学生运动员的锦标主义体育之间的矛盾。就理论上而言，上至校长，下至体育教师，对面向全体学生的学校体育理念都是十分理解与认同的，但是真正落实起来，就很容易被无视与忽略。因为学校少数学生运动员能为学校迅速赢得荣誉，而面向全体学生的体育教学与课外体育活动却不能起到立竿见影之效。因此，一些急功近利的学校管理者与部分体育教师选择了避重就轻的路径来实现他们心目中的锦标主义体育目标。近年来，教育部陆续推出了系列阳光体

育运动，如冬季长跑活动、大课间活动、每天锻炼 1 小时活动等。这些活动对于落实面向全体学生的学校体育的确是非常好的措施，也对学校体育向竞技体育异化起到有效的遏制作用。

到目前为止，班级授课制依然是我国一种主要的教学形式。虽然在同一年级、同一班级的学生年龄相仿，智力相当，但是学生之间的个体差异性仍然较为突出，同一年龄段的学生由于生长发育的速度不同，其身体的形态也呈现出较大的差异性，特别是在学生进行体育活动时，其差异性更为显著，如身高、体重、运动基础、身体反应能力、身体素质、运动能力等在其他教学学习中无关紧要的自然属性，却在体育活动中起到重要作用。制定以学生为中心的教学设置的前提是要调查和了解学生的需求。因此，体育教师在课前应对学生的情况进行深入分析，充分把握学生的个体差异，同时不能把它停留于理论层面。真正落到实处的方法是针对学生的差异性制定相应的教法对策，因材施教，只有这样，才是真正落实"以学生发展为中心"体育教学理念的良好举措。而这往往是基层一线教师欠考虑的一个方面。虽然在课前教学设计中有"学情分析"这个项目，但在涉及具体内容时却显得空洞，没有根据不同的学情制定相应的教法对策。因此，在体育教学实践中贯彻"以学生发展为中心"理念，落实"根据学情、因材施教"的策略有待深入探讨与强化。

每个学生都有参与体育活动的正当权利，这是体育教学正当性的一个基本要求。我们不能只顾体育学习成绩优秀的学生，而要尽力照顾到体育学习困难的学生。这些学生在智力方面并没有任何问题，在体育活动方面也是由于暂时的困难而表现出学习的障碍，他们所缺乏的只是教师的关爱与引导。正如 20 世纪美国教育家布鲁姆所说："在班级底层的人，被认为是不可救药的，结果，通过一个不太仁慈的忽视过程，落在了后面……这主要是教师对学生学习上的困难没有采取任何措施的结果。"因此，必须转变观念，全面贯彻落实以"全体学生为中心"的体育教育思想，对体育学习暂时落后的学生或体育学习特困生给予关注与关爱，并在教学中实施分层教学，使不同水平的学生都能体验到学校体育的成功与快乐。

（五）关注学生情感，积极深化与探索"以学生发展为中心"的教学模式

学术主义教学论与人本主义教学论是两种截然不同的教学观，以斯坦豪斯、布鲁纳、施瓦布等人为代表的学术主义教学论主张，以"学科基本结构为中心"来设计螺旋式教学，重视内容安排的序列化，并提倡在教师引导下的学习。以马斯洛、罗杰斯、梅茨等人为代表的人本主义教学论主张，关注学生的认知、感情、理智、情绪和行为等是设计教学的基础。

基于以上两种不同的现代西方教学流派的优缺点，我们在体育教学设置与实

施过程中，第一，要转变以学科为基础的教学体系。第二，体育教师应切实关注学生的运动情感与体验，时刻观察学生体育学习过程中的注意、记忆、情绪表达、情感经验、意志倾向、个性特征等，这些反馈信息是学生学习行为的重要财富，有助于体育教师正确判断学生在体育学习过程中的真实感受，以便采取相应的对策进行针对性矫正与补偿，这也是走出"以教师为中心"教学模式的一种教学策略。第三，"自主学习、探究学习、合作学习"是新教学改革所倡导的新型学习方式，这些方式虽然在教学实践过程中取得了一些可喜的成绩，但也暴露出一些问题，如"盲目自主""低效探究"等现象。因此，体育教师应进一步深化"自主学习、探究学习、合作学习"的学习方式，积极探索如"启发式教学""领会式教学""情景式教学"等教学模式，为深化体育新教学改革打下基础。

第二节　"以教师为中心"和"以学生为中心"的哲学辨析

"以教师为中心"是我国体育教育中传统的教学模式，在该模式下，教师在教学中占据主导地位，学生则作为一种附属品。其表现为：体育教学是以学生"身体操作"为本质的身体活动，是教师受到传统教学思维方式的影响而向学生进行运动技术操作性的经验和运动能力提高的以讲授知识为主的讲授式教学方式。由于运动技能的操作性掌握与运动能力的提高学习起来比较困难和费时间，且单调、枯燥，容易导致体育教师在教学中对学生的学习动力、学习情感关注较少，在学习与掌握运动知识与方法的过程中，自觉或不自觉地直接传授学生既定的运动经验与运动技能，学生主动学习的积极性不高。

当代教育究竟该主张"以教师为中心"（教师中心论）还是"以学生为中心"（学生中心论）呢？应当说，提出这个问题或者回答这个问题都是形而上学。如何将二者统一才是当代教育追求的永恒目标。这就是本节主张的"教师中心论"和"学生中心论"的对立统一，教师的主导作用与学生主体作用的对立统一。对立统一规律是人类认识史上最深刻、最本质和最普遍的规律之一。但是，对立统一规律是认识论规律还是本体论规律呢？也许，世界原本就是统一的，只是由于我们的认识还没有到位，才表现出了千差万别。于是世界便有了差异和矛盾，有了分歧与对立。也许，世界原本就是五彩缤纷、千姿百态的，只是人们为了认识上的方便才把它们进行分类。于是世界便有了秩序，有了结构，有了和谐与统一。也许，世界原本就是对立统一的，于是人类认识也只能是对立统一的了。

自从 20 世纪 90 年代建构主义思潮输入中国后，我国的传统教育思想受到了严重冲击，但由于体制的原因，至今的高等教育基本上还是"以教师为中心"的传统教育模式。黑格尔说过，凡是存在的就是合理的。也就是说，我们依然要充分重视"以教师为中心"的传统模式。2010 年《国家中长期教育改革和发展规划纲要（2010—2020 年）》对教育应"以教师为中心"还是"以学生为中心"做了明确定位，教育要"以学生为主体，以教师为主导，充分发挥学生的主动性""努力培养造就数以亿计的高素质劳动者、数以千万计的专门人才和一大批拔尖创新人才"。为了更好地贯彻和体现创新人才培养目标，我国的教育改革在引进多种先进教育理论来指导的同时，特别强调建构主义的理论指导。

在"以教师为中心"的传统教育中，教师在发挥主导作用的同时，往往忽视了学生的主体作用，而这正是传统教育模式的最大弊端；西方的建构主义则恰恰相反——只强调以学生为中心。按照乔纳森的观点，建构主义就是主观主义，而建构主义和客观主义正好是学习理论和教学理论的两个极端。建构主义主张一切"以学生为中心"，而客观主义主张"以教师为中心"。值得注意的是，在众多教育理论中，也只有建构主义才如此强调学习者的自主学习、自主建构，这就特别有利于学习者创新意识、创新思维与创新能力的培养。什么是建构主义？按照建构主义观点只能自己去建构，因此，建构主义的界定具有明显的个性特征。于是建构主义便有了唯物主义和唯心主义解释，有了内因论与外因论的形而上学解释，有了主导与主体的对立统一解释，等等。

一、"教师中心论"和"学生中心论"的形而上学特征

教师和学生是教育活动的两个基本要素，任何一个教学过程都是教与学相互作用、相互依存、相互转化的过程，也是"教师中心论"和"学生中心论"的对立统一过程。"教师中心论"在教学目标上表现为重知识传授，轻能力培养；"学生中心论"则主张学生自主学习、自主探究。可以说，不管是"教师中心论"还是"学生中心论"，都是形而上学。当然，这里的形而上学是方法论上的形而上学，丝毫没有贬低和拒绝的意思。历史表明，形而上学和辩证法是人类（或人）认识的两个阶段，人类（或人）认识过程就是形而上学向辩证法的上升过程，就是形而上学和辩证法互相交替、无限循环的过程，也是形而上学和辩证法互相渗透、互相依存、相生相克的对立统一过程。

值得注意的是，任何一个拒斥或摈弃形而上学的人最终都将走向形而上学。海德格尔一生都在拒斥形而上学，而他依然是一个形而上学家。形而上学对西方哲学的渗透力和影响力是如此巨大，以至于任何一个想摆脱它的人，都在毫不例外地坚持它；任何一个批评或企图批评它的人，都在自觉或不自觉地发扬它。黑

格尔就明确指出一个没有"形而上学"的民族是一个可悲的民族，而他本人也正是在同那种反对和取消形而上学的斗争中创造了辩证法。马克思把黑格尔的辩证法和费尔巴哈的唯物主义进行了整合，成功地创造了辩证唯物主义。而列宁对形而上学和辩证法在认识论上的地位和作用做了历史定位，明确指出它们都是人类认识史上两棵活生生的大树，只是一棵树开花结果，另一棵树只开花不结果。当然，先辈们说的形而上学都是本体论意义上的形而上学。当形而上学表现为本体论时，形而上学就成了不同流派的哲学基础；当形而上学表现为方法论时，由于它的思维方式静止、孤立和片面，方法论便分为了形而上学和辩证法两大门类；当形而上学表现为认识论时，人（类）的认识过程就分成了形而上学和辩证法两个阶段。事实上，认识论和方法论上的形而上学正反映了人类认识过程由简单到复杂、由现象到本质、由个别到一般的基本特征。我们有理由把形而上学定位在人类（或人）认识的初级阶段。这个阶段的特点就是，由于认识条件的限制，无论我们多么想全面地去把握它（概念或事物），都始终避免不了认识上的静止、孤立和片面，这就是形而上学，这就是认识论和方法论上的形而上学。

西方国家，特别是美国的教育思想界就主张教育要"以学生为中心"。从 20 世纪初开始，杜威就大力提倡"以儿童为中心""以活动为中心"。到了 20 世纪五六十年代，布鲁纳大力推动"发现式学习"，其核心思想也是鼓励学生的自主学习、自主探究。进入 20 世纪 90 年代，以乔纳森为代表的、以主观主义为特征的激进建构主义进一步强调了"以学生为中心"的思想。建构主义主张一切"以学生为中心"，在众多教育理论中，也只有建构主义如此强调学习者的自主学习、自主建构，这就特别有利于培养学生的创新意识、创新思维与创新能力，也顺应了我国教育改革的深化和发展。值得注意的是，20 世纪 90 年代，当建构主义从兴起到兴盛再到激进建构主义时，建构主义已从自身出发走到了自己的反面。随着国际教育技术和教育思想观念的转变，建构主义在西方教育界开始受到质疑，以后则发展成愈演愈烈的指责和批评。而我国学者表示赞同者有之，感到困惑者有之，更多的学者则对 20 世纪 90 年代以来国内外教育技术和教育理念的发展进行了科学反思。

二、"教师中心论"和"学生中心论"都是内因论

心理学家皮亚杰在论述个体的认知过程时曾指出，认知过程就是知识的同化与顺应过程，正是在知识的同化与顺应过程中充分注意到了学习者内因和外因的作用。"教师中心论"强调教师决定一切，在教学过程中，学生只作为外因参与教育与教学过程；而激进建构主义主张一切"以学生为中心"，在学生的教育和教学

过程中起决定作用的是学生，教师只是作为外部条件参与教育和教学过程。"教师中心论"和"学生中心论"都是典型的内因论者，而内因论认为事物发展变化过程就是内因起决定作用的过程。黑格尔的概念辩证法明确指出，概念发展变化的原因是它的内部矛盾，是内部矛盾的"自我演化"。黑格尔的世界就是"绝对精神"的自我展现、自我超越和自我回归的世界。马克思说黑格尔的辩证法是倒立的，应当把它颠倒过来，于是便对它进行了唯物主义改造。改造后的辩证法强调了"事物"而不是"概念"，并成功地应用到社会领域。应当说，无论是黑格尔的"概念"辩证法，还是马克思的"事物"辩证法，都强调了系统的内部矛盾和内部矛盾的"自我演化"。导师们在阐述"概念"或"事物"发展变化的原因时，都看到了内因和外因的作用。但是，有一点可以肯定，那就是他们都没有指出外因可能起决定作用。因此，从本质上讲，他们都是"内因论"者。毫无疑问，"内因论"在唤起无产阶级的自主意识、指导无产阶级革命的长期实践中起过重要作用，甚至是决定作用；在中国社会主义革命和社会主义建设中也得到了充分的体现和发展。但是，在改革开放的今天，在东西方文化碰撞的今天，在全球经济一体化的今天，"内因论"受到严峻挑战。事实上，在事物或概念发展变化过程中，"外因"是可以起决定作用的，在几千年文明积淀下来的文化和生活常识中就可以随处找到这样的例子。时势造英雄、师高弟子强、"近朱者赤，近墨者黑"以及强迫、无奈、不得已、顺其自然和不可抗拒等就是典型的例子。

认识论研究的基本对象是"事物"，也就是说，事物就是指有一定内部结构和外部联系的认识对象。"事物"这一哲学概念在科学技术中常常被称为物体或者系统。而系统一般又可以分为孤立系统和开放系统。前者没有环境，或同环境没有质量和能量交换，而后者是同环境既有质量又有能量交换。辩证法强调了事物发展变化的原因是它的内部矛盾。我们有理由认为，辩证法研究的系统是一个孤立系统，是一个只有内部结构（矛盾）没有外部环境的孤立系统。将这一科学描述做一哲学提升，便自然导出"事物"（或概念）发展变化的原因是它的内部矛盾。最典型的孤立系统就是柏拉图的"理念"，黑格尔的"绝对精神"和唯物主义的"客观世界"。另外，辩证法又主张把事物放在不断运动和变化的过程中去考察，并充分注意到它同外部环境的相互作用和相互联系。因此，辩证法研究的系统应当是一个开放系统，作为辩证法核心的对立统一规律所描述的系统也应当是一个开放系统。于是，人们自然会问：辩证法研究的系统究竟是孤立系统还是开放系统？应当说，辩证法研究的既是孤立系统，又是开放系统。不过有一点可以肯定，即使是开放系统，唯物主义和唯心主义都没有指出外因可以起决定作用。

外因是可以起决定作用的，而外因论也有充分的科学依据。牛顿力学就是一门关于外力的科学，它明确指出了物体运动的原因是外力不是内力。牛顿力学的影响远远超出它自身，自从诞生的那一天起，它就像一位纵横驰骋的将军不断向内渗透，向外扩张。在自然科学、社会科学和思维科学领域都留下了深深的足迹，不愧是人类文明史上一块不朽的丰碑。以牛顿力学为依据的"外因论"也找到了赖以生存的土壤。尽管外因可以起决定作用，但我们并不主张外因论。外因论和内因论都是形而上学。事物发展变化过程应当是内因和外因相互作用、相互依存、相互转化的对立统一过程；在一种情况下内因可能起决定作用，另一种情况下，外因可能起决定作用。当一种因素起决定作用时，另一种因素（即使是"潜存"着）也在通过这种相互作用顽强地表现自己，从而实现了事物发展变化过程的内因和外因相互转化。

三、"教师中心论"与"学生中心论"相结合

我们主张"教师中心论"和"学生中心论"相结合，是因为它们自身都是形而上学的，而形而上学向辩证法提升却是认识发展的必然趋势。在教学过程中，将"教师中心论"与"学生中心论"相结合表现为给学生传道、授业时，还应该充分注意学生创新意识、创新思维与创新能力的培养。教师在给学生传授知识的同时，还应注意给学生介绍科学思想、科学方法、科学发展的历史、现状和前沿等，使学生的知识、能力和素质得到综合训练和提高。教师的职责是教书育人，如果教师能够把科学史、科学方法、科学思想和科学哲学融合到基础知识和专业知识介绍中，就能以立体方式把知识全方位地展现在学生面前，让学生在学习基础课和专业课的同时，既掌握了知识，开阔了视野，又启发了思维，提高了素质。

我们主张"教师中心论"和"学生中心论"相结合，是因为"教师中心论"和"学生中心论"都是内因论，而内因论和外因论都是形而上学。在教学过程中，为了挖掘学生自主学习、自主探究的积极性和主动性，提倡学生凡事问个"为什么"，但我们并不主张怀疑一切，特别是传统。笛卡尔怀疑一切，但他从不怀疑自己，于是便有了"我思故我在"的哲学主张，便有了他开创的二元论哲学。再说，敢于挑战传统、敢于向传统说个"不"字是需要勇气，需要付出，甚至需要付出自己的生命。哥白尼挑战"地心说"被誉为人类文明史上的一场革命，然而，他的巨著《天体运行论》却不得不选择在逝世前3个月出版；布鲁诺宣扬"日心说"被教会烧死在罗马鲜花广场；伽利略宣扬"日心说"，1633年被罗马教皇囚禁，直到1642年逝世，1978年平反。从某种意义上说，传统浓缩了人类精华，因此我们应该辩证地看待它。于是有了继承和发扬传统的主张，有了批判和扬弃的现代文明。面对市场经济的挑战，传统的"教师中心论"已显露出自身的弊端，对此我们决不能抛弃，而应扬弃，当然也不是保护，而是维护。保护是不允许它受到任

何伤害，维护则可以将它改造和组装。

不管是"教师中心论"还是"学生中心论"，都是内因论，而促进认知发展的动力既不是内因，也不是外因，而是二者的对立统一。也许，这就是建构主义的支持者和反对者可以走向融合的深层原因。当今"教师中心论"与"学生中心论"正在走向融合，而这一趋势正好与近年来国际上日渐流行的全新教育思想——混合式学习（BlendingLearning）不谋而合。值得注意的是，正是混合式学习，才充分肯定了两种教学模式之间的互补性。

第三节 "以教师为中心"向"以学生为中心"转换的路径

一、困境分析

1. "快乐体育""健康体育"理念理解的偏差，导致教学中对学生身体练习的比重减少，甚至没有身体素质练习内容，学生身体素质整体水平下滑严重。

对此，近年来教育部多次下发文件并采取了一定的改革措施，如"阳光体育"的开展，重点加强学生身体机能测试等手段，但效果不甚理想。究其原因，在于学生素质提高的直接实施人——体育教师在实施过程中对学生要求不严，追求"快乐"而不讲究效果，教学中借"快乐体育"之名而采取"放羊式"的教学方式的趋势有所抬头。

2. 高校招生规模扩大化，导致体育师资力量严重匮乏，较大的教学压力和科研压力对两个教学主体有着较大影响。

近几年，由于全国高校都有一定规模的扩招，师生比严重失调，现有体育师资力量满足不了当前扩招带来的教学压力，体育教师无法保证足够的精力在课堂上，严重影响教学质量。因此，在追求"快乐体育"思想而片面理解"以学生为中心"的教学方式下，繁重的教学压力导致对新的教学要求的创新改革缺乏足够动力，而采取消极的教学行为。

3. 在教师与学生双主体教学过程中，运动意外伤害事故的发生左右了教学主体行为方式方法，影响着主体教学地位。

近年来，各省高校均出现了由于学生进校体检不严和学生瞒报隐性疾病导致体育课堂教学中意外事故频发的问题，如先天性心脏病、癫痫、脑部病变等。体育教师面临较大的心理压力，一方面，为达到教学目标（终身体育、身体素质机能提高），不得不实施一定的身体机能素质练习内容；另一方面，由于顾虑学生伤病事故的发生，在体育教学中放弃了素质练习要求，抱着得过且过的态度，冠冕堂皇地以"以学生为中心"的"快乐体育"为借口，放松体育教学要求，这也导致教学质量下滑。更有高校取消了最能提高学生身体素质机能水平的传统长跑教学活动，为的就是避免运动伤害事故的发生。

4. 在"以学生为中心"的体育教学中，由于缺少实践经验和中国学生长期以来养成的惰性，学生主动学习的自觉性没有调动起来。

在顾及学生学习情感与学生对教师评价的压力下，体育教学行为多采用以娱乐性为主的轻体育项目为主，缺少运动强度与运动量的要求，失去了体育锻炼是提高学生身体机能素质水平最基本的要求原则。将体育的母体学科如田径、体操等较单调、枯燥和技术能力强的最能提高学生身体素质的项目放在了从属位置，甚至抛弃。这也是两个主体转换过程中学生身体素质水平下降的主要原因之一。

二、对策分析

（一）挖掘与理解"快乐体育""健康体育"内涵

"快乐体育"指的是深层的心理快感或成功感，是让学生在体育运动中体验到参与、理解、掌握以及创新运动的乐趣，从而激发学生参加运动的自觉性和主动性。在立足于尊重学生体育运动中主体地位的同时，重视激发学生体验体育运动中的乐趣，并认为体育教学学习过程本身就是快乐，有吸引力。"健康体育"是在科学发展观指导下的"健康第一"指导思想，强调以学生的发展为中心，其最根本的核心价值就是把学生的发展作为体育教育发展的重中之重，强调健康不是一时的健康，而是一生的健康。

（二）高校规模化过程中，提高师生比例，要始终将教师与学生作为体育教学实践活动中的双主体，离开任何一个都不能称为体育教学活动

在教师的"教"向学生的"学"转换的过程中，要做到：一是"以学生为中心"的教学方式必须是有前提条件的。以自主性、探究性为改革目标，但教师对学生身体素质教学采用灌输式、经验式方式方法应当作为辅助，即"快乐体育""健康体育"必须建立在学生全面身体素质要求之上，不能因为顾及学生喜好而放松——没有强度和量的要求，走极端化的道路。片面化的"健康与快乐"达不到"以教师为中心"向"以学生为中心"的教育理念转换目的，实现不了国家对高校体育教学改革深入提出的目标；二是"以学生为中心"的教学方式是体育教学改革的最终目的，但实施起来还需要一定的摸索、实践过程。在追求"快乐、健康"

中获得体育技能，只将"快乐、健康"提出来并千方百计地强调，是一种本末倒置的思维。只有经过总结—实践—再总结—再实践的过程，才能逐渐建立起一套完整的体系，才符合科学发展观的理论，这是科学辩证法的基础。

（三）在教师与学生双主体教学行为方式中，要求学生学习与掌握运动伤害事故的防范措施，建立体育教学伤害事故保障机制

准确地引导学生对运动伤病和运动伤害事故发生的认识，学习监控自己身体健康状况的能力，认识运动伤害事故与运动过程的关系，持积极乐观的态度看待运动伤害事故，对杜绝运动事故的发生有积极影响，这是学生自主学习能力的要求之一，对发挥教师与学生双主体教学行为方式具有积极作用。

（四）在"以学生为中心"主体理念的教学进程中，重视基础类的体育母体学科如田径、体操等项目在高校体育教学中的地位与作用

在目前改革深入的过程中，随着国家对学生体质的不断重视，越来越多的专家提出在体育教学中要重视田径、体操等体育母体学科的教学。不论是"以教师为中心"还是"以学生为中心"的体育教学思维方式方法，其目的都是让学生在体育运动中体验体育锻炼带来的快乐和体育竞技带来的成功的乐趣。在体育教学的知识性、娱乐性和竞技性学习方面，全面体现学生在体育学习过程中的积极性和学习潜能，提高学生自觉主动学习体育的能力，这才是体育教学改革的目的所在。

第八章　体育教育模式改革分析

第一节　体育教学评价体系的改革

体育教学评价是现代体育教学中的一个重要组成部分，有着不可替代的作用。通过对体育教学进行评价，学校及教师能对教学效果有充分的了解和认识，然后以此为依据，适当地对体育教学中的多种要素做出调整，从而使现代体育教学的科学性不断提高。本章主要对现代体育教学评价的基本理论、改革与发展以及规范与落实进行详细的分析和研究，进而使研究结果更好地为体育教学服务。

一、体育教学评价的基本理论分析

（一）体育教学评价的概念与类型

1. 体育教学评价的概念

简单来说，对体育教学活动价值及优缺点做出评价的过程就是体育教学评价。在这一过程中，必须具有一定的教学目标和相应的标准作为其判断的依据。体育教学评价是在系统地调查和分析的基础上进行的，学校和教师以教学评价结果为依据，合理调整体育教学过程中的各个环节。

有学者将体育教学评价的定义界定为：体育教学评价是按照一定的教学目标，运用科学的教学方法，依据相应的评价标准，对体育教学的过程和结果等给予的价值评判，其目的在于为改进体育教学质量提供相应的信息和依据，最终实现学生的全面发展；还有的学者认为，体育教学评价是依据体育教学目标和评价原则对"教"和"学"两个方面进行的价值判断和测评。

通过对上述定义进行归纳可知，体育教学评价是对结果和过程的价值判断，它既包括对教师的评价，也包括对学生的评价。同时，它对教学活动的目标、内容、手段、方法等方面因素都会进行相应的评价，其评价的重点在于体育教学的质量和学生的学业成就方面。

体育教学评价的具体内容包括体育"教"与"学"两个方面的内容。在体育教学过程中，学生的学习能力、学习态度和学习成绩等方面的变化都在一定程度上反映了体育教学的结果。对体育教学活动的结果进行评价和分析是对上述内容的评价和分析。因此，对学生的"学"进行评价和分析也是体育教学评价的重要内容。总而言之，体育教学评价既包括对体育教师的各方面工作、能力和态度的评价，也包括对学生的学习能力、效果和态度等方面的评价。

2. 体育教学评价的类型

除了过程评价和结果评价之外，按照不同的分类标准，可将体育教学评价分为多种类型。

（1）以评价分析方法为依据进行划分

定性评价：定性评价侧重于对"质"的分析，是对优劣程度的评判，一般用评语或是符号表达。

定量评价：定量评价即为从"量"的角度进行的分析。通过采用多种方法获得相应的资料和数据，然后做出客观、精确的评判。

（2）以评价功能为依据进行划分

诊断性评价：是指以了解学生学习的基础以及查明制约学生学习进步的原因为目的而进行的有针对性的检测与评判。它包括验明问题和缺陷，确定学生在学习中是否存在困难，造成困难的原因有哪些，同时包括对各种优点与禀赋、特殊才能等方面的识别。

形成性评价：是指为了使体育教学效果更好而对学生学习的过程与阶段性结果进行的检查和评判。它在一个新的体育教学方法实施后、一个新的体育教学内容初步完成后或一些新的身体锻炼手段使用后都可进行。

总结性评价：是在一学期或是教学阶段结束后对学生学习结果的检查和评判。检查学生的体育知识、身体活动能力以及技术技能取得了哪些进展。总结性评价注重的是教与学的结果。

（二）体育教学评价的特点与价值

1. 体育教学评价的特点

体育教学评价的特点极其显著，其不仅表现在体育教学评价的总体上，在其目标、方法、主题等方面也体现出了鲜明的特点。具体来说，主要体现在以下几个方面：

（1）体育教学评价的动态性

体育教学改革处于不断更新与发展中，体育教学评价对结果较为重视，同时对体育教学过程评价的重视程度也相对较高。一切体育教学活动都服务于体育教学目的，体育教学评价也不例外。因此，体育教学评价的内容不仅有对体育教学过程的评价，也有对体育教学结果的评价，两者有机统一起来。具体来说，就是在评价过程中，要看这一过程是否有利于达到预定的教学目的，能否取得良好的效果。在评价结果时，则要对取得这一结果的方式、手段与过程进行全面充分的考虑。

（2）体育教学评价目标的发展性

体育教学活动以体育教学目标为根本出发点和落脚点，教学目标将体育教学主体的价值观念集中体现了出来，因此可以说，其也是评价体育教学活动成效的基本依据。传统的体育课程评价体系是以运动技能为核心的教育价值观，从这一点来说，一切体育教学活动的出发点和归宿就是对运动技能的掌握。这种认识上的误区会对课堂教学训练化的结果产生直接的影响，致使教师在课堂上只重视运动技能的传授，而将学生的健康、体育兴趣、态度、能力以及情感等其他方面的发展忽略掉。当前，逐步确立起的以人格和谐发展为核心理念的文化价值观已逐渐发展为被全社会普遍关注的、有前景的文化价值理念。这一理念使得体育教学评价的目标开始注重以人为本，在关注学生现实表现的同时，开始对他们未来的发展表示高度的重视，将学生的长远发展与综合素质的提高视为体育教学评价的主要目的。

（3）体育教学评价主体的多元性

随着新课程的改革，作为体育教学评价主体的教师和学生不再处于消极的被动状态，他们都在积极主动地参与体育教学活动，这充分体现了体育教师与学生在教学评价中的主体地位。把体育教学评价变为学生积极参与、自我反思和逐步发展的过程，使教师与学生之间相互理解和支持，并形成平等、积极的评价关系，这对于被评价者对被评价的过程进行有效监控以及被评价者认同评价的结果都是较为有利的，并可以促使评价主体不断改进，从而获得积极主动的发展。评价过程对参与互动较为重视，通过使学生家长积极参与到体育教学评价活动中，使教学评价变为多主体共同参与的教学活动，从而更加突出体育教学评价工作的效果。在体育教学评价中，只有对评价主体的多元化引起重视，才能将学生的发展状况更加全面、准确地反映出来，也才能对学生综合素质的发展起到更好的促进作用。

在以往的体育教学评价中，多采用以管理者为主的单一评价模式，对于评价，学生只是消极被动地接受，因此可以说，评价在一定程度上给学生的心理带来相当的压力，从而导致其畏惧评价，甚至产生逃避评价的心理。正是由于被评价者积极参与的缺乏，评价者往往不能准确地发现问题，使评价的发现和改进功能不能得到很好的发挥。由此可以得出，包括教师、学生、家长、管理者共同参与的交互过程才是科学的、正确的评价。被评价者成为评价主体中的一员，对于评价者和被评价者之间互动的加强、被评价者的主体地位的提高都是较为有利的。

（4）体育教学评价方法的过程性体育课程的改革发展使得体育教学评价开始不断重视体育教学过程和教学结果。

体育教学评价将以学生体育学习过程的全程跟踪与考察作为重心。教师对学生在学习过程中表现出来的缺点进行分析，同时进行科学的指导；对表现出来的优点予以肯定，同时要为他们制订和改进计划提供一定的帮助，并督促其实施，使学生在体育学习过程中不断发展与完善自己。

教师要对学生学习过程中的点滴进步和变化给予密切关注，对学生日常的学习与发展高度重视，同时要及时给予相应的评价。教师不断通过口头评价的方式及时评价学生在学习和参与体育锻炼的过程中表现出来的具体状况，从而将学生对体育学习的积极性有效激发出来，对于教师与学生之间交流的加强，学生及时了解自己的进步与不足，促使学生更有效地达到体育课程要求是较为有利的。

通过记录体育学习过程，学生对自己的进步过程有更加详细的了解和认识，及时发现自己的缺点和不足，并通过做记录的方式来进行自我评价，促进自身评价能力的有效增强。将学生平时的成绩与期末成绩相结合，并在体育教学评价中各占一定的比例，使学生与家长不再只关注期末考试成绩，这种做法很好地将新课程改革下体育教学评价精神和"以评促学，以评促教，评教结合，教学相长"的评价要求充分体现了出来。

（5）体育教学评价方法的多样性

在体育教学实践中，由于在评价技术和评价方法方面受到一定的局限以及其他因素的制约，每一种评价方法都有自己的长处和不足，也都有特定的适用范围，因此可以说，没有一种体育教学评价方法是万能的。这就要求教师在体育教学评价过程中应以实际需要为主要依据，合理地使用多种评价方法进行综合评价，从而达到公正、客观评价的目的。比如，教师可以通过成长资料袋对学生潜在的发展状况有一个持续的了解；通过仔细观察对学生思想观点的变化进行了解。这样不仅能够将各种评价优势充分发挥出来，而且能够通过互相弥补的方式改正自身的缺点，从而使学生的积极主动性得到更好的激发和发展，也使体育教学评价不断实现公正化与客观化。

2. 体育教学评价的价值

（1）促进学生体育学习兴趣的激发

体育教学评价使得学生对自身的学习状况有了合理的评价，激起其学习的兴趣和积极性，能够使得学生对自身的学习方法进行反思，进而做出更好的调整。另外，通过学生对教师的教学进行评价，能够使教师对体育教学的各方面做出调整，从而更好地满足学生的需求，促进学生学习积极性的提高。

（2）促进教师体育教学水平的提高

体育教学评价能够提高教师的教学水平，使得教师对教学过程的设计、教学方法的运用等方面进行科学的检查，促进体育教学不足方面的改进以及优势方面的发展。

（3）促进体育科研水平的提高

在进行体育教学评价时，需要对各项体育教学工作进行分析和研究，掌握相应的数据和资料，如学生的体质状况、教学方法的应用和革新以及体育教学新技术的效果等。这些数据和资料为进行相应的体育科研提供了必要的支持，能够在一定程度上促进体育科研事业的发展。

（4）促进体育教学管理的完善

体育教学的过程涉及多方面的管理，如教学资源管理、教师管理、学生管理等方面。通过对体育教学的各方面进行评价，能够更好地完善体育教学的管理体系，促进体育教学管理的优化发展。

（三）体育教学评价的原则与内容

1. 体育教学评价的原则

（1）全面性原则

在进行体育教学评价时，全面性原则是必须坚持的重要原则之一。具体来说，主要表现在对组成教学活动的各个方面做到全方位、多角度评价，从而使以偏概全、以点代面的现象得到有效避免。体育教学系统的复杂性和教学任务的多样化往往能够从不同的侧面反映出体育教学质量，表现为一个由多因素组成的综合体。鉴于此，就要求必须多角度、全方位地评价教学活动。另外，需要强调的是，在评价过程中应善于把握主次，区分轻重，抓住主要矛盾，将重点放在决定体育教学质量的主要环节与主导因素上。与此同时，还要将定量评价和定性评价有机结合，使其相互参照，从而对客体的实际效果进行全面准确的评价。

（2）科学性原则

科学性原则是体育教学评价必须遵循的重要原则。具体来说，就是要以客观规律为主要依据，实事求是，努力实现评价方法、标准以及程序的科学化。在进行教学评价时，要将经验和直觉的影响力降到最低，正确的做法是以科学为依据。只有科学合理地评价，才能将体育教学的指导作用充分发挥出来。科学性的要求主要体现在两个方面，一个是评价目标、标准的科学化，另一个是评价方法和程序的科学化。

在体育教学评价中贯彻科学性原则时，要做到以下三个方面的要求：

首先，应从教与学相统一的角度出发，以体育教学目标体系为依据，将统一合理的评价标准确定下来。

其次，还要对编制的评价工具进行认真的预试、修订与筛选，并且要求在达到一定的指标后，才能在实践中进行广泛运用。

最后，要将先进的统计方法与测量手段进行推广并使用，同时要认真严谨地对获得的各种资料和数据进行处理。

（3）指导性原则

在进行体育教学评价时，还要遵循指导性原则。具体来说，就是不能就事论事，而应把评价和指导有机结合起来，只有当评价者对自己有了全面了解之后，才能够有效地指导自身以后的发展。换句话说，就是要认真分析评价的结果，从不同角度将因果关系找出来，将问题产生的原因找出来，并通过信息反馈，使被评价者将今后努力的方向明确下来。

在体育教学评价过程中贯彻指导性原则，需要做到以下三个方面的要求：

首先，必须在一定数量的评价资料的基础上进行指导，从而使缺乏根据的随意评价和表态的现象得到有效避免。

其次，要做到及时反馈，指导明确，一定要避免含糊其辞和耽误时机，避免使人无所适从的现象发生。

最后，要有启发性地做出评价，为评价者留下思考与发挥的余地和空间。

（4）客观性原则

体育教学评价的方法有很多种，学校在进行相应的体育教学评价时，应坚持从实际出发，选择相应的评价方法和评价标准。如果违背了客观性原则，则可能造成体育教学决策的失误。坚持客观性原则不仅要做到方法的客观和标准的客观，最为重要的是要做到态度的客观。

2. 体育教学评价的内容

（1）教师对体育教学过程的评价

体育教师对教学过程或结果的评价是教学质量提高的重要手段，一般可将体育教学评价分为两种评价形式：一种是教师对自身教学状况的自我评价，另一种是教师之间的互评。教师的教学形式丰富多样，其一般的教学行为都包含在备课、课堂组织、练习指导、学生成绩考核等教学活动之中。

针对不同教学行为会有不同的评价标准，如对体育教师的备课情况进行评价时，要看其是否对教学内容和学生的具体情况进行了研究，是否对教学目标、教学内容和教学方法进行准确把握后形成科学的教学方案，其教学方案能否促进学生的全面发展；而对体育教学的组织情况进行评价时，则应看教师是否能够选择正确的教学方法调动学生学习的积极性，使学生取得良好的学习效果。

（2）教师对学生学习的评价

教师对学生的学习过程进行评价是体育教学评价的重要方面，也是较为传统的一种评价方式。教师对学生的学习进行评价有两种方式，能够分别起到不同的效果。

其一，是对学生学习过程进行评价，从而激励学生努力学习，促使学生改进学习方法。它一般包括对学生的学习态度、投入程度、知识和技能的掌握和运用能力以及合作精神等方面的评价。

其二，是对学生学习的结果进行评价，即对学习成绩进行评定，对一阶段之内学生的学习活动进行综合性评价，能够在一定程度上对学生所掌握的相应知识和技能的多少或熟练程度进行评价。

在对学生的学习成绩进行评价时，应结合多种方式进行，综合反映学生的学习成绩。同时，应注意学生自我评定和学生之间的评定，使得成绩评定更为真实准确。

（3）学生对体育教师教学的评价

在现代体育教学评价活动中，学生对体育教师的教学过程进行评价也是其中的重要内容之一，一般可将其分为课堂教学内容和教学方法的实时反馈以及有组织的学生评教活动两种形式。

课堂教学内容和教学方法的实时反馈是非正式的评价活动，学生在学习过程中，通过对教师的教学活动做出相应的评价和反馈，能够使教师更好地把握教学的重点和难点，并为选择更好的教学方法提供必要的依据。

学生的评教活动能够在一定程度上反映教师的能力、教学态度、教学内容和教学效果等方面的内容，形成对教师教学的综合性的客观评价。在进行评价的过程中，一般会让学生从"责任心""知识讲解情况""关心学生"等方面对教师进行评价。通过这种方式的评价，能够更好地促进教学的民主化发展，但是这种方法的弊端在于使教师出现讨好和迁就学生的现象。

（4）学生对体育学习过程的评价

在体育教学中，学生的学习是一个动态的过程，通过学生对体育学习过程进行评价，能够使学生对自身的学习状况进行分析，还能够在一定程度上促成学生民主素养的培养。一般来说，学生对体育学习过程进行评价包括两种形式，即学生的自我评价和学生之间的相互评价。在体育教学过程中，一方面，要强调和重视学生的评价；另一方面，又不能完全依赖学生评价。

（5）其他评价

其他评价有多种形式，包括专家评价、家长评价、媒体评价以及社会各方面的评价等。在体育教学过程中，这些评价可作为一种重要的辅助性评价，为体育教学的改革和发展提供必要的依据。

（四）体育教师教学与学生学习的评价

1. 体育教师教学评价

作为体育教学活动的直接参与者和实施者，体育教师决定着体育教学活动的质量。对体育教师的教学效果进行评价是提高教学质量以及教师的专业素质的重要手段，具体包括对以下几个方面内容的评价：

（1）评价体育教师的专业素质

体育教师是体育课程的主导者，他们直接参与体育课程的教学。因此，体育教师素质将直接影响着教学的质量以及学生的发展。一般可将教师的专业素养分为思想政治素质、教师自身发展的素质、知识结构素质和能力结构素质等方面。

思想政治素质：政治思想素质是体育教师必须具备的基本素质，评价其政治素质是对教师素质进行评价的重要环节。体育教师思想政治素质包括政策的贯彻和执行、工作态度、道德修养、行为习惯等方面。教师的职业道德是思想素质的重要方面，它要求教师对工作积极负责，并且尊重学生，对学生一视同仁。对教师的思想政治素质进行评价时，可采用学生评价和教师自我评价等方式。

教师自身发展的素质：教师自身发展素质即为教师接受和学习新知识、新技术、新思想的能力。体育教师只有不断提高自身的知识储备，不断学习和进步，才能够适应体育教学发展的要求，才能够推陈出新，不断深化教学研究和教学改革。教师的自我学习能力是其应具备的基本能力，只有具备自我学习能力，才能不断满足学生的各项体育需求，才能促进体育教学向着更好的方向发展。

知识结构素质：体育教师的知识结构素质即为教师的知识掌握的广度和深度，教师不仅要掌握基本技能和运动基础知识，还要具有一定的体育专业理论知识，并能够了解体育教学的基本规律和学生身心发展的基本规律。

能力结构素质：能力结构素质即为教师完成相应的体育教学工作的能力，如教学的设计、组织以及教学内容的讲解等方面。若体育教师的体育教学设计与组织能力较强，则其不仅能够科学、合理地安排相应的教学内容，还能够激发学生学习的积极性，促进体育教学活动更好地开展；若教师的表达能力较强，则教师能够以形象、生动的语言叙述相应的知识和技能，从而使学生能够更好地学习；若教师的组织和管理能力较强，则能够协调师生之间的关系，并且能够更好地运用各种体育教学资源，促进体育教学活动更好地开展。

体育教师的能力结构素质还包括教师的身心素质。体育教师具有良好的身体素质是保证各项体育教学工作正常有序开展的基本条件。教师的心理素质则主要是指教师思维的敏捷程度、逻辑思维能力以及洞察力等方面。

（2）评价体育教师的课堂教学

对教师在体育课堂中的表现进行评价，是教师评价的重要方面。在教师的课堂教学评价中，既要注重对教学过程进行评价，又要注重对教学活动的有效性进行评价。具体而言，可从以下几方面进行评价：

课程标准的贯彻：贯彻课程标准的评价，主要包括课堂教学是否紧紧围绕学习目标进行，教学是否符合课程标准的要求，教学是否完成了课程标准所规定的教学任务与教学内容等。具体而言，其包括教学定位是否准确，教学是否符合学生的身心发展特征，是否符合学生的实际情况等。

教育教学思想：思想决定行为，体育教师应具备正确的教学思想，这样才能保证教学活动的科学性。我国现代体育教学的指导思想具体包括"健康第一"与"终身体育"等。体育教师应将这些思想作为体育教学活动的指导思想，促进学生的全面发展。另外，教师还必须具有创新精神，推动体育教学改革的深化发展。

教学内容：体育教学的内容即为教师在体育课堂上讲授的内容。教学内容既要做到丰富全面，又要做到突出重点。在体育教学实践过程中，应注重体育教学内容安排与教学目标相适应，并且教学内容要能够促进学生素质的全面提高，使学生的体能、技能、心理素质、社会适应能力、意志品质等方面得到全面提高。另外，在体育教学过程中，还应注重合理安排负荷量。总之，教学内容应做到科学性与思想性的统一。

教学方法和手段：体育教学手段和方法的评价统称为对教师教法的评价。整体而言，体育教学的手段和方法应符合体育教学原则，教法要具有新意。具体来说，在体育教学活动中，教师要严格贯彻因材施教的教学原则，选择有利于学生身心发展的体育教学方法，激发学生的学习兴趣；所采用的体育教学方法还应该注重发展学生分析问题和解决问题的能力，培养学生的创新思维。另外，教师采用的教学方法还应更好地促进教师和学生之间的沟通和互动。

教学技能：作为体育教师，体育教学技能是其所应具备的最为重要的能力素质。在教学过程中，体育教师首先应能够科学设立教学目标，使教学目标与体育教学目标、学生实际情况相适应。同时，教学目标应具有可操作性。体育教师应该充分整合利用多种教学资源，创设良好的教学环境，吸引学生积极参与其中。在教学过程中，体育教师还应该与学生形成良好的互动，并能够用规范、形象的语言进行讲解，示范动作也应做到规范、优美。对于教学过程中的突发事件，教师也应冷静、沉着应对，保证课堂教学正常进行。

教学效果的评价：对于教师的教学评价最为重要的是对其教学效果进行评价。教学效果评价具体包括教学目标的完成情况、学生的情感体验等方面。具体而言，包括是否能够促进学生知识和技能的掌握，是否能够培养学生的体育锻炼兴趣和习惯，以及学生心理素质和意志品质等方面是否能够得到相应的提升等。

2. 学生学习评价

对学生的学习情况进行评价是体育教学评价的重要方面，通过对学生的学习进行评价，能够使教师对教学任务的完成情况做出更好的判定，同时能为教学活动提供必要的反馈信息，对学生起到一定的激励作用。具体来说，对学生学习的评价主要包括如下几个方面的内容：

（1）体质健康

发展学生的健康体质，增强学生的体能是体育教学的重要目标之一。在对其进行体能考核时，可参考相应的《国家学生体质健康标准》中的各项考核指标，针对不同的年级采取不同的考核标准。具体考核内容见表8-1：

表8-1　初中、高中、大学各年级体质健康测量指标与权重

测试对象	单项指标	权重（%）
初中、高中、大学 各年级学生	50米跑	20
	坐位体前屈	10
	立定跳远	10
	引体向上（男） 1分钟仰卧起坐（女）	10
	1000米跑（男）800米跑（女）	10

（2）学习态度

学生的学习态度在一定程度上决定了体育教学的效果，因此应注重对学生学习态度的考核。教师通过对学生的学习态度进行考核，使学生形成积极向上的学习态度，促进教学活动更好地开展。一般对学生的学习态度进行考核时，可参考以下几方面的考核指标：

a. 是否能够积极主动地参与到体育教学活动中来，表现为学生的出勤数。

b. 能否积极主动地思考，为达到目标而反复练习。

c. 能够全神贯注地投入到体育学习中。

d. 对教师的指导是否能够虚心、认真接受。

为了科学地测量学生的体育学习态度，可通过亚当斯的体育态度量表来进行。学生通过对相应的题目表达"同意"或"不同意"，每条题目确定了相应的加权数，将学生选择"同意"的题目相加，并除以其表示"同意"的题目数，最终确定学生的学习态度。

（3）知识技能

通过体育教学活动，学生可以掌握相应的知识和技能，这是体育教学的重要

目标。学生的学习能力、既有知识和经验等方面具有一定的差异性。因此，在进行相应的知识和技能的评定时，也应具有一定的差异性。在对学生的理论知识进行评价时，应注重学生对相应的知识的理解和综合，注重其对知识的运用能力的考核。在进行技能考核时，一般根据相应的量化指标或是体育竞赛的形式进行，如对学生的篮球技能进行考核时，可通过规定次数的投篮进行；而对其综合技战术能力，则可通过相应的体育竞赛进行考核。

（4）学生心理健康水平和社会适应能力

体育教学的重要目标之一是促进学生心理健康的发展与学生社会适应能力的提高。积极、乐观、自信，能够很好地进行自我调节和控制，这是学生心理健康状况良好的表现。学生良好的社会适应能力则表现为尊重他人、具有良好的人际交往能力、团队合作能力等。在评价和测量其心理和社会适应能力时，可参考相应的心理学量表进行测量，如症状自评量表（SCL－90）、大学生人格健康调查量表（UPI）等。

二、体育教学评价的革新分析

（一）体育教学评价的改革

1. 体育教学评价的现状

（1）体育教学评价内容重体育技能，轻体育文化素质

许多体育教师在体育教学过程中只认识到体育技能教学的重要性，而没有足够重视学生的体育文化素质。体育文化素质具体包括学生的体育思想、道德、行为、兴趣与习惯以及体育学习态度等内容。对学生进行全面的体育文化教育是学校体育课程革新与发展的重要趋势之一。全面的体育文化教育不仅注重将科学的体育知识与体育技能传授给学生，还重视学生身心素质、体育习惯和体育意识的培养与发展，在这些方面对学生进行培养的方法与手段是丰富多样的，具体有思维的方法、生活的方法和行为的方法等。

随着体育教学的不断改革与发展，体育教学评价也应有所改变与创新，这样才能适应体育课程改革的需要。然而在体育教学评价活动中，体育教师对体育技能的评价表现得过分注重，而不对学生的体育文化素质做出及时的观察与评价，导致评价的片面与偏颇，而这样片面的评价无法将学生培养成为全面发展的体育人才，也无法适应社会对全面型体育人才的需要。

（2）参加体育教学评价的主体官方化与单一化

体育教学过程是一个全面系统的过程，体育教学评价是其中一个主要环节，

教学评价在教学过程中表现出多种有效的功能，具体有检验、诊断、反馈、导向以及调控等。通常情况下，体育教师应该自觉主动地组织并实施体育教学评价。然而在体育教学及评价实践中，被评价者的地位大部分是消极的，多元评价主体（体育教师、学生、家长和管理者等）共同参与体育教学评价的理想评价模式几乎没有实现。与此同时，学校与教育部门把体育教学评价当作一种管理体育教学活动的手段与方法。当然，将体育教学评价当作一种管理体育教学的方法无可厚非，这种评价与管理方法有利于对体育教学情况进行客观了解与合理调控。然而体育教学评价毕竟是一种评价行为，完全把它当作一种管理手段，就会变成一种官方行为，会使教学评价的功能无法充分发挥出来。而且体育教师也会在评价中无法坚持自己的价值观，评价的价值与意义就大打折扣了。

体育教学评价的目的和评价主体参与教学评价的积极主动性会大大影响教学评价功能的发挥。通常情况下，体育教学评价一旦作为学校的行政管理方法，就会偏向于评价教学结果，而忽略教学过程的评价。而且在评价过程中，体育教师是十分被动的评价对象，他们几乎不能参与确立评价方案、构建评价指标体系的工作，只能按照规定执行已经确定的评价方案，运用已经设计好的评价指标，很少可以发表自己的意见。在具体评价中，教师为了自己的利益而表现出一定的敷衍行为，只关注影响自己利益的评价结果。所以，体育教学评价要加强自我评价方法的运用，官方评价只可以充当一种辅助评价的方法，而且官方评价是片面的，这种方式的评价结果的科学性与准确性较差。

（3）过分注重评价指标体系的全面性

我国体育教学评价十分注重评价的系统性与全面性，因此教学评价指标体系的建立也注重其在各个方面的实际运用。全面系统的评价指标体系要求指标可以运用到不同大小的评价范围上，因此就需要确定种类繁多而且十分具体的评价指标。这样的评价指标体系貌似具有全面性与较大的可操作性，是几近完美的。但它的缺陷也是很明显的。体育教学评价指标的主要功能之一就是导向功能，体系中的每一条具体评价指标都会在很大程度上影响教学评价的结果，所以评价主体不可以忽视每个具体的指标，评价主体必须全神贯注于指标体系要求满足与完成的问题上，必须做好全方位的准备工作，才可以达到每一条指标，才可以取得更好的评估结果。然而，体育教学这样的评价体系要求体育教师在进行教学工作时，一定要遵循统一教学与评价模式，从而体育教学的整个框架被固化，这对体育教师创造性的发挥及学生个性的培养具有很大的消极影响。所以，体育教学的评价指标体系的全面性要合理，不应该过分强调，否则会适得其反。

（4）对量化的评价指标过于注重

体育教学十分重视量化评价，而且对评价指标的操作性和可比性进行反复强调。

通常情况下，评价主体认为，定量化的评价有利于操作与实施，评价结果具有很强的直观性，而且与其他评价之间具有很强的可比性。所以，评价者过分注重定量评价，而不去钻研评价目的与相关的理论知识，对定量评价的过分关注带来的直接后果就是评价结果带有片面性。评价主体在做出评价时，需要选用一定的评价指标作为评价的标准，为了方便观察评价结果，大多数评价主体会选择用可以量化的指标作为评价标准。例如，学生的达标比例与成绩、学生的训练密度以及运动负荷等。有一些评价指标是不可以进行直接量化的，这时评价主体就把这些评价指标分等级，然后在每个等级上配有对应的分数，至于一些无法直接量化也无法分级量化的指标，就被评价主体忽略了。例如，学生的体育思想与意识、学生的体育习惯与爱好以及学生的体育学习态度与能力等重要的评价指标。

很明显，上述体育教学的评价指标体系具有片面性，以这种指标为依据得出的评价结果是不科学的。从一定程度上来说，这种片面的评价指标体系会导致评价主体盲目追求显性效应的消极影响。所以，要关注无法量化的指标在体育教学评价中的运用，尽管这些指标有着极其微弱的可测性，运用起来有一定的难度，也要竭尽全力去探索、去发现、去创造，从而促使体育教学评价科学性不断提高。

（5）过分注重评价结果

体育教学评价活动在实践中表现出对评价结果过分关注，从而把评价客体在不同阶段的进步与发展状况忽略了，只重视评价结果而不重视过程的评价无法实现形成性评价，也无法充分发挥体育教学评价的诸多功能。

通过对客观标准的应用来检查体育教学活动，并对评价结果进行认真分析与积极反馈，从而促进体育教学的发展是体育教学评价的基本出发点和落脚点，也是体育教学评价的指导思想。这一思想指导评价主体以评价指标为依据对体育教学过程做出客观的评价，对教学中的积极行为做出肯定的评价，及时发现教学行为的缺点，并且提出合理的纠正建议，最终形成科学的评价结果。然而，如果体育教学评价结果直接关系到体育教师的切身利益时，评价就表现出功利性的特点，评价结果的客观性与准确性也会受到影响。评价主体在做出评价时，会将一些涉及切身利益的因素考虑在内，对教学中好的行为大加赞扬与肯定，而对教学的缺陷与问题有所规避，这样的教学评价所反映出来的教学行为并不真实，评价结果也并不准确，体育教学评价的功能也就无法发挥出来，体育教学评价的固有价值与意义也就不存在了。

2. 体育教学评价的改革措施

体育教学评价标准会对体育教师的上课内容产生直接的影响。要完善体育教学评价，就要进行改革。具体来说，可以从以下几个方面入手：

（1）改进评价体制，实施多方位评价

在传统教学评价模式中，评价是教师的"专利"，而学生往往处于被动地位，其评价的权利往往被忽略。教师作为主导者，需要对学生的身体素质基础、运动能力状况等进行充分的了解，以学生的学习、锻炼表现为主要依据进行多种针对性的评价活动，从而将学生的积极性充分调动起来，使教学目标得以尽快实现。随着"水平目标"的设立，教师每个阶段的教学任务都会发生一定的变化，鉴于此，体育教学的内容选择，方式、方法的应用等方面也会相应地朝着多样化方向发展。这就要求在体育教学中主要依据五个学习领域（运动参与、运动技能、身体健康、心理健康、社会适应）来对评价内容进行设立，从而保证评价的客观性和科学性。

（2）通过"学习小组"促进学生协作能力增强

以"学习小组"为被评价单位对于很多项目来说都是适用的，其中，较为适用的项目内容主要有：队形队列练习，小组篮球、排球、足球等比赛，早（课间）操、各种距离的接力等。促进小组内成员合作能力的发展，促进学生社会适应能力的提高是评价"学习小组"的主要目的。由于学习小组内的学生的成绩具有统一性，每个人的学习表现都会对整个小组的学习情况造成影响，所以每个小组内的学生都会自觉地去监督其他不自觉学习的成员，从而促进积极健康的班级学习氛围的形成，这对于学生集体学习积极性的提高和协作能力的提高都是较为有利的。

（3）评价学生的标准由单一向综合转变

在体育教学中，往往会出现这样的情况：一部分学生的先天条件比较好，不用积极进行锻炼，就能够在体育测试中取得理想的成绩。这会对一些先天条件较差而积极进行体育锻炼的学生造成一定的影响。因此，一定要改变以往以单一的锻炼为评价标准的情况，这是非常重要且必要的。在确定体育课的成绩时，应该进行综合考虑，仅以锻炼标准为唯一的评价标准是不科学、不全面的，正确的做法是应该根据课程改革评价精神，对新颁布的学生体质健康标准进行充分的运用。它不仅能够作为测量学生体质强弱的一个标准，而且能够作为学生进步程度的一个参照。

（4）对体育课特有的教学环境资源进行积极开发

相较于其他学科来说，体育课的弱势是比较明显的，导致这种弱势的原因是多方面的。但是，体育课也有一定的优势，那就是其有着得天独厚的课程资源优势来应对课程改革。课程改革提出的要求主要表现为提高学生的社会适应能力、相互协作与人际交流能力。对于体育课来说，教学的环境、教学的载体并不是单一的，而是多样化的，甚至可以与其他年级的体育教师合作，从而使学生的社会适应能力、相互协作与人际交往能力等都得到有效提高，进而使学生学会走出自我，积极参与到其他各类体育活动中。与此同时，还能够使学生学会从他人的体育活动与学习中获取健身知识，学会应用"体育运动"这个载体，使自身的人际交往能力得到有效提高。

（5）综合运用过程评价与结果评价

之前，体育教学评价注重的只是对学生学习结果的评价，关注的重点也只限于学生各项运动的最终成绩，从而使得对学生学习过程的评价被忽略，体育教学评价就无法发挥自身的积极反馈作用，而且无法激励学生学习，体育教学的效果也无法提高。因此，要学会对多种评价方法和手段加以充分利用。对体育教学的各个方面做出科学合理的评定，并及时把评价结果向学生反馈，以使学生及时发现学习中的不足的评价方法就是过程评价。现在不仅要调整评价内容，而且要在平时的评价中直接评价学生的"练习过程"。这样，有利于端正学生对整个练习过程的态度，提高学生的练习积极性与主动性，还能使一些学生过分依赖先天良好的身体素质而缺乏参加体育练习的积极性的现象得到合理避免。除此之外，也能够积极鼓励那些先天身体素质较差但很努力练习的学生。

（二）体育教学评价的发展

作为教学管理的重要手段，体育教学评价受到的重视程度越来越高，并且呈现出较为显著的发展趋势。具体来说，主要体现在以下几个方面：

1. 评价内容不断扩展

体育教学评价的实施是为体育教育目标的实现服务的。体育教学目标一旦明确，体育教学评价的内容就会随之确定。当前，整个学术界和教育界普遍认为，不同学校具有不同的多样化的体育教学目标。所以，体育教学评价内容也逐渐趋向于多元化。具体来说，其已经不单单是技术技能考评或健康测验，而且既包含上新课标规定的五个学习领域的目标内容，也在一定程度上重视心理情感态度的评价。

2. 评价理念不断更新

体育教学评价理念必须要科学，还要符合素质教育发展的要求。我们应将学校体育在素质教育中的地位与作用加以明确，制定学校体育的具体培养目标，从而使体育教学评价目标与体育教学目标达到高度统一，并以体育教学目标为依据进行体育教学评价指标体系的设计。与此同时，还要注意保证教学评价指标的科学性，教学评价办法要有很强的操作性，从而充分发挥体育教学评价体系的正确导向功能。另外，需要注意的是，必须对素质教育加以推广，但这并不意味着要将考试取消，也不意味着体育课只是单纯地流于形式，而是要从根本上建立科学体育教育评价的指导思想。正确的做法主要体现在两个方面：一方面，要用多角度、多方法的综合质量评价取代单一的评价视角；另一方面，要逐步淡化考评的选拔价值与作用，同时不断强化全面教育、检验、反馈以及激励的综合意义与价值。

3. 个体化相对评价的逐步实施

目前，大多数学校中都存在学生厌倦体育课的现象。青少年应该是比较喜欢体育运动的，然而，越是高年级的学生，越会表现出对体育运动的厌倦情绪。这主要是因为体育教学目标设置不合理、体育教学方法采用不恰当、体育教材内容安排不合理等。其中，体育教学评价中对统一评价指标体系的错误运用是导致这一现象的主要原因。例如，学生的先天条件就存在差异，条件好的学生不用努力就能取得好的成绩，而条件差的学生增加锻炼的时间、加大锻炼的强度取得的效果也往往不理想，这就会对学生参与体育锻炼的积极性造成影响。鉴于这种情况，要求实施个体化相对评价。通过运用评价结果来有效激发学生参与体育学习的热情与兴趣，这一评价也有利于促进全体学生的共同发展。

4. 评价方式的综合运用

体育教学评价的这一发展趋势主要从以下三个方面得到体现：

（1）有机结合定性评价与定量评价

在体育教学评价中，选择定量评价方法有利于提高教学评价的科学性与准确性，有利于改变以往定性评价占据主要地位的局面，从而大大提高了定量评价的地位。然而，有一点需要特别指出，体育教育是一个庞杂的系统，大量的人文因素存在于这一系统中，而这些人文因素的评价是无法运用定量评价进行的。比如，心理因素指标，特别是素质教育的提出，对人才的全面性提出了更高的要求，不仅要发展学生的身体素质、增强学生的健康体质，更要使学生不断健全自身的人格，发展良好的心理素质。这就要求将定量评价与定性评价结合起来使用，从而使体育教学评价的准确性和科学性得到有力保障。

（2）诊断性评价、形成性评价和终结性评价的综合运用

传统的体育教学评价注重运用终结性评价。终结性评价方式有明显的缺点，具体是其无法充分发挥体育教学评价的反馈功能，不利于对学生的体育学习起到激励作用，也不利于学生学习效果的提高与教师教学方法的改进。因为往往是在单元学习或阶段学习结束之后才进行终结性评价，所以会导致上述缺点产生。从这一点来看，体育教学评价应改变以往单一的评价方式，实行综合评价，即有机地将诊断性评价、形成性评价和终结性评价结合起来使用。这三个评价方式各具特征与优势，诊断性评价有利于检查学生对某一教材的学习准备状态；形成性评价有利于及时发现体育教学过程中存在的这样或那样的问题，并在发现之后及时

进行反馈，反馈结果有利于完善体育教学工作；终结性评价有利于检查某一阶段的教学情况，从而对这一阶段的教学水平有一个清楚的认识。有机结合这三种评价方式，有利于促进体育教学评价的发展与完善。

（3）充分结合自评与他评

以往的体育教学评价比较重视评价主体对他人的评价，经常忽略体育教师与学生的自我评价。然而，当把体育教师作为评价对象时，需要体育教师对自己做出客观评价，主要是因为体育教师重点从事体育教学工作，对体育教学活动最为熟悉，对体育教学质量也有一个比较清晰的认识，所以要适当地实行教师的自我评价。在运用自我评价的同时，要注重他人评价的积极意义。主要是因为教师对自己很难做到真正地客观评价，他们往往会考虑一些与自身利益相关的因素对自己做出不符合客观实际的过高的评价，因此评价的客观性会有所欠缺。鉴于此，他评也是体育教学中必须采用的重要方法。将他评与自评有机结合起来，才能得出正确的评价结论。

另外，作为教学目标的实践者，学生要想对体育教学进行准确的评价，就必须重视亲身体验。尤其是情感、意志、态度、兴趣等无法用定量评价表现的内容，只有通过自我评价才能获得真实的信息。自我评价对于学生来说是非常重要的，学生要懂得如何正确运用自我评价的方式评价自己，自我评价时要以体育教学目标为主要评价依据，因为体育教学目标有利于正确指导学生的学习。除了要依据教学目标之外，还要把学习目标当作评价的依据，学生学习目标的制定要充分考虑教师的教学目标。依据体育教学目标与学习目标实施自我评价有利于学生正确评价自我能力的提高。

三、体育教学评价的具体实施

体育教学处于不断改革与发展中，在这一改革与发展的过程中，人们也逐渐开始关注体育教学评价的有关问题。体育教学评价的指标体系、方法与模式在新课程改革之后逐渐增多，甚至有一些依靠计算机操作的评价软件也开始出现，这一点充分表明，体育教学评价的科学化、精确化与系统化在不断增强。然而，不能只在理论层面上来研究体育教学评价的指标与方法，更要从实践上来运用这些评价指标与方案，这样才能提高体育教学评价的实践意义。具体来说，体育教学评价的规范与落实主要要做好以下几方面的工作：

（一）科学建立体育教学评价指标

从系统论的方向来看，体育教学目标应该具有科学性、简便性与易操作性，但因为体育教学评价是对体育教学目标完成程度进行考核的一个方法，所以体育教学评价也要像体育教学目标的特征一样，简明、科学并有利于操作。尽管最近几年有关体育教学评价指标的研究逐步被重视起来，然而有很大一部分评价指标依旧存在大量的缺陷，如评价指标比较复杂繁多、不易于操作或操作起来要花费很多时间与精力。所以，建立体育教学评价面临一个艰巨的任务，科学建立体育教学评价指标时要充分考虑我国的国情。评价指标的建立主要要做好两方面的工作：一方面，要从理论上加强对体育教学评价体系的研究；另一方面，要从实践上对体育教学评价进行有效改革。在建立评价指标的过程中，不仅要立足于我国国情，还要对外国体育教学评价的成功经验加以借鉴，使体育教学评价指标体系既具有中国特色，又具有"国际风范"。

下面主要详细分析科学建立体育教学指标的主要环节与步骤。

1. 对指标进行初步拟定

对指标进行初步拟定是研究者以体育教学评价目标为依据，通过自身对体育教学的理解与实践教学来进行的。具体的拟定方法如下：

对因素进行分析，逐级分解评价指标，分解时要以评价内容的内在逻辑结构为依据，逐级分解后的因素就是对评价指标进行初步拟定的方法。评价指标的分解顺序是从高层到低层。级别越低的因素越具体，直到能够观测被分解的因素后停止分解，一个从第一级开始逐步往下排列的指标体系就形成了。

2. 对拟定指标加以筛选

体育教学评价指标在初步拟定后还不够简单、明确，因此，为了保证评价指标的简约性与科学性，要合理筛选初拟指标。经验法是对评价指标进行筛选的主要方法。

以个人或集体的经验为依据归类与合并评价指标，对评价指标进一步加以确定的方法就是所谓的经验法，具体包括个人经验法与集体经验法。

（1）个人经验法

个人经验法是指对评价指标进行设计的个体以自己的经验为主要依据，运用思维的方式（比较、排列、组合）加工初步拟定的指标，决定评价指标的去留。个人经验法方便操作，但受个人经验的影响，被筛选的评价指标通常具有片面性，这是个人经验法的主要不足之处。

（2）集体经验法

集体经验法也就是运用问卷调查的方式进行统计的方法。与个人经验法相比，集体经验法有利于克服个人经验的片面与局限，相对具有更高的科学性。因此，在对拟定指标进行筛选时要注重对集体经验法的使用。

3. 对指标分量加以权衡

确定体育教学评价指标之后，要对评价指标在体育教学评价中的重要性进行科学、正确的衡量，也就是对评价指标的分量加以权衡，从而使评价指标的重要性和地位确立下来。权衡评价指标重要性的方法主要有如下两种：

（1）依靠集体的力量加以权衡

依靠集体的力量加以权衡，这里的集体主要包括学校体育研究人员、教育部门的相关工作人员、学校体育部门领导以及体育教师等，依靠这些人员的经验与力量对评价指标在评价内容中的重要性进行了解，从而为评价指标的权衡提供依据。依靠集体的力量加以权衡比较全面、科学，但很容易因为意见不同而影响权衡结果的统一性。

（2）两两比较加以权衡

将评价指标进行分组，两个指标为一组，有关工作人员对比和评判同一组两个指标的某一特征，运用矩阵形式表示比较与判断结果，从分析结果中对指标的优先顺序进行明确，评价指标的重要性也就一目了然了。

4. 对评价标准进行确定

前三个环节做好之后，就要对体育教学评价标准进行最终确定了。体育教学评价标准的设计过程如下：

（1）标度的设计

定量与定性是表示标度的两种方法。通常用具有描述性的语言（熟悉、不熟悉，了解、不了解）来表示定性标度。

（2）标号的设计

对标度加以区别的符号就是标号。确定标度后，要用一些区别性的符号（优秀、良好、中等、合格、不合格等）来表示标号。

（二）对体育课堂教学质量表示关注

学校体育教学离不开课堂教学这一形式。体育课堂教学的质量随着新课程的改革越来越多地受到关注。

在有关体育课堂教学评价的研究中，一些成功的经验与具有实质性意义的建议被我国的研究人员纷纷提出，然而，这些经验与建议在体育教学实践中并不具备很高的操作性。因为体育课堂教学的评价主体存在或多或少的差异，很难运用量化标准对课堂教学质量做出定量评价，因此也就很难反映出体育课堂教学的实际情况。所以，研究人员与有关学者一定要重视对体育课堂教学质量的评价，积极研究科学合理并具有可操作性的评价方法，促进体育课堂教学质量的有效提高。

（三）促进体育教学评价反馈与指导功能的发挥

体育教学评价具有两个基本的功能，即反馈与指导功能。评价主体在对体育教学做出评价的过程中，不仅要考虑体育教学评价的相关因素，也要考虑与体育教学相关的一些要素，因为评价是为完善体育教学服务的。在对体育教学做出评价之前，首先要确立体育教学目标，并以此为依据进行教学评价。体育教学评价的结果能够比较准确地反映出教学目标的设定是否合理。一般会出现如下两种评价结果：

第一，体育教学评价的结果是良好的，这就说明之前制定的体育教学目标是较为合理的。

第二，体育教学评价没有取得理想的评价结果，这就说明之前制定的教学目标与为教学而做的准备工作相比不合理，需要重新对体育教学工作的各个环节进行有效的调节。

（四）针对体育教师与学生的评价体系分别进行建立

体育教学包含两个方面，即教师的"教"与学生的"学"，所以体育教学评价要从两方面入手，一方面，是教授评价；另一方面，是学习评价。当前，研究学生学习评价的观点比较全面，研究教师教授评价的观点较为片面，其主要注重对教师课堂上教授情况做出评价，从这一点来看，体育教学两个方面的评价目标难以实现。鉴于此，有关专家与学者要进一步加强对教师的教授评价与学生的学习评价的全面研究，要分别建立体育教师与学生的评价体系，以实现体育教学评价的全面性与科学性。

第二节　体育教学改革的成果

一、体育教学的有效性与正当性

在现代社会中，各个行业都将"质量与效率"作为追求的目标。而在整个人类社会中，教学作为一项特殊的实践活动，同样具有提高教育质量与效率的性质。近年来，有效教学得到了教育界各学科教学领域的广泛关注。在体育教学中，随着体育课程改革的不断深入，有效教学同样得到广大体育教师的极大关注。由于有效体育教学理论非常欠缺，在体育教学实践中出现了一些偏差，这就需要对体育课堂中有效教学的理论问题和实践思路进行探究。

（一）进一步明确体育教学有效性的内涵

有效性这一概念是从经济学中产生并沿用而来的。但是，体育教学的有效性概念与经济学中的有效性概念有着本质的区别。在体育教学中，我们不能利用公式非常精确地计算出教学有效性的具体数字。这是因为在物质世界中，物质是人所面对的主要对象，但在体育教学过程中，人（学生）是人（教师）所面对的主要对象。因此，对教学与其他人类的物质活动进行合理的区分，对于体育教学有效性的研究有着非常重要的意义。在体育课堂教学中，应在"教"与"学"相统一的条件下对体育教学有效性进行讨论；反之，如果将教与学割裂开来讨论有效教学是不准确的。这就要求从教师教学行为的实施和学生运动行为的改变两个方面来对有效教学进行认识。主要包括教师在进行教学组织管理、实施教学手段、教学方法和教学策略等方面的有效性和学生在学习运动技术的过程中"学会、学懂、学乐、健身"。

提高体育教学有效性的要求主要有以下几个方面：

（1）提高教材分析的有效性。

（2）提高学情分析的有效性。

（3）提高体育教学目标设置的有效性。

（4）提高体育教学方法配备的有效性。

（5）提高体育教学手段使用的有效性。

（6）提高身体练习形式组织的有效性。

（7）提高场地器材布置的有效性。

（8）提高运动负荷预计的有效性。

（9）提高体育课堂教学气氛调节的有效性。

（二）进一步明确体育教学正当性的内涵

体育教学的有效性在体育教学中被提到的次数很多，而体育教学的正当性则相对较少。在体育教学中，由于某一个指向某一目的的教学行为往往会影响学生的其他方面，体育教师在教学过程中的任何举动都会对学生产生一定的积极作用或消极作用，就使得体育教学的正当性成为一个不容忽视的事实。有效的价值取向常常会使体育教师过多地关注教学本身对实现体育教学目标的意义，而忽略了它所产生的种种影响，从而使得一些有效的教学转化成了不正当的教学。由此可见，对体育教学有效性与正当性问题的讨论是非常必要且重要的。

一般来说，有效的体育教学并不一定是正当的，而正当的体育教学也不一定是有效的。体育课程教学相比于其他课程教学有着较为明显的特殊性。教学的正当性问题在体育教学中的重要性就显得尤为突出。从教学正当性的角度来看，体育课程教学的特殊性主要体现在以下几个方面：

（1）体育课程教学中，在参与体育学习方面学生参与权益的正当性。

（2）体育教师领导作风的正当性。

（3）尊重学生的个体差异，实施差异性教学的正当性。

（4）体育教学比赛与运动游戏的公正性、公平性。

（三）体育教学有效性与正当性的关系

体育教学的有效性与体育教学的正当性是辩证统一的关系。体育教学的正当性是体育教学有效性的前提，体育教学的有效性是体育教学正当性的核心。仅重视体育教学的有效性或正当性都是不合理的。

在具体的体育教学实践过程中，体育教学的有效性与正当性通常会表现为以下几种情况：教学有效但不正当、教学正当但低效、教学有效且正当、教学不正当且低效。

1. 将体育教学正当性作为体育教学有效性的基础和前提

在体育教学中，教学有效性的概念对教学的经济学价值过于强调，却忽略了人参与教学实践活动的主观能动性。参与体育教学活动的主体不是"一个"，而是"几个"，即一个体育教师、多个学生，这里就存在师生之间的交往和生生之间的交往。在众多的相互交往过程中，人的主观能动性得到了最大限度的发挥。如果只是从经济学的角度来对体育教学的效果进行认识，就会否定"人"在实践过程中的巨大作用。因此，在对体育教学的有效性进行考虑的同时，要对人的行为、思想、情感意志等活动的问题进行考察。也就是说，这些具有人的气息的活动是否与建立在人类经济基础之上的社会伦理道德相符合。体育教学的正当性就是站在体育教学伦理性的角度来对体育教学的有效性进行考察。人的"互交"作用在体育课程教学的实践过程中表现得尤为明显。教师与学生之间在进行语言交流的同时，会通过身体语言进行直接或间接的交流；学生与学生之间同样有着非常频繁的交流，他们不仅通过相互观察进行学习，还会有身体之间的直接接触。这些特殊的体育活动交往形式会对整个体育教学过程的多变性和不可预测性产生影响。因此，在强调体育教学有效性的同时，要对体育教学的正当性进行考察。

2. 在体育教学有效性的层面实施体育教学的正当性

在体育教师、学生、体育教学内容、运动器材等众多因素相互作用的过程中，首先，体育教师要对体育教学的正当性进行考虑，也就是从学生主体性的角度对体育教学活动与体育教学的伦理性规律是否相符进行考察。其次，要在此基础上对体育教学的有效性进行考虑。这是因为正当的体育教学行为不一定是高效的。这就需要在对体育教学正当性给予关注的前提下，最大限度地提高体育教学的有效性。体育教师在贯彻体育教学思想、制定体育教学目标、选择体育教学内容、选择体育教学方法与评价方法等方面要与学生学习的基础、学习兴趣、学习动机相符合。在体育教学过程中，在实施体育教学正当性的前提下，要使体育教学的效率得到充分发挥，从而提高体育教学的有效性。

3. 把握体育教学正当性的达成途径

体育教学的正当性与体育教学的伦理价值有着直接的关系，体育教学正当性的逻辑起点就是师生交往的互动性与学生的主体性。首先，在体育教学实践活动中，学生表现出来的不同情绪与情感往往会对体育教学的效果起到不同的甚至是相反的作用。因此，在体育教学过程中，体育教师要根据学生的特点来安排正当的教学行为。其次，体育教师与学生的交互作用在整个体育教学活动中每时每刻都在进行着，体育教师在对学生进行指导和反馈的过程中，要特别重视自身的言谈举止，既不能放松学生，让学生为所欲为，进行"放羊式"的课堂教学；也不能对学生进行侮辱、谩骂和殴打，使学生遭受身心摧残，甚至心理阴影。

在体育课堂教学中，体育教学的有效性和正当性是其中两个必不可少的因素，体育教学的正当性是进行有效体育教学的前提，而体育教学有效性是体育教学正当性的核心。两者之间辩证统一的关系为目前体育教学中只关注和重视体育教学有效性的现象提出了警示：要在不违背体育教学伦理性原则的前提下，追求体育教学的经济学效益。体育课堂教学的最高境界就是要贯彻正当的、有效的体育教学。

二、体育教学的多样性与创新性

（一）体育教学改革的多样性

高校近几年的体育教学改革在上课的形式、内容、方法、模式、评价等方面都取得了突破性的进展。过去不敢想的事，现在敢想也敢做了，已经初步形成了"百花齐放"的新局面。随着现代教育理论与实践观念的不断创新，高校体育教学的改革将进一步放开与开放，为了适应现代科学技术对人才培养的需要，未来的高校体育教学改革的发展趋势是更加全面的多样性。

1. 上课形式的多样性

根据国家教委的规定，大学体育课每周 2 节，本科开设 3 年，专科开设 2 年。随着近几年高校体育教学的不断深入，开课的形式发生了较大的变化，可以说是多种开课模式并存。改革前是每周普修 2 节。改革后是：第一种是第一年普修，第二年或第三年选修；第二种是第一、第二年普修，第三年选修；第三种是进校就开始选修 2～3 年；第四种是采取"三自"，其中一自是由学生自选上课时间，随便你早、晚，星期六、日都行；另外，还有不安排正课时间，而是利用课外活动时间上体育课等。笔者认为现状是正常的，符合高校学校体育改革的发展方向。随着时代的发展，现代教育理论与学校体育观念的不断更新，高校体育上课的形式将会更加多样性，甚至可能出现某些高校在条件成熟的情况下率先取消体育课的模式，也可能有每周开设 3～4 节体育课等普遍现象。

2. 教学内容的多样性

体育教学内容是以体育教育为目的，选择一些身体练习和比赛手段，经过组织加工，在教学中运用内容的总称。体育教学内容具有教育性、科学性、实践性、健身性、快乐性等特点。它是随着社会和教育事业的发展而发展起来的，具有一定的时代性。现在大学体育教学大纲的内容经过这么多年的教学实践，师生们已认识到其适应不了时代发展的要求。主要的弊端是失去了体育教学的本真，竞技技术太强、太专业化；从小学到大学内容单调、枯燥、娱乐因素少；教材有一定的难度，教与学都存在困难；达标要求较高，提高不了学生的积极性；课后不好进行锻炼，器材规格专业化等。现代大学体育教学的观念是注重身心全面发展，以知识技能为主导，以培养体育素质为重点，充分发展学生的兴趣、爱好、能力与个性。近几年国家教委对高校体育教学改革放得较开。

目前，大多数高校的体育教学改革结合学校的实际，大都以学生自愿选修上课为主，比较适合当代大学生的要求，体育教学内容丰富多了。有些名牌大学，根据学校的优越条件，结合学生的兴趣，开出 40 多个体育项目供学生上体育课选修。其他多数高校都力所能及地创造条件，尽量开出一些同学们喜爱的体育项目，满足学生上体育课的需求，取得了较好的教学效果。今年，体育教学内容的改革按照国家教委体卫艺司体育处季克异同志的话讲，就是"放开、开放"。过去的体育教学内容规定得太死，不能"因地制宜、因人而异"，今后教学内容设置要多考虑以学生为主体，进行弹性设计，让手段为人服务，锻炼手段围绕人，学校、教师、学生都有较大的选择余地，这就是"放开"。所谓"开放"，指的是原来的教学内容体系基本上是封闭式的，现在放开一个口子，允许地方和学校根据学校的实际和乡土民情自行设计一些教学内容。这样一来，新的体育锻炼手段和方法就会不断涌现，体育教学内容也会丰富起来。高校体育教学内容改革更应该充分发挥高校的人才优势和良好的人文环境，创新一些具有中国特色的新兴体育项目和身体练习手段。总之，未来高校的体育教学内容改革必然体现多样性，充分做到丰富多彩，供学生和教师选择的内容会更广泛，同时会使体育教学成为学生喜欢、充满乐趣、能全面锻炼身心的真正有用的知识。

3. 教学模式的多样性

近十几年来，体育教育工作者对体育教学模式的研究日渐增多，已产生许多新的体育教学模式，如发现式教学模式、快乐体育教学模式、创编学生教学模式等数十种。因为体育教学模式能解决教学方法、教学手段、教学组织形式在教学过程中带来的问题，所以对它的研究已经成为当前体育教学理论研究和体育教学改革的重点课题之一。尽管当前对体育模式的认识还没有一个比较统一的界定，但这并不影响对它的研究与实践。笔者认为，当前对体育教学模式的研究与实践已形成许多比较成熟的新的教学过程类型和新的教学方法，这些新成果提高了体育教学质量，在理论上也已形成一些有深度的研究领域。如毛振明教授对体育教学模式研究论述得就比较清晰，使人好理解与操作，为我国的体育教学理论研究和体育教学改革提供了新的理论思路。随着体育教学改革的进一步深入，现代教育理论与观念不断充实到体育教学中；新兴体育项目不断落户学校；具有民族特色的传统体育逐渐科学化、系统化，教育意识增强；不同对象对教学模式的适应等因素，也会对原有模式中各要素或结构进行调整、更新，不断注入新的内容加以充实。未来对体育教学模式的研究将更加重视教法与学法的统一，具有几大发展趋势：突出教学的全面性和主体地位；调动学生学习的积极性和主动性；新兴体育项目、民族传统体育、发展情商型等类型的教学模式不断产生，特点就是多样性。

4. 教学方法的多样性

体育教学方法是体育教学论的重要组成部分，是完成教学任务、提高教学质量的重要手段与方法。它是教师怎样教和学生怎样学的一种双边互动活动。传统的体育教学方法的形式大多数体现的是教师讲、学生听，教师示范、学生练习一类的方法。这些方法经过我国40多万教师，特别是近十几年的潜心研究与实践，已经形成几大类数十种方法的庞大体系，这种趋势还会进一步发展。随着体育教学理论与观念的不断更新，现代科学技术手段被体育教学广泛采用；不断引进国外先进的体育教学理论与方法；体育教学中信息传导的途径和方式不断增加；国内的专家、学者、教师也从不同的角度结合教学实际进行多种多样的体育教学方法的改革与研究，新的教学方法会不断涌现，过时的方法也将逐渐被淘汰。作为高校体育教育工作者，一方面，要针对现代体育教学观和大学生的特点，结合高校体育教学实际不断研究新的教学方法；另一方面，要带头研究适合中、小学的体育教学方法，更应与时俱进，具有驾驭体育教学方法向多样性发展的能力。

5. 体育评价方法的多样性

体育评价是指对学生体育能力的评价，其既是对学生体育知识、技术等认识方面的评价，也是对学生的体育态度、习惯、兴趣、爱好、意志、品德及个性发展等非智力因素方面的评价。过去，对学生的体育评价主要从竞技角度评价较多，以国家颁布的《体育教学大纲》的标准和《国家体育锻炼标准》为依据，有的初中以初升高的体育考试内容为标准。应该说，考试评价标准比较单一，不够全面，有许多弊端。更有甚者，一些教师将整个教学只安排锻炼标准或加分考试标准内容，置《大纲》于不顾，将体育教学本真扭曲。这样的体育课怎么能受学生的欢迎呢？高校的体育教学评价稍为好些，主要考体育知识的掌握和不同项目的技术、技能，但也有些不尽如人意的。随着高校体育教学改革的深入，今后高校的体育教学对学生的评价方面将会向体育综合知识掌握与运用、体育技能的进步与提高、体育学习的态度和积极性、体育的兴趣与爱好、体育的行为规范、人与人之间的交往与融洽度等体育素质方面发展。应该说，评价内容更加全面，评价方法更加多样性。同时会对学校体育和社会群众体育评价起到指导和推动作用，使体育评价更加科学化。高校体育教学经过 20 多年的改革，特别是最近几年，在教学形式、内容、方法等方面取得了较大突破，已经形成较好的理论与实践框架和学术氛围。按照"三个代表"的精神，笔者认为，高校的体育教学改革应该走在全国学校体育改革的前例，应代表中国学校体育教学改革前进的方向。我国高校体育教学改革方兴未艾，将向更加全面丰富多样化方向发展。

（二）体育教学改革的创新性

高校教学改革始终是提升高等教育质量的重要部分，高校体育教学改革也随之一同进行，各地区、各高校根据自身不同的特点和需求进行相关研究及讨论，在众多专家和体育教育工作者的共同努力下，取得了显著的成效，为高校体育教学改革贡献了力量。然而，在改革的进程中，很多专家学者对一些新观念、新想法都保留自己的态度。而由于对创新缺乏全面深刻的理解，导致部分体育教育工作者出现了迷茫和困惑，无法真正做到创新，很多问题都生搬硬套，不能从根本上解决问题，从而影响和制约了高校体育教学改革的顺利发展。这应该引起各部门的重视，了解高校教学改革的指导思想，认识到紧迫性，沿着创新思路的方向，运用创新型实用性教学等方式来使高校体育教学改革健康、顺利、持续、稳定发展。

1. 高校体育教学指导思想与紧迫性

（1）指导思想

国家在颁布的《关于深化教育改革全面推进素质教育的决定》中明确指出，学校体育要树立"健康第一"的指导思想，并且提出了发展我国学校教育和培养人才的要求，所以高校体育教学改革也必须紧紧围绕指导思想有序进行。高校体育教学改革要逐渐转到"以人为本"的教学方向，重视学生强身健体意识、终身参与体育锻炼的习惯以及自我健身能力的培养，同时要注重体育创新方面能力的培养，把素质教育和终身体育的思想结合起来，走体育教学改革的新道路。

（2）紧迫性

高校教育发展的要求。由于高校教育事业的快速发展，高校体育教育也有了突飞猛进的发展和提高，不过仍然处在探索的初级阶段。最近高校教育改革的提出使高校教育模式和教学体系都发生了前所未有的变化。那么，如果想使高校教育变得更具特色，发展高校体育教学就显得极其重要。因此，高校体育教学改革也就迫在眉睫。

高校体育教学现状。从目前的状况来看，有些高校是由过去的中专学校升格改制而成的，在体育教学方面基本还是比较传统的中专教学模式，没有完全体现出高等体育教学的特色，不是按照高校教育的目标来培养人才，也没有做到将全民健身和终身体育相结合，这样的教学体系远远没有达到高校教育发展的要求。再加上教学经费投入不足、场地设施不完善等一系列问题，高校体育教学受到严重影响，亟须进行体育教学改革，让高校体育教学发展更顺利。

2. 高校体育教学改革的创新思路

（1）高校教学理念要有特点

现阶段主要有两方面的因素影响着高职体育教学改革。第一，大部分高校的体育教学改革都是按照本科公共体育教学改革的方式进行的，没有考虑实际情况从自身角度出发，绝大部分都是对本科院校的借鉴与模仿。第二，目前我国高校教育事业与以往大不相同，在专业课程上开始主张要打破理论与实践的界限，强调理论与实践相结合。同时，借鉴国内外优秀的职业教育教学经验，再根据自身特点和情况建立全面综合的职业教育教学体系，运用项目教学、过程教学、情景教学等方式。然而，在高校体育教学的改革进程中，由于一些体育教育工作者盲目地追求创新，没有考虑高校教育的实际特点就照抄照搬其他模式，导致高校体育教学改革没有得到真正的发展，效果并不显著。

高校教育是根据职业岗位或者岗位群设置专业并具有职业针对性的教育体制，我国高校教育把培养技术应用型人才作为比较明确的培养目标。美国著名的管理学家彼得·杜拉克将同时进行体力与脑力工作的人叫作"技术人员"，可见体力工作与脑力工作同样重要。而高校体育教育是帮助培养体力工作能力的重要手段，也是培养技术应用型人才的基础。

由于我国经济实力不断增强，社会对体育的要求越来越高，需求也越来越大，体育与职业教育的结合已经成为社会发展的趋势，二者作为社会发展的产物，相互影响，缺一不可。高校体育教育除了要教授学生运动知识和技能以外，还应该培养学生的终身体育意识，为学生的职业需求服务。因此，在高校体育教学安排中不但要传授知识和技能，而且要传承体育文化，激发学生的学习热情，培养学生的学习和锻炼能力，帮助其树立正确的体育意识，这样学生在学习过程中既获得了知识，又锻炼了体质，还健全了人格。高校体育教育就应该将社会需求和个体需求、体育和心育、理论和实践系统地结合，以达到全面提高学生身体和心理素质的高标准、严要求。

（2）高校体育教学内容要有特色

满足学生兴趣。兴趣是一个人学习和进步的最大动力，也是最好的老师。条件允许的学校应该充分了解学生对哪些运动项目比较热衷和关注，根据了解的结果安排开设学生感兴趣的项目课程，让学生能在学习知识的同时尽量掌握一些体育技能，从而养成较好的锻炼习惯，达到强健体魄的目的。

推广民族传统及大众娱乐健身性项目。学校可以推广一些不受场地或器材限制的民族传统及大众娱乐健身性项目，这样不但可以使学生从民族传统项目中了解民族文化，还可以使学生掌握社会流行且实用的健身知识和技能，为有一个强健的身体打下坚实的基础。

注重学习能力的培养，为终身体育理念服务。学校除了开设学生感兴趣的体育项目让学生可以参与以外，还要注重学生学习能力的培养，在教学中指导学生学习，帮助学生树立终身体育的理念，并且掌握学习体育技能的能力，从而真正达到终身锻炼的目的。

教学内容应为学生职业所需服务。不同专业的学生将来从事的职业也不同，该职业对学生体能方面的要求也有所不同，因此，高校在安排体育教学内容时，要充分考虑到不同专业学生的不同需求，适当地开设一些如提升专业技巧课、岗位体能培训课、能力拓展训练课等与学生专业密切结合的课程，从而提高学生的专业素质，为学生能够具备职业所需的专项身体素质服务。

（3）高校体育教学要遵循体育教学的规律

高校体育教师在教学中不仅应该要求学生认真听课、耐心观察和善于思考，而且应该要求学生积极参与。高校体育教学课程的参与不同于其他课程的参与，因为许多体育项目对学生的身体素质和运动天赋都有不一样的要求，这也是影响学生掌握运动技能水平不同的个体差异的关键性因素。高校在进行体育教学改革的过程中，要遵循运动技能的形成规律以及体育教学的规律，尽量减少体育教学班级的人数，这样不但可以提高教师的教学质量，也可以确保学生能够在学习中使用体育器材，尽可能地降低主观因素对学习效果产生的影响，从而取得更好的教学效果。

（4）高校体育教材要有特色

高校体育教材有多种版本，几乎是改编自大学本科体育与健康的教材，不能体现出高校体育教学的特色，也无法向高校的学生传授全面的健康知识和技能。因此，在编写高校体育教材时，要更具有针对性和实用性，在一些传统的体育教学内容上做到精讲精练，多增加一些关于职业与健康、常见职业病的介绍和预防、体育康复训练、专业技能和岗位体能训练指导等方面的内容。这样高校体育教材就具有了自身特色，可以更好地满足高校学生对体育与健康知识以及专业技能的需求，让学生终身受益。

（5）高校体育教学改革要结合学校的实际情况

我国地域辽阔，经济条件与社会发展状况也十分不均衡，这导致各地区高校在基础设施建设方面也存在极大的差别，尤其是在体育设施建设方面，经济相对发达地区与相对不发达地区的差距日益扩大，这种现实存在的状况严重影响了高校体育教学改革的实施。因此，我们不可以脱离实际情况而空谈一些改革理念和改革措施，必须根据高校所在地区和其本身的实际情况进行有针对性的改革，这样改革才能更具操作性和实效性，不会止步不前。

（6）加强高校体育教师的培训

在大众对体育运动越来越关注、需求越来越多的今天，校园体育教学也日益成为人们关注的焦点，要想取得较好的体育教学成绩，除了国家政策和学校相关部门的共同努力之外，体育教师的综合素质也是关键因素之一。在教学中，教师不但要掌握扎实的理论知识，还要具备教学方法的运用、课堂的组织与管理以及体育文化的传播等方面的能力，这就需要教师不断地进行理论知识、实用技能等方面的更新和学习。因此，高校要加强高校体育教师的培训，就要将重点放在专业教师的学习、培训、进修、考查等方面，教师水平的不断提高必将使高校体育教学改革逐步赶上并适应高校教育改革的步伐和趋势。

3. 创新型、实用型体育教学

（1）创新型、实用型体育教学的地位和意义

创新型、实用型体育教学是高校素质教育的重要组成部分，根据学生的专业以及将来可能从事的职业特点和需求组织相应的教学活动和适当的教学安排，培养学生未来所从事职业应必备的一些实用性体育常识、较好的身体素质、出色的专业素质、终身进行体育锻炼的能力等。这种教学可以促进学生职业特殊性体育素质的提高，该素质可以帮助学生克服从业过程中的一些外界影响，这种能力包括生存、发展、抗挫折等。高校的学生大都在毕业之后从事生产、管理等一线的实际操作工作，对其职业特殊性体育素质的要求也就相对较高。因此，高校在安排体育教学课程时，应适当加入一些职业实用性体育教育内容来配合教学，从而

提高学生在体能和技能等方面的能力。另外，还应该培养学生的社会适应性和抗挫折能力，在全面提高学生身心素质的同时，提升学生的劳动就业能力。

（2）具体实施措施

根据发展形势更新教育观念。高校体育教育的指导思想要逐渐改变过去仅以增强学生身体素质为主的观念，应该根据发展形势和体育项目的特性，把体育运动的教育性、健身性、娱乐性等融入体育教学中去，这样使体育教学始终贯穿在高校教育的整个过程，从而增强学生的体能并提高学生的从业能力。当前高校的发展形势是以就业为导向，根据社会需求来设置专业，从培养就业能力的角度出发来设置课程，这就充分体现了高校教育的特色。高校要根据发展形势，更新教育观念，把提高学生身心素质作为教育目标，开展有利于学生发展的创新型、实用型体育教学。

根据专业的职业特点合理安排课程。高校应根据专业的职业特点合理开设多种类型的课程，打破传统以院系、班级为单位的教学方式，将学生进行自由重组，从而满足不同专业、不同兴趣爱好以及不同水平的学生的需求。教师应选择恰当的教学内容，与时俱进，更新观念，从而更加有效地开展创新型、实用型体育课程，发挥其职业功能和增强身心健康的功能。这样有针对性地安排课程，不仅能够充分调动学生的积极主动性，还能更加顺利地完成教学任务，也有利于高校学生的职业身体素质的提高。总体来说，高校体育教育应该根据专业的职业特点来安排课程，这样更利于达到专业培养的目标，从而建立能够适应学生发展需求的创新型、实用型体育教学新模式。

（3）注意的问题

注意合理性：在教学的过程中，要合理地安排教学内容和运动量，按照选择性、针对性等原则适当安排。另外，在强度较高的学习之后，要适量进行放松的活动，从而起到消除身心疲劳的效果。

强调终身性：在教授知识和技能的同时，要帮助学生树立终身体育的理念，帮助学生选择适合专业特点的体育项目，再按照专业和身体情况的改变制定科学的锻炼方案，从而有效地预防职业病的发生。

高校体育教学改革是高校教育改革的重要组成部分，也是一项系统、全面的大工程。在进行改革的过程中，要打破现有的传统的教学体系，建立能够适应高校教育发展的教学系统，将教学目标从"体制教育"逐渐向"健康教育"转变，帮助学生树立"终身体育"的意识。同时，高校体育教学改革要始终坚持走创新的道路，这样才能使改革的步伐更快、更稳健。

三、考核方法的有效性与创新性

针对目前高校体育课程考核中惯行的"考核是区分学生体育能力的基本工具"的现象，以南京理工大学紫金学院为试点单位，认真贯彻"考核是促进学生身心健康的重要手段"的指导思想，进行体育课程考核方法的改革与对比实验。结果表明，改革后的考核方法在专项技能教学中达到了事半功倍的效果；在提高学生的身体健康素质水平，转变学生的体育态度、运动动机及提高学生的运动频度，开阔学生的体育兴趣上明显优于传统考核方法，更有助于当代大学生体育运动习惯及终身体育意识的培养。

体育考核与评价方法的改革是体育教学改革中的关键，其指导思想的确立与运用不仅牵动着体育教学的改革，还直接影响高等学校体育教学指导思想的转变。随着我国素质教育的不断深入发展，作为检验和反馈学生学习效果的体育考核如何能客观、全面、准确、合理地评价学生体育学习的综合情况，适应素质教育的要求，促进学生体育素质的形成是一个急需体育教育工作者研究和解决的重要课题。近年来有关体育考核评价的相关研究表明，现行的大学体育课程考核体系的指导思想与素质教育的指导思想有偏差，导致考核内容不全面、比例失当、方式主体单一、标准过于绝对等问题，严重阻碍了学生体育课上学习与课外练习的积极性，也不利于学生体育锻炼习惯的养成及"终身体育"意识的培养。为贯彻"培养学生的体育文化素养、提高参与体育活动的能力、树立终身体育思想"的素质体育教育工作方针，本文在对高校体育考核的相关文献资料完成收集与论证的前提下，结合江苏省多所高校现行体育考核方法的调查分析，对现行的考核方法进行了改革与创新，并以南京理工大学紫金学院为试点单位进行两个学期的对比实验，辨其利弊，究其原因，以便为大学体育课程考核评价体系的改革提供理论借鉴。

（一）研究对象与方法

1. 研究对象

本次调查采用随机抽样的方法，从南京理工大学紫金学院 4 名不同运动项目（网球、篮球、跆拳道、武术）的体育教师中各抽取 2 个男女比例大致为 2∶1 的选项班，共 8 个班，其中 4 个不同项目班组成实验班，另外 4 个班为对照班，共 328人。调查样本组成如下（见表 8-1）：

表8-1　研究对象情况（单位：人）

对象类型	网球班		篮球班		武术班		跆拳道班	
	男	女	男	女	男	女	男	女
对照班	25	12	29	16	28	14	27	13
实验班	23	12	31	14	29	15	26	14
共计	72		90		86		80	

2. 研究方法

（1）文献资料法

查阅我国与体育考核评价相关的政策、法规和纲领，了解我国教育部对于体育考核评价的文件精神。收集整理国内外有关体育考核评价的书籍、论文、科研报告等资料，把握体育考核评价的发展动态。

（2）调查法

在实验前后采用问卷调查法和访谈法对实验组和对照组学生的体育态度、体育兴趣、动机与行为进行调查，并将测验和调查所得数据进行统计学处理。问卷由21个问题构成，其中包括19道封闭式问题和2道开放式问题，采取当场填写、当场回收的方式，有效回收率为97.6%。另外，又从被试学生中随机抽取40名学生进行个别访谈，其中男女生各20名。

（3）教学实验法

实验设计：4名专项课教师于2014年9月—2015年7月对研究对象进行两个学期的专项教学实验，每学期开课16周（32学时）。其中，对照组以现行的专项技能、身体素质与平时成绩三项内容为主、标准绝对统一的终结性考核方法，实验组则采用内容、比重、方式、标准及工具均有所改变的考核方法。通过实验前后学生的健康素质、专项技能及体育态度、兴趣、动机、行为的变化比较两种考核方法的优劣。

实验内容：根据"考核是促进学生身心健康的重要手段"的指导思想，对现行体育课程考核方法中的问题制定解决方案，作为改革后的考核方法，进而与现行的考核方法进行对比试验（具体内容如表8-2所示）。

表8-2　两种考核方法的比较

现行考核方法				改革后的考核方法				
内容	专项技能	身体素质	平时成绩	体育知识	专项技能	身体素质	运动频度	体育态度	体育知识

	现行考核方法				改革后的考核方法				
比重 （%）	50～60	30	10	0～10	30	30	20	10	10
方式	终结性评价				过程性与终结性相结合				
标准	绝对性统一标准				绝对性与相对性相结合				
工具	秒表、皮尺				秒表、皮尺及手机				

实验步骤：实验前对 8 个班的学生进行均衡化处理，且对学生的健康素质、体育态度、兴趣、动机及行为进行差异性检测，结果均为 P＞0.05，实验组和对照组在实验之前无显著性差异，试验样本有效。实验一开始就要把实验班与对照班所采取考核方法的具体要求与操作方法向学生讲明，确保学生对课程的考核方法有清晰的认识。实验后均邀请相关专家对实验对象的健康素质、专项技能与体育态度、兴趣、动机及行为进行差异性检测。

实验因素控制：①为了确保实验教学中的效度与信度，实验班和对照班的体育课程教学活动都由同一专项教师负责，同时，两组的教学内容、课时、场地、器材都是一样的，仅期末成绩的考核方法存在区别；②为防止实验班学生有异常心理变化，在实验前采用单盲实验，不让学生知道是在实验和实验目的，而实验后的健康素质、专项技能测试教师不知道学生的来源，且专项技能测试都由 3 位专项相符且非本班任课的教师组成考核团队，采取平均分的形式进行评定；③教学实验开始前和实验结束后一周内进行项目测评，避免因时间的延长而使检验的效度降低。

（4）数据统计法

将问卷调查与实验数据输入电脑，运用 SPSS20.0 统计软件进行统计分析。

（5）逻辑分析法

运用逻辑学、教育学及体育理论等学科知识对实验数据和回收问卷结果进行分析探讨。

（二）结果与分析

1. 学生的健康素质比较

20 世纪 70 年代，美国的体育工作者把身体素质分为运动素质（提高运动成绩不可缺少的身体素质）和健康素质（增进健康和预防某些疾病的身体素质）两个不同的概念。显然，健康素质是与人体健康水平最为相关的身体素质。从运动生理学的角度看，人体心脏泵血及肺部吸入氧气的能力直接影响全身器官与肌肉的活动，所以最能反映出人体心肺功能的身体素质即为人体的健康素质。心肺功能的测量包括：心血管系统的机能、呼吸系统的机能、最大摄氧量，其中，最大摄氧量是反映一个人心肺功能水平可靠而又有效的生理指标，通过12分钟跑成绩可以推算人体的最大摄氧量，而800/1 000米跑主要反映受试者在较高强度与较长时间下心肺工作的能力，所以12分钟跑与800/1 000米跑都为测定人体一般耐力水平的手段，其测量水平的高低代表心肺功能的水平，即身体健康水平。提高大学生的健康水平是高校体育课程开展的首要任务，因此，本研究仅选取800米、1 000米跑与12分钟跑两项最能反映人体健康水平的耐力指标作为测量比较的身体素质指标。

表8-3　实验前后学生健康素质比较

性别	组别	N/人	实验前		实验后	
			800/1000M（S）	12Min 跑（m）	800/1000M（S）	12Min 跑（m）
男	实验班	109	250.4±18.9	2544.9±101.9	243.3±19.0	2585.7±103.1
	对照班	109	249.4±19.3	2545.6±106.4	246.2±20.4	2551.8＋108.0
P 值			0.244	0.738	0.001＊＊	0.000＊＊
女	实验班	55	246.8±15.0	2063.3±99.4	237.7±15.4	2124.4±83.6
	对照班	55	246.6±14.9	2062.3±75.3	244.7±14.1	2069.4±79.3
P 值			0.735	0.956	0.010	0.025

由表8-3可以看出，在最能凸显人体心肺机能的800/1000米跑与12分钟跑两项健康素质的测试中，两组成绩均有提高，但实验班学生的平均成绩提高更为显著，特别是女生，明显好于实验后的对照班，且两组差异具有显著性意义（P＜0.05）。可见，改革后的考核方法在促进学生的健康素质上具有明显优势，可有效地提高学生的心肺工作能力。调查访问发现，首先，改革后的考核有强制性课外活动内容，加上手机App软件对运动项目、频率及强度的有效监控，可以有效地促使更多的学生，尤其是项目选择性较少的女学生自觉地加入晨跑、夜跑的行列中来，并努力冲刷自己的记录，自然提高得更为明显。其次，改革后的考核方式不仅注重过程性考核，还结合了绝对性与相对性的评价标准，这种激励机制大大提高了不同水平的学生课上课下自主练习的积极性，加上强制性活动的内容的无限制性，使得学生在体育运动的项目选择上有了更为广阔的空间，容易把自己的运动项目融入日常生活，为体育运动由强制向习惯的转化创造良好的先天条件。

2. 学生专项技能比较

高校体育教学的主要任务之一是使学生熟练掌握1～2项运动技能，因此运动技能的学习也一直占据着体育学习的重要位置。已有研究显示，运动技能的学习不仅与学生的生理生长规律有关，与心理发展特点密不可分，还受着教学内容、教师素质、教法等教育学因素及生源的城乡差异、体育场地器材设施等社会学因素的制约。课程考核方法显然属于教育学因素的一个方面，为避免其他教育学因素的干扰，在执行过程中，无论是实验组还是对照组，都采用同样的教学情境；实验结束时，为了保证专项技能评分的真实客观性，尤其对于专项技能中包含定性考核的项目，如武术、跆拳道都由3位非本班任课教师组成考核团队，采取百分制平均分的形式进行评定。

表8-4 实验后各专项学生技能成绩 T 检验

项目	N/人	技能成绩		T	P
		实验班	对照班		
网球	72	82.5±5.8	81.8±4.1	2.108	0.586
篮球	90	83.8±5.5	81.6±6.4	2.214	0.483
武术	86	82.2±4.9	83.7±5.2	2.116	0.624
跆拳道	80	84.6±6.5	84.3±5.7	2.018	0.875

由表8-4我们可以看出，经过两个学期的专项技能学习，实验班与对照班的学生都基本掌握了一定的专项技能，考核成绩也基本达到良好水平。但无论是网球、篮球、武术，还是跆拳道，实验班与对照班的技能成绩经过检验，差异均不显著（$P > 0.05$）。按常理推之，对照班专项技能所占比重是实验班的2倍，学生投入的精力也应是其2倍，其专项技能成绩理应优于实验班。然而，事物的发展往往会脱离人们最初设定的方向。同样经过一年的学习，实验班学生的专项技能与对照班相比毫不逊色，有的项目甚至略有胜出。也就是说，虽然改革后的考核方法中专项技能考核的比重降低了一半，但对学生专项技能的学习效果没有影响。

3. 学生的体育态度、兴趣、动机与行为比较

"体育参与的动力调节系统"理论指出，"体育活动的兴趣"是体育活动需要的情绪表现；"体育活动态度"是体育参与需要的认知、情感和行为的综合表现；"动机"是推动一个人进行活动的心理动因或内部动力。体育行为是人与体育发生联系时的综合性表现特征，按其表现形式又可分为隐性体育行为和显性体育行为。本文研究中主要以体育运动的频度，即单位时间内参加体育活动的次数作为衡量大学生体育行为状况的指标。

表8-5 实验前后学生的体育态度、兴趣、动机与行为比较（分值）

组别	N/人	实验前				实验后			
		态度	兴趣	动机	行为	态度	兴趣	动机	行为
实验班	164	5.18±1.25	5.33±1.17	5.68±0.78	5.02±1.18	7.28±1.03	7.53±1.06	7.42±0.92	7.15±1.07

续 表

组别	N/人	实验前				实验后			
		态度	兴趣	动机	行为	态度	兴趣	动机	行为
对照班	164	5.35±1.41	5.64±1.26	5.63±0.82	5.04±1.26	5.08±1.32	85±1.14	5.72±0.97	5.22±1.28
P值		>0.05				<0.01			

由表 8-5 可以看出，实验前两组在体育态度、兴趣、动机及行为上差异均无显著性意义（P>0.05），其中体育态度和体育兴趣对照班的得分较实验班略高，而在体育动机与行为得分上两组基本相同。经过两个学期的教学后，对照班学生变化不大，而实验班学生的体育态度、兴趣、动机及行为得分均高于对照班，且两组差异具有显著性意义（P<0.01）。这也表明了实验班的学生有更为强烈的体育活动的需要，且对这种需要有较为深刻的认知与感情，并能在行动中体现出来，这种由内到外的需求自然激发了其更为强烈的体育行为。

（三）讨论分析

现行的体育考核评价体系是 20 世纪 90 年代我国推行的"结构考核"办法，就是我们常说的"四合一"考评方法，其具体内容是技能、素质、平时与知识四个方面的考核，而许多高校为了操作方便又删掉了体育理论知识的考核，只考核专项技能、身体素质与平时成绩三项内容，其比值为 6：3：1；在考核方式上，主要把期末的体能与技能的一次性测试数据作为体育成绩的唯一依据，而不考虑学生平时练习的水平与最后测试时自身水平的发挥程度；在考核标准上，统一按照《国家体育锻炼标准》与各专项的技能标准进行一刀切，没有照顾到学生的先天差异性。此外，在考核的工具上，仍以传统的秒表、皮尺等为主，只以客观层面上的时间与距离等作为评分依据。与现行的考核方法相比，改革后的考核方法在内容上增加了运动频度与体育态度的考核：把平时成绩纳入体育态度中来，重点关注学生每周的运动频率、课堂努力程度与进步幅度，其技能、素质、参与频度、态度与知识五个方面采用 3：3：2：1：1 的比值；在考核方式中，改革后的考核方法设有期中测试，记录下学生期中测试甚至每次课堂练习的成绩，并与期末测试对比，显示其测试成绩的变化趋势，在最终评分时采取平时练习的过程性成绩与期末的终结性测试成绩各占 50% 的方式；在评价标准中，不再一刀切，要求教师根据学生不同的水平制定出不同的考核标准，把学生的进步幅度纳入评分的依据，并结合绝对性的考核标准，具体操作时，学生的绝对标准成绩与进步幅度成绩各占 50%；在考核工具上，除了传统的工具外，还以智能手机为终端，为学生建立个人体育档案，并以此为基础监控与指导学生的课外体育活动。其中，新增运动频度与体育态度的考核主要运用智能手机上的传感设备和相关软件记录大学生课外锻炼的项目和频率，实时监控其锻炼后的心率脉搏指标，并通过网络传回个人体育档案系统，教师通过查阅分析相关数据，不仅可以判定学生课外锻炼实践的强度和效果，还可以及时向学生反馈进一步的指导建议。

在实验前后学生身体健康素质的比较中，实验班提高显著，明显优于对照组。不可否认，其中每周3次的强制性体育活动起到了重要的作用，尤其是在智能手机科技的自我监控下。进一步调查发现，即使在没有体育课的假期中，实验班的学生运动频度也明显高于对照班，表明强制性运动具有延续作用，能形成由强制到自觉的迁移，促进终身体育意识的建立。关于强制性体育运动的研究，熊泽南在《对高校女生实施强制性体育教学的必要性和可行性》一文中指出，早在1914年，清华学校（清华大学前身）就实施了"强迫运动"，即用行政手段和教师的检查督促使学生参加课外锻炼，其研究结果也证实强制性体育教学可明显提高高校女学生的身体素质，在高校体育教学中很有必要且切实可行。近来，清华大学又在2014级新生开展的"大一行动计划"体育专项的方案中恢复了下午四点半强制锻炼要求并配合运动周志等考核形式。在目前素质教育的大背景下，强制性运动似乎与其发展理念背道而驰，然而，强制性运动考核只要求学生每周至少进行3次运动，至于运动的时间、内容、强度等，学生根据自己的课余时间自由安排，只需用手机软件记录下自己的运动时间、强度、项目即可。这也正好迎合了当下体育课程"三自主"选课的理念，成为我国体育素质教育的有力补充。通过专项技能的对比不难发现，在选项课的基础上，改革后的考核方法能最大限度地发挥出学生兴趣的作用，引导学生自发地进行练习。其中，体育社团为学生兴趣的施展提供了良好的平台。随着高校体育社团的兴盛及考核方法的激励机制，促使更多的实验班学生加入到所学专项的校园社团中，通过参与体育社团的活动，大学生之间的相互作用得以强化，促进了彼此对运动技能的掌握。可见，改革后的考核方法在表象上减少了专项技能考核的比重，实则把课堂上的技能练习延伸到了课外，充分发挥了学生兴趣与体育社团对运动技能学习的作用。在体育态度、兴趣、动机与行为的比较中不难看出，现行考核方法很难激发学生的学习兴趣，容易造成"考什么练什么"的应试教育怪圈，导致学生只练习专项中作为考核内容的技术环节，对于课上较为枯燥的身体素质练习常常出现"出工不出力"的现象，课外活动更是纸上谈兵。而改革后的考核方法减少了专项技能学习的压力，开阔了学生多样化的运动项目需求，加上评价方式与标准的人性化，很容易调动学生的运动兴趣，改变学生对体育课的传统态度，产生强烈的体育需求，进而转化为习惯性的体育行为。简而言之，在现行的考核方法中，考核只是区分学生体育能力的工具，在学期结束时，学生通过考核仅得到一个冰冷的分数；而在改革后的考核方法中，考核不再是甄别学生体育能力的工具，而成为学生提高健康水平、掌握运动技能、树立终身体育意识的手段，学生通过考核不仅得到一个综合性的成绩，还掌握了体育锻炼的方式方法。

受教育科技取向思潮的影响，教育作为科技与生产的中介作用空前提高，导致高等教育的工具理性较为明显。综合以上的论述不难发现，现行的考核方法就是工具理性膨胀下的体育教学评价的产物——考核只是作为区分学生体育能力的单纯工具，它只问工具对于实现目的的功效性、精确性、客观性，而不问目的的合理性及忽略意义和价值的特点，这必然导致客观现实与主观情感态度、纯粹事实与价值判断的分离。当前，人们反思人文精神，呼唤人文教育，目的就是批判科技时代由于工具理性的过度膨胀而造成对人性的禁锢。在人文精神的意旨下，把人的发展看成社会发展的终极目标的价值理性也为现代教学评价规定了新的内容和话语方式。

研究表明，在教育活动中，工具理性和价值理性总是相互影响、相互制约、共同发生作用的，只有逐步实现高等教育中的工具理性和价值理性的整合，才能培养出富有人性的和具有正义感的公民，使受教育者成人、成才、成功。综上可以看出，改革后的考核方法贯彻了素质教育思想，使体育课程考核评价变得更具激励性、导向性、人文性，给学生的体育运动带来更多的成就感，有效地实现了高等教育的工具理性与价值理性的结合。

（四）结论与建议

两种考核方法相比，改革后的考核方法明显提高了学生的 800/1000 米跑与 12 分钟跑两项健康素质，且与现行的考核方法存在显著性差异；在专项技能上，两种考核方法都基本达到了预期的教学效果，且差异不显著；在学生的体育态度、兴趣、动机及行为上，改革后的考核方法能明显地转变学生的体育态度，扩展体育兴趣，合理化体育动机，增加体育运动频度。

科学完善的考核体系不仅能客观、准确地反映学生的实际水平，还必须对学生的学习有激励作用。要想改变目前高校在体育课程考核中存在的问题，完善体育素质教育体系，就必须首先改变高校体育考核的指导思想，把传统的"考核是区分学生体育能力的基本工具"的思想转变为"考核是促进学生身体健康、培养学生体育运动习惯及终身体育意识的手段"。此外，除考核的内容、比重、方式、标准、工具之外，体育课程考核还涉及考核的主体、时间等部分，这些部分还有待于进一步的探索。

第三节　体育教学改革的启示与思考

一、推进体育教学改革的根本动力

（一）社会发展是体育教学变革的外在动力

社会生活方式的具体变革直接影响和决定着教育变革的实际程度。叶澜教授在"面向 21 世纪新基础教育"探索性研究结题报告中指出，"人类教育发展的历史深刻表明，一个急剧变革的社会，必然要求教育做出及时相应的变革，这不以人的意志为转移。我们只有自觉认识时代的要求并积极行动，才能与时代共同前进。于是，对于时代精神的把握及对当代中国教育改革深化的思考，成了我们理论研究中首先提出，并具有统观全局意义的第一个大问题"。

全球化、信息化已经成为时代发展的基本特征。21 世纪初社会转型给教育带来挑战，"社会环境变得更为复杂、多变和不定，一切的机遇和挑战都在变动不居的过程中展现，每一个人面对的是一个充满生机也险象丛生的严峻现实，生活中熟悉的场景时时有可能退场，陌生的情境则不断涌现。它给每个人提供机遇，同时带来威胁。社会迫切需要人才，但绝不是墨守陈规的人才。这样的社会必将唤醒在其中生活的每个具体的人之生存意识：他需要不断地重新认识生存于其中的变化着的复杂生活世界，需要不失时机地做出自己的生存和发展抉择；需要学会既承担为社会服务的责任，又发挥自己的聪明才智和实现生命价值。这是时代和社会向每一个人提出的尖锐挑战，也是向教育提出的真实挑战"。显然，这一切都要求现实的学校教育做出积极的回应并及时地进行多种变革。

社会的发展需要体育课程。人们的工作节奏和生活节奏加快，脑力劳动不断增加，体力劳动逐渐减少，文明的发展以人的本能退化为代价，体育让现代人摆脱脑力与体力相对立的困境。"体育的基本任务是增强全民族体质，提高运动技术水平，建设社会主义精神文明，其起点都在学校，学校体育作为战略重点是完全正确的。"原国家体委主任伍绍祖同志在 1989 年全国体委主任会议上的报告中曾就学校体育的战略地位问题提出过一些重要论点，他说："为促进群众体育和竞技体育协调发展，必须抓好学校体育。学校体育是群众体育和竞技体育最重要的基础和结合部。每一个中国人都要按照《义务教育法》上小学、中学，在学校中奠定一个人体魄的基础，学会体育的基本知识和技能。因此，抓住了学校体育，从人的发展历程看，就等于抓住了全体中国人的体育。"在现代社会，体育不只是满足于生存的需要，它作为文化，对于人们的心理愉悦和满足、提高生活质量和健康水平、人际关系的交流与改善都发挥着积极的作用。基础教育体育教学将学生的近期目标与远期目标相结合，从满足社会需要向满足学生个人需要转变。

纵观体育教学百年的发展历程，从军国主义体育思想下的兵操体育，到自然主义体育思想下的生活体育，再到苏联社会主义体育思想下强调体育的"阶级性"和"工具性"；我国体育教学从制定全国统一的体育教学大纲，重视体育教学过程中运动技能技巧的传授，体质教育思想下的生物体育，到后来的快乐体育思想、全面教育体育思想、终身体育思想下的三维体育。从整个发展历程我们可以看出，当历史处于相对动荡时期，体育教学思想和体育课程内容的选择注重社会本位的目标，而处于当今相对稳定的和平时期，体育教学思想和体育课程内容的选择逐渐开始关注个体的生理、心理、社会等方面的发展需要，体现个人价值，实现个体本位的教育目的和需要。改革开放以来，体育教学的改革探索是体育教学体系自我完善和更新的过程，也是主动适应社会发展的过程。社会发展的外部动力和学校发展的内部动力共同推进我国体育教学现代化。学校体育必须主动适应社会发展，体育教学深受社会发展的制约，但是这不意味着体育课程与教学主体性的丧失。体育教学变革发展的历史表明，体育教学应主动适应社会发展，能与时俱进，而主动适应的前提是弘扬体育教学主体性，尊重体育教学发展变化的内在逻辑。

（二）学生发展是体育教学变革的间接动力

教育是人类自身的再生产和再创造，是一个有意识、有计划培养人、发展人的社会实践活动，教育与社会息息相关，它是人类种族繁衍、进化、发展和社会物质生产与精神生产延续、进化、发展的普遍、永恒的活动。教育的目的是指向人的，它的功能是通过各种手段提高人的各方面的素质和能力，通过全面发展人去组成社会，推动社会前进。

马克思提出了人的全面发展的概念，主要包括三方面的含义：第一，人的智力与体力的和谐发展。体力与智力的和谐发展是人的全面发展的最基本含义。因为它不仅是人的生命体存在的根本要求，还是人们从事一切活动的生理、心理基础。人的任何形式、任何内容的活动都是对潜藏在人体内的体力和智力的一般运用。第二，人的活动能力的多方面发展。包括物质活动能力和精神活动能力的多方面发展。物质活动和精神活动不仅是人类存在的基本条件，而且是人的发展的基本途径，前者处理的是人与自然的关系，后者解决的是人的身心关系。只有达到人与自然以及人的身心的和谐发展，才能真正实现人的全面发展。第三，人的社会关系的健康发展。

体育教学的基本功能和根本任务是造就人、培育人，并且是通过学习活动得以实现。落实素质教育，就是要促进全体学生获得全面发展。一个符合时代要求的全面发展的人才，既应该有丰富的知识，又应该有高尚的人格，而身体是人全面发展的生理基础。身体的认知价值是"包括本能、欲望、意志、情感、偏好、无意识、潜意识、意向性等诸多生命要素在内的身体"，身体是认知和才智的源泉。"身体既是感觉、经验、认知、真理、美德、至善和审美等认知和智慧的源泉，也是积累和储存人类认知和智慧的信息库与知识库。""身体才是一切认识、文化艺术的起点和全部价值、审美和道德的标准；才是获得知识、成就事业、完善人性、实现至美至乐的人生和推进人类发展的基础和条件。"目前，强调把体育作为人的基本素质之一，推动包括体育在内的人的全面发展，以实现人的现代化，已经成为一种世界性的共识。1978 年，联合国教科文组织通过的《体育运动国际宪章》明确规定："确信有效地行使人权的基本条件之一是每个人应能自由地发展和保持他或她的身体、心智与道德的力量。因而任何人参加体育运动的机会均应得到保证和保障。"

体育是培养全面发展的人的重要手段和途径，在培养全面发展的人的过程中具有独特的功能。马克思说过，"未来教育对所有已满一定年龄的儿童来说就是生产劳动同智育和体育相结合，它不仅是提高生产的一种方法，而且是造就全面发展的人的唯一方法"。毛泽东继承了马克思、恩格斯的有关观点，并结合中国社会实际，进一步阐述了体育在培养人才中的地位和作用问题。他认为，体育，对于个人来说，是关系到一个人能否全面发展的问题；对于整个中华民族来说，是关系到民族素质的问题。因此，在教育中，必须坚持德、智、体协调发展。他说："体育一道，配德育与智育，德育皆寄于体育，无体是无德智也""体者，为知识之载体而为道德之寓也。"

体育总是与动作、舞蹈、音乐、语言同时存在的，愉悦是身体体验的结果。青少年儿童好动爱表现，在各项活动中发展全身运动器官的协调活动，其过程给人以快乐和享受。只有经历了身心愉悦的活动过程，才会有令人愉快的活动结果。要让学生真正地喜欢上体育，就必须帮助他们对体育进行身体体验，让他们从中获得愉悦，而且这种愉悦是存在于此时此刻而非彼时彼刻的。学生需要的是教师永远伴随着的鼓励和关怀的欣赏，而不是教师以其门规对学生所做的挑剔。德国教育家第斯多惠（1790—1866）说过，"教学的艺术不在于传授本领，而在于激励、唤醒、鼓舞"。此外，对于体育教学来说，学生在教学中的参与过程本身就是一种结果，活动的运动体验就是体育教学的价值结果之一。体育教学让学生在开放的空间里自由、尽情、尽兴地"玩"，体验自由成长的感觉，在不同的运动项目中享受生命的欢乐，获得精神上的愉悦和满足。这种精神的愉悦和享受正是人的发展最为需要和不可缺少的。

（三）教师发展是体育教学变革的内在动力

教学质量的竞争归根到底是教师质量的竞争。当前我国教育正处在重要的转折点上，即由数量的发展向质量的提高。提高教育质量的关键在于教师队伍的建设。体育教学不仅要发挥其生物层面的作用，更重要的在于从精神层面发挥对人的全面塑造功能。教师是教学过程的组织者、指导者，意义建构的帮助者和促进者。教师自身的心理倾向、思想水平、人格魅力和知识的渊博度等方面对学生产生不可估量的影响。邓小平同志曾指出，"一个学校能不能为社会主义建设培养合格人才，培养德、智、体全面发展，有社会主义觉悟的有文化的劳动者，关键在教师"。20世纪90年代以来，世界基础教育改革在微观层面上有两条线索——课程改革与教师专业发展。美国教育咨询委员会在《感触未来改变教师培养途径》报告中指出，"教师发展"是改进基础教育的核心要素；国际世纪教育委员会主席雅克·德洛尔认为，"没有教师的协助及其参与，任何改革都不能成功"。也就是说，教师专业化发展不但是改革的内容，也是改革的动力。

1. 体育教师专业发展的应然取向

教育发展的关键在于教师素质和专业发展水平的提高。教学改革能否成功，关键是教师，最终看教学。教是手段，学才是目的，教师的一切活动都是为了学生的学。教师不是教"教材"，而是教学生。教师发展的真正意义和价值就在于它是促进学生发展的必要条件，没有教师的发展就没有学生的发展。"假如把牺牲性行为看成是只对别人有意义而对自己毫无意义的行为，这恰恰意味着自己只不过是一件工具而不是一个显示着人的价值的人。如果一个人自身是无价值的，那么他所做的牺牲也就成为无道德价值的贡献，这种对牺牲的看法无论如何是对人的一种误解。这种对牺牲性行为的'称赞'暗示着对人的非分要求。"如果教师只是一个工具，是帮助学生成长的工具，那么教师就没有自己的价值，他不能通过自身的价值来展现成功，也就不能在教育过程中享受职业生涯带给自己的真正快乐和幸福。

"人是精神，人之为人的状况乃是一种精神状况。"因为"只有当心灵忠实地拥护精神生活的事业，反对一种异己的或至少不令人满意的世俗的造作时，人的禀赋才能变成不只是一种被动的态度或单纯的劳动准备状态，而是成为一种完整的行动，实际上，成为无论何种行动的真正灵魂"。作为一种精神力量，教师的教育理想和教育信念是教师的专业发展之魂，是支撑教师专业发展的基石，失去了它，教师专业发展也就失去了方向，失去了可持续发展的根本动力。正如王丹教授所言："教师的职业信念是使教师摆脱功利的诱惑、教书匠的困惑，使平凡得以升华，变得更有意义的关键所在。其实教师职业的内涵非常广阔，生存与生计当然是教师的第一需要，但仅是低层次的需要，教师还有从职业中获得快乐、充实人生、实现自我、感受自由的需要。一旦教师从职业中体验到了自由，他就把原本是陌生于人的外在世界转换成了属我的生活世界，他与职业之间就建立起活泼、丰富的联系，就会感受到生活的完美和意义的充盈，激情在他胸中澎湃，诗意在他心底流淌。在不经意间，成为校园优美环境的欣赏者、学生良好举止的赞赏者、教师神圣职业的吟诵者、课堂生命活力的激发者。"

　　体育教育的生存、发展只能靠体育教师自己：发展和完善体育教育自身，提高体育教育的水平。毛泽东在《体育之研究》中分析当时体育运动提倡不力的原因："其一，今之所称教育家，多不请体育""所以出之也不诚""行之也无术"；"其次，教体操者多无学识""徒有形而无精意"。毛泽东一再强调参加体育锻炼必须启发学生的自觉。"体育必自由动始""欲图体育之有效，非动其主观，促其对于体育之自觉不可"。学生的自觉、兴趣又在于教师的善于启发和引导。必须"明白周详知其所以然"，让学生懂得"今日不为，他日将无以谋生"的切身之理。称职的体育教师不光是一个体育工作者，还应该是一个教育工作者，就中小学体育教师而言，做教育工作者是第一位的，做体育工作者是第二位的。首先看他是否具备作为一名教师所应具备的素质，而不能仅以体育工作者作为标准。对于体育教师来说，教师的一般修养和心理准备应当比专业学识更为重要。称职的、高素质的中小学体育教师当然是既具有一定的体育运动水平，又具有较高教学水平的人。作为一个称职的体育教师，他必须热爱体育，同时更热爱体育教育事业；他达到了一定的运动专业水平，更掌握了一套行之有效的教育教学方法。

　　落实体育教学必须有一支高素质的教师队伍。教师首先必须具备对学生在知识结构和智能结构上的要求。他们应该对自己所教的体育专业有深厚的兴趣，乐于在教学中从事创造性的研究活动，并能随机应变，深入挖掘基础的内容，摸索恰当的教学方法，并能以此吸引学生，和学生一起创造一个有利于学习运动技术、发展体育能力的环境。

　　在方法上，把主动权交给学生，教会他们学习和锻炼的方法。在师生关系转变的同时，教与学的重点应该由"教材为主"转到"方法为主"。在这个过程中，教师的任务不仅是教"技术"，更重要的是教"学法"，即教师不仅要重视教材内容的传授，更要重视学习方法的传授；而学生的任务不仅是要"学习运动技术"，更重要的是"学习如何学习运动技术"，即不仅要掌握体育知识，更重要的是要通过体育知识的学习掌握体育锻炼方法。如果学生掌握了体育锻炼方法，又能善于运用体育锻炼方法，那么学生不管是现在还是将来，都可以随时随地参与体育锻炼，选择适合自己的体育锻炼方式。

2. 推进体育教师的专业化成长

教师是教学改革的主力军，具体的实施者。"教学改革，成也教师，败也教师"。新课程对教师提出的挑战是全方位的，不仅是教育观念方面的，也是教育智慧、专业精神和专业人格等方面的，教师的专业化水平直接影响乃至决定着课程实施的方向、质量和深度。当前教学改革存在的诸多问题跟教师的专业化水平不高有直接关系。教师发展动力受制于内在与外在两方面的因素，其中关键是教师的文化自觉、专业自觉。

教学改革是基础教育改革的核心，我国于 2001 年 6 月颁布的《基础教育课程改革纲要（试行）》要求对教师的教育理念、教育行为等方面进行重新理解和定位。"专业化的教师必须具备从事教育教学工作的基本技能和能力"。以课程改革作为教师成长新的生长点，是教师专业发展一次"本土化"实践和中国式解读。历史上的课程改革强加给我们的思维定式是"教师是课程忠实的执行者"，新课改需要我们重新认识"课程改革与教师专业发展的关系"：

（1）瓦解教师传统且保守的教育观念。研究表明，教师本质上是保守的，是抵抗和抗拒变革的，每位教师都有自己熟悉的模式和经验。因此，新课改的强力推行必然触动教师固化的观念，这种解构本身就是教师专业发展的前提，是教师教育信念的重构。

（2）生成教师动态的知识结构。教师原有的知识陈旧、静态、结构化、非经验性，不能适应新课改的要求，知识更新本身就是教师成长的一种外在体现。

（3）挑战教师的工作方式。一直以来，教师大多在自我封闭独立的状态下进行个体探索，而新课改中的教师课程领导显然要求团队式的攻关研究，互动式的师生合作，甚至要求教师、家长和社区人士共同的合作。

（4）促进教师反思和研究。能给人带来尊严与快乐的职业必然是充满创造性的，教师的职业就是这样的职业。但传统教师只是政策的被动执行者，缺少对话、研究、反思，而新课改改变了教师角色，使其由单纯的教书匠变成课程的领导者。由于教育的改革不可避免地是非线性的和永无终结的，在体育教学改革新形势下，体育教师原有的一些思想观念不能适应教育改革，必须更新教育观念，了解国际教育改革的发展走向，树立以人为本的新的教学观与学生观，重新认识体育的功能与作用，学习完善理论知识，才能适应体育教学改革推进的需要。因此，对于教师来说，探索和继续学习的精神将成为教师职业的内在需求。

教师发展是学校发展的内在动力、核心、基点。学校制度不论如何改变，教师的发展都是重中之重。早在 20 世纪 50 年代，程今吾就曾经指出，"教师是教育最实际的执行者。一切理论方法和环境设备必须为教师所掌握才能发生力量，一切教育政策必须通过教师实践才能发生力量，一切教育政策必须通过教师实践才能实现。教师是教育重要的主观条件之一，对于教育实施有着莫大的作用。教师是教育实施中的主脑，当然不是'师道尊严'把教师看成无上权威，当作教育上的独裁者，可是在教育设施上，教师是最终处在指导的地位，是一个舵手"。

敬业精神。教师对工作的热爱是发自内心深处的热爱，这种热爱在言行举止中得以充分体现，其表现的热情对他人有一种强烈的感染力。教师以自己的自觉意识、自主努力解读着改革价值，在本校已有的基础和资源中践行着改革，在理性和信念的支持下追求着"可能"，寻求学生发展的空间。同时，教师自己丰富的教育体验，明确的职业理想，使精神世界更加充实，生命中的意义世界更加富有。学校是教师专业发展的真实环境，英国谢菲尔德大学在 20 世纪 80 年代末的调查充分说明了这一点：以高等院校或教师培训机构为中心提供的教师在职进修往往偏重于教育理论基础，很少与教育实践联系，这种培训解决了"教什么"，但"怎么教"还是需要在具体的教学实践中加以体会。学校层面对教师专业发展有很多制约因素，对于中小学教师专业发展产生影响的主要环境变量来自学校的软环境。软环境是指作为学校有机组成部分的制度和文化等，它用潜移默化的方式对教师的发展产生影响。学校不仅是培养学生的场所，更是教师专业发展的基地，具有教师专业发展功能的学校才是真正的学校。

二、发展体育教学理论的路向追求

（一）关注当代：在继承发展中回应时代学科需求

课程与教学，研究的是教什么和如何教的问题。学科教学论必须以课程研究为基础，这就不能只走经验论的"诠释教材、描述方法"的学科发展道路，而应当关注课程设计理念，研究课程变迁的思想。关注课程思想和课程观念、关注与此相关的教育哲学立场，同时关注课程在由标准到教材、由教师的教到学生的学的一系列转换过程中的内在机制，关注课程评价思想与方法。学科教学论应该锐意进取，成为与课程改革相适应的、富于创新性的理论体系与方法体系。体育教学改革工作需要加强理论研究，为其提供有力的理论服务和学术导向。体育教学理论研究要面向教学改革的新形势，重点研究和探讨教学工作的新特点、新规律，发现教学改革实践中出现的新问题、新情况，总结教师在教学改革中形成的好经验、好做法，有针对性地回答和解决教师存在的困惑和疑难。诚如王策三教授所说，"对于一门科学来说，生死攸关的一个问题就是明确自己的研究对象和任务"。

问题研究是体育教学理论研究的出发点和归宿。随着社会的发展变化，体育更关注人和社会的主要问题，体育教育任务转向了关注身体的自我意识、身体取向和生态活动。关心运动与身体、健康、幸福的基本问题，以及那些具有明显体育教学论特征的技能、竞赛和人类所有的游戏性行为在孩子社会化过程和成长过程中的作用和价值；认识到体育不仅是发展身体的体育，还是一种包含各种各样身体需要和身体练习的运动文化；体育教育在学生社会化过程和成长过程中既包括有目的、有计划的影响，也包括无计划、无目的的影响；体育是一种带有简单象征性语言的广泛文化，体育是传播共同价值和经验的载体；体育运动是一个人与世界发生联系的需要，学生参与体育，通过体育这个平台，在交流中开阔眼界，共享不同的文化，传递不同的文化；在观赏体育运动中，体悟体育运动的魅力；在参与体育运动中，体验体育的乐趣，将体育作为一种生活方式。如何培养学生对体育的更广阔理解，是学校体育必须主动应对的问题。作为理论工作者，要有强烈的社会责任感和使命感，自觉投身到教学改革的实践中去，虚心地向一线教师学习，植根于实践的沃土，进行原创性研究，并在此基础上进行理论研究和理论创新，使理论研究成果符合实践的需要，反映实践的呼声。

现代体育教学论的发展应从一般教学论的束缚中解脱出来，不再说"别人的话"，而只说自己的话，学会用自己的语言来表达自己的思想，从而形成自己独特的概念、范畴、命题和理论体系。体育学科特色是体育教学论存在与发展的根本，因为没有学科特色的教学论只能算是一般的教学论。因而，体育教学论学科将在回应时代需求中形成发展的学科视域，实现自身特色，应成为体育教学论建设者们的终极追求。

（二）立足本土：在批判借鉴中吸收融合不同视角

体育教学论历经了体育教材教法—体育教学法—体育教育学的发展路径。当前体育学科教学论研究中暴露出简单移植、套用课程与教学论原理的弊端，这不仅丢失了对自己学科本质的深入探讨，而且自主研究的对象和话语体系也逐渐消逝，同时研究者的地位相应地被边缘化了。体育教学论和课程与教学论的整合不能停留在多学科的简单交叉或浅层次地相加，体育教学的研究需要在读懂体育的基础上，确立体育教学论研究的主题，以科学的方法解决实践中的问题。体育教学论要加快自身发展，应坚持自上而下与自下而上并行的研究思路。

科学化与人文化相结合。体育教学理论在探索体育教学规律的过程中，崇尚理论的科学性，关注理论基础的合理性、理论内容的客观性等方面，在体育教学内容选择上以竞技运动项目为主，在体育教学评价上规定统一的内容和标准，这些都是追求科学化的表现。但体育教学论研究同自然科学有着巨大的差异性，体育教学面对的是具有特殊性和复杂性的学生，照搬自然科学体系建构的思路未必适合体育教学理论。"人"是教学论存在的核心和基础。在未来探索体育教学事实与科学规律的过程中，体育教学论研究既要提升体育教学论的科学性、指导性，又要关注体育教学理论的"价值"与意义，关注个人发展，使科学化与人文化有机结合。

全球化与本土化相结合。在全球化时代，体育教学理论由封闭走向开放，不断地同国外体育教学论领域和其他学科进行信息与方法论的交换，现代体育教学论的发展要积极吸收世界先进文化，需要超越"拿来主义"，要具有批判借鉴的国际视野，在借鉴国外教学理论时，从中国国情出发，从中国的学校体育实际出发，进行必要的中国式的解读与转化，深度挖掘和继承中国传统文化精髓，树立本民族的话语特色的本土化情怀。应看到本土化是全球化背景中的本土化，全球化又必须是建构本土化基础上的全球化，为此，只有批判地继承，批判地吸收，洋为中用，古为今用，才能在碰撞中走向融合。

多元化与个性化相结合。需要从不同学科中吸取"营养"，从不同的视角出发，对体育教学的诸多问题或范畴进行探讨与协商，从哲学层次对体育教学存在的本体进行追问，从社会学、生态学、文化学、心理学、系统科学、伦理学等跨学科视角对体育课程与教学的属性进行分析，借助和利用其他学科的先进理论、方法与技术，有价值的思想资源，实证性研究资源，以更广阔的视野，多角度、多层次、创造性地探索体育教学中的各种问题，这是体育教学论学科发展的一条积极有效的研究路径。马克思主义以人为本的科学发展观体现了马克思主义历史唯物论的基本原理，体现了时代发展的进步精神，为现代体育教学论学科研究提供了坚实的理论基础；马克思主义唯物论和辩证法为体育教学论学科研究提供了方法论的指导。

（三）走向实践：在变革实践中提升凝练理论体系

随着社会的发展和科技的进步，教学实践总是千变万化的。作为教学论研究本身，不可能亦步亦趋于教学实践，或随意变更自身，它需要积累，需要沉淀。教学理论如何更加密切、更加有效地联系飞速发展变化的充满生机活力的教学实践，使教学理论有效指导教学实践，是教学论研究的一个永恒的课题。教学论是实践性很强的学科，关注实践，就应重视理论建设，并以问题为起点，以理论与实践视域融合为原则，对教学论的逻辑起点、基本概念范畴、研究方法、理论基础、理论功效等进行全面、深入、系统的反思和研究，致力于构建具有国际视野和中国特色的教学理论，形成和发展一门具有自身特色的"教学论"学科。教学研究向学校回归，向教师回归，向教学实践回归，是目前世界教学研究发展的共同趋势。理论在本源上不是独立于人的生活实践之外的普遍认识，也不是对纷繁复杂现象的抽象概括，而是"真正地参与一个事件、真正地出席在场"。因此，本源上理论与实践并不表现为距离。同样，教学理论与教学实践的关系也不是简单的指导与反映的关系，而是两者的互动与生成、调整与创新。

体育教学是一种实践性很强的活动，因而体育教学理论的研究也必须注重教学实践，从实践中汲取智慧和经验。理论工作需要与实践相结合。体育教学论的根基就是自己的教学实践，或者说，教学实践是体育教学论生长的真正"家园"。体育教学论依存于自身的教学、生活和问题。对自身最基本的教学问题和教学生活进行研究，是体育教学论要努力实现的。体育课程与教学论研究要避免"从概念到概念""从理论到理论"的抽象研究，应该回归体育教学生活，了解教学的现状，关注教学实际问题，发现并解决教学实践中的矛盾和问题，研究教学中成功的经验和失败的教训，总结先进教师的经验，寻求教学中合理的规范和要求，在现实问题解决中寻求学科的建设和发展。体育教学理论研究者需要回答体育教学的根本性问题：为什么进行体育教学？体育教学教什么？如何在学校现有资源条件下合理开发体育课程资源，经济有效地进行体育教学并使其最大限度地促进学生的全面发展，增进学生的体质健康，发挥体育教学在其他学科不可替代的作用。这些问题是社会对学校体育给予的期望和关心，是学生理解体育教学并参与体育活动的重要前提，它也决定和推动着体育课程在基础教育领域全面、可持续地实施，更是学校体育必须主动应对的问题。

体育教学论的发展必须立足本土，变革实践，从事理论研究的学者需关注实践，从体育教学内部做文章，关注实践情景，走进教学一线这一"田野"，认真地研究实践，思考、调整、改造理论，真正"读懂"丰富生动的体育教学改革实践所蕴含的思想和鲜活经验，注重理论研究与实践研究的结合。在先进理论的指导下所进行的教学实践研究，对于体育教学的实践经验要进行概括与提升，创造出切实可行的理论，使体育教学论的理论体系更加完善。同时，体育教学理论研究要破除纯理性的研究范式，不能离现实太远，而是要把握时代体育教学的脉搏，切入到教学的"生活世界"中去，从理论和实践的结合上解决理念和操作的一体化问题。体育教学理论应该追寻"实践哲学"的指引，以探寻"实践之知"为己任，实现教学过程的生活化。因为"教学理论只有扎根于'教学生活世界'，教学存在的根源才能被解释，理论探究才能转化为教学实践意识和实践行为的形式，才不至于远离我们的生活和目的，丧失对实践的必要性"。在理论与实践中寻求理论的生长点，以保持体育教学论学科发展持久的生命力。体育教学论作为一门学问，不仅要提供知识，更应该提供思想。因此，教学论并非求器之术，而是悟道之学、践履之学。体育学科特色是体育学科教学论存在与发展的根本，一个存有活力的学科，要永远保存变革的意识，及时更新自己的内涵。

三、推行体育教学改革的实践取向

我们处在一个改革的时代，基础教育也要不断改革，与时俱进。教学改革的目的在于全面提高中小学生的素质水平，以适应社会主义现代化建设的需要。体育课在基础教育阶段是一门重要的必修课。体育教学改革是适应时代潮流的需要，是完善人的个性、培养良好品德的需要，社会价值与个体价值的融合是体育教学改革价值取向的自觉选择。教学改革要成功，必须是从观念到行动的转变，而行动的执行者是教师，教师是改革的关键。无论教学存在的具体方式是教师教什么和学生学什么，还是教师怎样教和学生怎样学，都包含着教师的教学行动，教师的教学行动是一定教学理念的外显，教师在一定的教育教学理念指导下践行着教学实践，在教学实践中彰显着自己的教学智慧，感受自己的专业成长，体验生命的价值，促进学生健康成长，推动教学改革的发展。

（一）坚守教育理想：体育教师专业化发展

理想总是高于且先于现实而存在的。"所谓教育，不过是人对人的主体间灵肉交流活动（尤其是老一代对年轻一代），包括知识内容的传授、生命内涵的领悟、意志行动的规范，并通过文化传递功能将文化遗产交给年轻一代，使他们自由成长，并启迪其自由天性。"教师的教育教学理念引导教师的教学行为。

教师专业发展是一个教师终身学习的过程，是一个教师不断解决问题的过程，是一个教师的专业理想、职业道德、职业情感、社会责任感不断成熟、不断提升、不断创新的过程。人在体育活动中形成的体验只有通过读书才能找到共鸣，才能上升到理性，体育教师更应该多读书，以提升对体育的认识，传递对体育的理解，推动体育的发展，贡献对体育的力量。

首先，引领体育教师体悟自身价值。体育教师最应清楚的是学校为什么需要体育。体育是教育的重要组成部分，是德智体三育中的一育，体育教育不仅是体育教师的责任，也是所有教师的责任。体育不只是身体教育，也是对人的教育。学生通过体育教育更好地认识自己、认识社会、认识世界；通过体育来思考生活，升华思想。如在体育中如何对待胜负，在参与体育活动中体验胜利的喜悦，品尝失败的沮丧，更重要的是，在竞技运动中如何不以胜负萦于心的平静和冷静，将自己的实力在竞赛时像平时一样尽情地发挥并能持有"平常心"的良好心理素质，以及将这种"平常心"运用于日常学习、生活中，真正理解胜败乃兵家常事的含义。通过读书积淀学养，开启人性，滋养精神，丰富底蕴。生命理论反对主客体二元对立的观点，认为主客区分是没有意义的，也没有必要。教师与学生之间不是互为主客的关系，而是一种主体间的沟通与互动。因此，教师的教学活动也是一种学习活动，教师通过融入学生之中，在与学生的积极对话和沟通中可以获得许多生命的滋养；教师的教学过程也是学习的过程，只要教师能够与学生平等沟通、互动，就能够从学生群体中获得许多信息和智慧。因为"学科专业的智慧不同于以学科专业为职业的人的智慧""米卢的足球运动智慧不必相同于球场上球员踢球的智慧"。体育教师的价值在教学中展现，教师在其成长过程中体验到学习的快乐，享受到教育的幸福。

其次，唤起教师的教育理想和教育激情。教师的教育理想和教育信念是教师的专业发展之魂。专业素养不能仅靠"外塑"的形式去达成，而"要从一种外在知识、技能、态度和信念的'灌输'或'训练'转变为一种内在知识、技能、态度和信念的'发展'"。教师是专业人员，教育工作是一类专门性职业。体育教师首先是教师，然后是教体育学科的教师。单纯的运动技能技术不能成为体育教师专业发展的价值取向，运动技术只是体育教师开展教学工作的工具和手段。教师对学生的成长负有道义上的责任。体育教师对学生的体育教育是一种价值引导，如人为什么需要体育？什么是身体健康？体育与健康的关系是什么？体育与美好人生的关系是什么？如何从身体的角度把握和解释世界？等等。价值的引导体现着社会的意志，体现着教育的性质，体现着体育教师的人生追求和教育意向。

再次，教师在职培训是提高教师专业素质，使教师不断适应新的教育教学改革形势要求的一种必要学习方式。它不仅是学历形式的提高或者高文凭的获得，更应当是一种价值判断，职后培训是促进教师职业专业化的特定标准与措施，是作为了追求专业化不断充实自己和更新自己的知识，以高质量完成教育教学工作。"是确保教师个体能够从事教师职业并担任现职的重要手段，是帮助教师个体提升、晋级的有效途径，它还可以帮助教师个体顺利完成转岗"。在职培训赋予教师教育以终身教育的新理念，教师教育的理想、教育的信念、教育的境界、教育的追求需要不断地去唤醒，以激活和弘扬存在于每一个教师心中的"教育智慧"。体育教师在职培训是体育教师更新知识、完善技能，掌握现代教育技术、改进体育教学方法，了解新动态、新理论、新信息的培训，它不能解决教师教学中存在的所有问题，但可以为体育教师专业发展提供了一个良好的途径。

最后，鼓励教师在教学实践中开展行动研究。教育理论促进教育主体的建构和提升不是直接实现的，而是以实践为中介。"实践是教师发展的基础和生命"，而"对教育的理解，只有在丰富的现实的教育实践中才能真正获得"。教育科研是教师专业成长的有效途径，是将先进的教育思想、教育理念变为教师自觉的教育理想与教育信念。

（二）坚定以人为本：近远期目标相互融合

变革既包括理念和目标的变革，也包括行动和手段的变革。理念是反映人的需要或目标与反映客观事物规律的概念的统一，是对事物发展必要性的认识及其结果的设想，发展可能性的探究及其人的行动的可能性的认识，也包括思想观念中设想和预计的行动目标、结果和行动方式方法、途径、手段。不同的理念引导不同的行动，不同的行动强化不同的理念。

追求人的全面发展是人类对其自身发展达到完美境界的一种理想。自马克思主义"人的全面发展"理论诞生以来，经过一个多世纪的革命实践和发展，这一理论已经成为指导、制定我国教育方针的理论基础和当代"科学发展观"的核心内容。以人为本就是从"现实的人"出发，直接关注当代人类的真实的存在状态和生存状态，关注人的现实需要，关注现实问题的解决途径，关注人的全面发展，突出教学活动中人的重要性，培养完整而丰富的人，而不只是一个实现政治、经济发展的手段和工具。正如有学者指出的那样，"教育虽然可以附属于其他考虑（如教育为什么服务，或立国、教育救国之类），但它本身的目的只是'成人'。所谓'成人'，也就是人的本质力量的全面实现，它不是附属于任何其他目的的手段；相反，在一个趋向合理的社会中，人类社会的其他任何目的都必须成为这一目的的手段"。

教育要现代化，首先要观念现代化，将基础教育的未来性和社会性作为基础教育的价值取向。知识经济时代，科学技术日新月异，仅把学校教育视为学习终点已不能适应时代的要求，学习正在成为人们的生存需要和生活需要。终身教育的哲学基础是一体性和连续性，它要求任何人都要根据自己的条件不断学习、终身学习。在基础教育阶段，需对学生进行终身学习观念的教育。另外，基础教育是提高民族素质的奠基工程，其教育过程是学生社会化的过程。体育是"通过有规则的身体运动改造人的'自身自然'的社会实践活动"。体育对青少年教育的特殊价值已通过教学实践和社会的验证而取得了广泛的共识。健康的体魄是学生将来适应现代化社会高效率工作和快节奏生活的物质基础。体育能促进学生的发育，增强体质，但学生的体质取决于营养、遗传、环境等因素，在增进学生的体质健康过程中，体育不起决定作用，但有一定积极作用。因此，体育教学应充分发挥体育增进健康的积极作用，重视学生体育锻炼，选择适当的体育教学内容，教授基本的运动技术，教会学生锻炼的方法，养成体育锻炼的习惯，进行健康教育，提升体育活动的吸引力，让学生保有体育锻炼的热情，增强学生身体的基本活动能力，促进身体的正常发育，在积极参与体育活动中保持健康的体魄；让学生认识到身体是一个人生活幸福与事业有成的重要基础和保证，"体强壮而后学问，道德之进修勇而收效远",只有身心健康的人,才能有精力担负起历史赋予的重任,成为国家的栋梁。没有好的身体,一切理想和抱负都只能是心有余而力不足,要珍惜生命中最本真的东西——健康,利用好体育这一增进健康最积极、最有效的方式。对于基础教育体育教学来说,培养学生的体育兴趣是基础中的基础,毛泽东一再强调,参加体育锻炼必须启发学生的自觉。"体育必自由动始""欲图体育之有效,非动其主观,促其对于体育之自觉不可"。而学生的自觉、兴趣又在于教师的善于启发和引导。必须"明白周详,知其所以然",让学生懂得"今不为,他日将无以谋生"的切身之理。只有在学生对体育有了兴趣的时候,运动技术技能的教学才能获得好的效果。没有兴趣做基础,体育教学的基本任务就难以完成。

体育教学的任务不只是锻炼身体,还有锻炼意志、培养团队精神等。健身是一种蓬勃向上的品质。身体的健康水平在很大程度上决定了我们心理的状态和质量。现代青少年普遍缺乏意志品质的培养和锻炼,体育运动能培养良好的心理素质:勇敢大胆,团结合作,竞争意识强,能吃苦,意志力强,乐观……这些素质是当今中国学生急需的。体育不是用文字、图画而是用身体这一特殊的语言表达着对世界的理解和表述。体育用身体语言叙述心灵、表达情感,运动者不一定自觉,然而身体是人直接的镜子,它反映的绝不只是肉体。身体健壮者表现出来的自信,在心理效应上具有优势。一个人有健美的身体,会给这个人增添魅力,令其在和他人互动时更活跃。体育运动不仅锻炼身体本身,同时还是一种社交,是任何其他活动不能替代的社交。体育参与者的勇敢精神、合作精神和竞争意识都是一个人进入社会后很重要的品质。

体育教学让学生参与体育只是"师傅领进门",而学生对体育的理解认识必须由学生在反复的身体活动实践中去体验和悟出,体验程度深浅就"修行在个人"了。学生参与体育活动的体验越丰富,对体育的解读就越丰富。每一次理解都是一次意义的生成(自主建构的过程),体育是从身体的角度把握和解释世界的一种方法,身体不只是肉身,还包括心灵,学生通过体育来思考生活,升华思想。学生参与体育活动时获得更多的精神享受,这种精神享受让学生自觉主动地选择体育作为贯穿其一生的一项活动,将体育锻炼生活化、长期化,体育最终成为一种生活方式。

(三)彰显教师智慧:拓展与开发教学内容

智慧是探寻真理和把理念与实际紧密结合起来恰如其分处理具体事物的聪明才智。教师不应是课程开发的"技师",而应是课程意义的理解者。"理解课程并非意味着最终明确地表征已经存在的等待适当的词汇描述的事物。"相反,理解课程意味着对经验及其推论性表征予以重新编制,以便我们能清晰地考察过去与现在，以及探讨这一考察将把我们引向何处。

体育教学内容是依据体育教学的目标选择出来、根据学生发展需要和教学条件进行加工的，在体育教学环境下传授给学生体育知识原理、运动技术和比赛方法等。体育教学内容与体育教材的意思基本相同。我国各地经济发展很不平衡，各地、各校的体育教学条件差距较大。国家实施的国家制定体育课程标准、地方指导、学校落实的三级课程管理政策给地方、学校留下了一定的空间，为教师、学校的发展提供保障。教师可根据自己的条件，结合自己的特点，从实际出发，创造性地选择教学内容，这样一方面可以激发学生的兴趣，培养学生的学习能力；另一方面，可凸显学校体育特色，这些内容的选择无不彰显着教师的教学智慧。

广选体育教学内容激发学生兴趣。教师在教学中不只是以全面执行教学大纲为前提，不随意增加教学内容的难度和深度，而是要根据学生达成学习目标的状况及时调整教学时数和进度。在教学内容选择时，以学生的发展为中心，应接近学生的生活世界，激发学生参与体育的兴趣，让学生在玩耍中、游戏中释放生命的活力，感受体育的魅力，在课堂以外的生活中也能积极参与体育。要让学生在参与体育锻炼、学习和掌握运动技能的过程中与人为善，尊重人、理解人、关心人、帮助人、爱护人，从而培养学生高尚的体育道德、公平的竞争精神、坚强的意志品质、良好的团队合作精神，引导学生树立正确的世界观，促进学生人格的完善和身心的全面和谐发展。在体育精神的引领下，主动自觉地参与体育运动。

优选教学内容培养学生学习能力。中小学体育只是一种特定获取体育知识的方式，是人接受体育的基础阶段，不可能将学生所需要的所有内容都教给学生，教给学生的只能是基础性的东西。培养学生终身参与体育的观念，在体育基本技能技术的教学中，要培养学生健身意识，教会学生健身的方法，使他们认识到体育的价值，离开学校后也能积极参与体育，将体育作为自己的一种社会生活方式。学体育的功夫在教学之外。

校本课程凸显学校体育特色。教学改革涉及的教学问题不仅是"怎么教"，还包括"教什么"以及"学什么"的问题。"课程资源是为设计课程和制订教学计划服务的各种可资利用的途径与方法，可分为目标资源、教学活动资源和组织教学活动资源三类。"校本课程开发需要各个学校深入调查，分析和研究本校体育发展的条件，制定自己的发展目标。教材不是唯一的课程资源，合理构建课程资源的结构与功能是时代发展的多样化需求。教师应把教材作为课程资源来使用，不是生搬硬套地教教材，而是根据自身实际情况创造性地教出个性化的风格与特点。

教师是课程开发的主要承担者、实际的操作者，在整个课程开发活动中处于核心地位。正如斯坦豪斯所言，"没有教师发展就没有课程开发"。这充分说明了教师是校本课程开发成败的关键因素。课程资源的开发与利用的过程可以超越狭义的教育内容，让师生的生活与经验进入教学过程，体育教师从内容的选择到组织实施是开阔教师的教育视野、转变教育观念、激发创造性智慧的过程，是教师在不断实施、不断反思基础上逐步修正完善的过程，是提高教师专业能力的过程；体育课程资源开发为在体育教学中融入时代因素提供了契机。体育教学中将学生喜闻乐见的体育活动引进课堂，激发学生参与体育的热情，改变学生在教学中被动接受知识的地位，使他们转变成知识的建构者，激发学生的学习积极性与主动性，学生个性得到张扬。我国是一个多民族国家，民族体育文化源远流长，每个民族都有丰富多彩的体育活动，且具有鲜明的民族性、传统性和地域性。体育教师可以选择具有民族、地域特点的本土化体育活动，使学校体育特色得以凸显。

（四）师生共同发展：教师善教与学生会学

师生关系是教学活动中的基本关系，不同的师生关系反映着不同的教学本质观和实践。以人为本教育理念下的师生关系是师生主体间的关系，在教学中要处理好师生关系，既重视教学过程中学生的主体地位，也不否定教师在教学中的主导作用。教师教的过程不只是教学生学会学习，也是教师自我成长的过程。学会教学就是教师和学生在交往中"教"指导、引导"学"，使学生从"不会学"到"会学"；"教"在"学"的丰富性和多样性中逐渐领悟"教"的真谛，从"不善教"到"善教"。学会教是从"教"指导学生学会学习的过程中生成，学会学是学会教的必然结果。"教学的本质是一种自我发现。教学的过程是学生发现自我的过程，同时是教师发现自我的过程。"学生学习也不只是知识与操作，更要关注人生，关注人生历程的建构，关注人生意义的实现。正是教育的这种关注使教学成为"艺术"，而不是"技术"。

凸显教师教的艺术，尊重学生的主体地位。体育教学是将历史上人类的体育精神内涵转化为当下生机勃勃的精神，并通过这一精神引导学生掌握知识和技术。唯物辩证法告诉我们，任何事物的实质性变化都取决于内因。外因只是变化的条件，内因才是变化的根据，外因通过内因起作用。在教学活动中，教师的活动属于外因，学生的自觉能动性属于内因。在教学中，教师教学必须以学生的心理发展为基础，才能有效促进学生心理的预期变化，教师的活动归根到底要通过学生的自觉能动性才能发挥作用。正如皮亚杰所认为的，"儿童是主动的学习者，真正的学习并不是由教师传授给儿童，而是出自儿童本身，应让儿童自发地和主动地进行学习"。因此，在教与学这对矛盾中，学生是主体，成功的教学在于能够充分地调动与发挥每个学生潜在的学习主体性，使他们乐学、好学。在教学实践上，要以实效大的各种身体和基本技能为主，引导和组织学生以主动学习与自觉锻炼为主，但不是让学生迷失在具体知识与操作之中，而是让学生从体育的角度去认识自己、认识社会、认识世界，发现人生的意义与价值，去实现生命的自我设计与建构。

　　传统的接受学习过于强调机械训练，学生的学习成了纯粹被动接受的过程，从而压抑了学生的兴趣和热情，忽略了学生的自主性，影响了学生思维和智力的发展。自主学习则是与传统的接受式学习相对应的一种现代化学习方式。它以学生作为学习的主体，通过学生独立地分析、探索、实践、质疑、创造等方法来实现学习目标，因而受到广大体育教师的重视。"主体性也就是指作为主体的规定性。它是人类通过自我创造而形成的一种本能。学生主体意识的强弱决定着其主体性的发展。""人的主体性发展实质上是指人的各种能力和力量的综合发展，它不仅包括人的理性因素，还包括各种非理性因素，即人格。"诚然，突出学生在课堂教学中的中心地位，并不是要教师把教学的舞台全都让给学生，甚至退出舞台当"观众"。在教育教学的过程中，学生主体性是指学生作为学习主体的质的规定性，是教育活动过程中作为主体的学生在教师引导下处理与外部世界的关系时所表现出来的功能特征，一般指学生的学习自主性、能动性以及创造性。在教学中，学生要真正成为主体，真正实现主体参与，关键因素就在于教师如何加以成功地引导，晓之以理，动之以情，教之以法，导之以行。"不称职的教师强迫学生接受真知，一个优秀的教师则教学生主动寻求真知。"教师专业的成长既需要外界社会的支持，又需要教师自身的积极努力。教师在追求教学艺术中实现教学的最佳效果。"'教学艺术'所关心的却是作为整体的教学的实际运作，针对教师在面对教学情景中不确定性做出决策时的自主性与创造性。"体育教师在教学中要有意识地挖掘体育教学中所蕴藏的艺术美因素，比如教师所表现的仪表美、语言美、动作美以及学生在学习过程中优美的动作、默契的配合，等等，让这些审美因素成为诱发学生学习体育知识、掌握体育技能的契机，使学生在审美感受中获得真知，学会正确的动作技能，使自身的各种动作正确而富有美的姿态。教师对职业的感受与态度、专业水平的发展和生命价值在课堂教学中得以体现。

第九章　我国体育教育改革创新与展望

第一节　体育教学的终身化

法国著名教育家保尔·朗格朗在他的代表作《终身教育引论》中提到，"如果将学校体育的作用看成无足轻重的事，不重视学校体育，那么，学生进入成年阶段后，体育活动就不存在了。如果把体育只看成学校这一段的事，那么，体育在教育中就变成了'插曲'"。这说明体育不单是学校的事，还是一个终身教育的过程。终身体育标志着社会文明的发展与进步，是人们对现代生活方式的一种追求，是人们追求健康长寿、提高生活质量的需求，更是全人类、全社会发展的共同需要。学校教育是整个教育体系的一个重要环节，应该担负培养学生树立终身不间断学习的态度和积极性的责任，学校体育不仅要让学生在校期间接受体育教育，更重要的是让学生养成运动习惯，培养学生的体育运动兴趣和终身体育意识。教育部在 2011 年 5 月 24 日发布的最新文件中提到，"决定在全国义务教育阶段学校实施'体育、艺术项目'，即通过学校组织的课内外体育、艺术教育的教学和活动，让每个学生至少学习掌握两项体育运动技能和一项艺术特长，为学生的终身发展奠定良好的基础。"毋庸置疑，这两项体育运动技能的掌握就是为学生的终身体育打基础的。一直以来，国家都很重视学校体育对学生终身体育观的培养，在最新的《体育与健康课程标准》中也多处提到对学生终身体育思想的培养，只是在基层学校具体实施时做得不到位。从小学开始，让学生根据自己的兴趣选择两项自己喜爱的体育项目，直到大学毕业，学生掌握两项以上的体育运动技能，可以为学生终身体育观的形成打下基础，对学生终身不间断进行体育锻炼也具有很大的促进作用。长期以来，我国中学体育教学受应试教育的影响，为考试而教学，学生基本处于"被动体育"状态，学生厌学情绪较严重。学校体育教学如何为终身体育打基础，学校体育如何与终身体育接轨，如何从终身体育角度分析我国学校体育教学的现状与改革的对策，这是学校体育领域一个非常具有实质意义的研究课题，也是终身体育要研究解决的一个基础性问题。因此，本节对于转变与更新体育教师的教学思想、教学方法与理念和学生的体育态度以及形成一整套始终贯穿"健康第一"、终身体育思想的改革和发展方案具有重要的理论与学术价值。

一、终身体育的概念

终身体育这一思想是立足于我国国民体育需求而提出的，不论是对于现行学校体育改革的内容，还是方法的选择，均产生了深远影响。终身体育思想的提出是学校体育改革的基础，对学校体育教学的改革与发展起到的作用不可低估。

我国知名体育学者陈琦曾经总结归纳了终身体育的几种观点：

其一，终身体育的核心是体育始终要贯穿人的一生，人在一生中积极主动地参加并接受体育的指导、教育。在此观念的影响下，对于指导人追求生活乐趣、提高生活质量起着至关重要的作用。

其二，终身体育是指人在学校体育过程中，接受体育锻炼身体的意识，接受体育教育，参加体育锻炼，进一步增进健康、增强体质，在此期间养成良好的锻炼习惯并掌握一定的体育知识和技能，同时能随着时代的变化而坚持学习体育知识。在此基础上，当人踏入社会后，仍能够坚实运用学校体育中所接受的观念和意识，利用体育知识和技能在自己的人生当中进行体育锻炼，是对学校体育的延续。

其三，终身体育是人在一生中并非必须经过学校体育，无论是接受过教育，还是未接受过教育，都会主动自觉地进行体育锻炼，强调的是人的自学、自愿、自我调控和自我评价进行终生锻炼。

其四，终身体育在意义上是有益于个人和社会的生活方式，是一个人从出生至死亡这整个过程中都会用到的。

其五，终身体育是在学会一种体育专长的基础上，进一步运用这种专长进行锻炼并终身受用不尽。

陈琦博士在对各种概念理解进行归纳总结的基础上，进一步对这一概念进行专家调查，最终得出"终身体育是指一个人终身主动接受体育指导、教育、参加体育锻炼。终身体育要求受教育者不仅在学校含学前家庭体育时接受体育教育、增强体质、增进健康，形成体育学习和锻炼的意识、习惯和能力，而且在毕业后仍能坚持体育学习和锻炼，并得以终身受益。"这种对终身体育的界定既从过程的视角阐明了终身体育的本质含义，又从学校体育与社会体育相衔接的观点讲明学校体育对社会体育的积极作用以及终身体育对学校体育改革的要求。

二、终身体育与学校体育的辩证关系

教育改革的不断深入推动着我国学校体育改革的不断前行，正确的、可持续的终身体育思想对学校体育教学改革意义非凡，同时对学校体育如何落实终身体育思想提供了思路。在学校体育进行改革的过程中，广大体育工作者对终身体育思想的认知尚存偏颇，以至于在实施过程中人们对如何理解终身体育和学校体育之间的关系还存在一定的争议。因此，正确地看待终身体育思想与学校体育教学的辩证关系将是必要的。学校体育一方面是终身体育的重要组成部分，另一方面，也是终身体育的基础，而终身体育是学校体育的延续和发展。

（一）学校体育终身体育以学校体育为手段和方法

学校体育首先是教育，是人们进行体育知识学习、体育锻炼实践的过程，在整个教育系统中的作用举足轻重，为人们进行终身体育锻炼打下了良好的基础，是终身体育的重要环节，是个体接受的体育教育中最为系统、最为规范的教育，它是培养个体终身体育意识、提高终身体育能力和形成"终身体育"思想的最重要时期。学校体育这一阶段是培养学生的体育锻炼意识以及体育锻炼习惯形成的一个最重要、最关键的时期。简单的体育锻炼技能在终身体育思想下对于学校体育来说已不是根本，重要的是让学生在学校能够树立终身体育意识，养成体育锻炼习惯，为以后进行终身体育锻炼打下良好的基础。在这一理念的指导下，学校体育只是放在终身体育当中的一个阶段性过程，学校体育在此阶段一方面是教会学生体育锻炼的技能、方法和知识；另一方面，是培养学生终身体育意识和习惯。学校是培养人才的基地，现代化的人才不仅需要有渊博的专业知识，还要有一个健康的体魄，体育教育恰恰是人形成健康体魄的最佳手段，所以体育教育是培养人才的基础，终身体育是建立在学校体育基础之上的。

（二）学生时期是奠定终身体育基础的最佳时光

学校体育教学在教学内容、教学目标、教学方法和手段以及教学组织形式等方面都会因终身体育思想的确立而发生改变，这对学校体育进一步促进学生身体发育、培养终身体育意识提出了要求，学校体育教学只是实施终身体育思想的一个阶段。其一，终身体育是学生通过体育活动，也就是在体育实践过程中丰富自己的体育知识，学会必要的体育锻炼技能来促进自身的正常生长发育、增强体质，打好体质健康基础；其二，学校体育是从根本上挖掘学生对体育运动的兴趣和爱好，进一步形成良好的体育锻炼习惯，促使体育活动成为学生生涯必要生活内容的重要手段；其三，终身体育指导思想下的学校体育注重的是体育锻炼意识及习惯的培养，但是，终身体育落到实处的是让学校体育通过重视学生自我健康、自我体育能力的培养，确保学生掌握体育的基本理论知识和锻炼方法，这对于培养学生"终身健康与终身体育"的能力和行为具有不可替代的作用。

学生上学阶段是一生中最美好的时光，尤其是在中学阶段，这一阶段是学生身体正常发育的关键时期，是学生终身体育意识树立和终身体育锻炼习惯培养的重要时期。体育教师在此阶段进行的体育教育将对学生的一生产生重要的影响，在此时期，如果体育教师的言传身教得体，教学内容切合实际，教授的锻炼方法科学得当，场地、器材充足，再加上同学之间良好的体育锻炼氛围，会使学生在无形中将终身体育锻炼的观念、体育锻炼的意识以及体育锻炼的习惯无意识地融入自己的生活理念当中。

（三）学校体育以终身体育思想为指导

1995年6月20日，由国务院发布的《全民健身计划纲要》中明确指出，全民健身计划的实施对象是全国人民，以青少年和儿童为重点，将增强人民体质作为最终目标。《全民健身计划纲要》的颁布和实施为我国全面推行终身体育打下了基础，也为学校体育改革和发展带来了机遇，同时指明了方向和任务。学校体育是终身体育的基础，尤其是中学体育，所以学校体育改革要以培养终身体育思想为中心，要对学生进行终身体育的教育，培养学生体育锻炼的意识、技能与习惯，进一步增强体质，陶冶情操，促进身心全面发展，最终使学校体育适应社会发展的需要。

（四）学校体育与终身体育相辅相成

学校是学生接受体育教育最重要的场所，学生在学校里形成的体育意识和习惯将会影响其一生。因此，学校体育是对终身体育思想的落实和延伸，终身体育则对学校体育的教学有着宏观上的调控，其不仅会对学生在校期间的学习生活产生重要影响，而且会对学生走向社会后的余暇生活和家庭生活产生很大影响。以终身体育思想来指导学校体育改革是学校体育得以延伸到社会的根本，是将学生体育和全民健身有效结合的体现。传统的体育教学思想最主要的目的是增强学生体质。而随着终身体育思想的渗入，随着体育本质功能的不断外显，学校体育势必要将体育教学的眼光放到社会，以终身体育为指导，以满足学生在离开学校以后的需要为体育教学根本，鼓励学生自觉参加体育活动，培养学生终身从事体育活动的习惯和能力，使体育融入生活、融入社会。学生正处于身心、世界观形成的关键期，接受良好的体育教育对于完善自我、形成终身体育观和树立全民健康意识有着积极的作用。因此，学生不但是将来社会体育、家庭体育、终身体育的倡导者、实践者、组织者和领导者，也是在校学生实施全民健身计划的第一代受益者和第二代推行者，当学生进入社会，转换角色以后，他们已形成体育的兴趣、爱好和习惯，终身体育的观念会随着他们的生活方式、行为习惯传播于社会，体现出向社会辐射的功能。

三、终身体育与学校体育教学

现如今，终身体育思想在学校体育教学中得到充分肯定。学校体育教育在目的上、体育教学的功能上以及树立学生体育价值观上都确立了终身体育思想指导的观念。这对引导学生形成正确的体育锻炼价值观、掌握体育锻炼的技能、养成体育锻炼的习惯、对体育锻炼进行认同以及把体育锻炼放在首位都起到了很好的指导作用。

体育锻炼习惯是终身体育思想的基础，"习惯成自然"，体育锻炼这一习惯的养成对参与者有意识或无意识地进行体育锻炼以及将体育锻炼作为一种生活内容都将是积极而不可或缺的，这也符合终身体育思想。

学校作为体育知识技能传授的地方，其实施的体育教育对培养学生养成体育锻炼习惯，形成一种稳固的、稳定的体育锻炼行为方式至关重要。中外教育史上很多有名的教育家都对习惯的培养教育非常重视。早在 17 世纪，英国教育家洛克在《教育漫话》一书中就明确指出，导师的重要工作之一就是使学生养成良好的习惯，并进一步提出，"事实上，一切教育都归为养成学生良好的习惯的论述"。他甚至还认为，"教育从简单方面说只需一句，就是养成良好的习惯"。不论是小学教师还是大学教授，其任务无外乎是帮助学生养成良好的习惯，并将这一行为视为财富，从而对学生的一生产生深远影响，使学生因此受益。在我国，著名教育家叶圣陶先生在《叶圣陶文集》一书中同样存在对培养学生良好习惯的论述，"养成良好的习惯，直到终生自由的程度，程度是一条规律"。通过国内外著名教育家对教育培养学生良好习惯的论述我们不难发现，学校教育对培养学生良好的习惯意义深远。学校体育是学校教育的组成部分之一，在终身体育思想指导下，学校体育的首要任务应是培养学生养成参加体育锻炼的习惯。

换言之，从终身体育的角度出发，学生的体育知识、技术和技能、身体和心理的发展都将是学校体育必须传授的，其中更为重要的是通过这些内容的传授以及学生在体育课程中的实践，学生逐渐掌握体育锻炼的方法以及在此基础上养成体育锻炼的习惯，这样能使学生终生进行体育锻炼并终身受益，这也是学校体育的根本职责和任务所在。学生体育锻炼习惯的形成是一个过程，是在意识培养和行为实践中不断加深的过程。从学校体育教育的受体，即学生发展的角度来看，学生在此过程中一是加强体育锻炼意识，二是掌握体育锻炼的技能和知识，更为重要的，学校体育要使学生在生理和心理上都有所收获。从社会发展的长远角度来看，学校体育对学生体育锻炼习惯的培养有助于促进体育的广泛普及与经常化，对进一步促进体育与社会的和谐起着重要的作用。综上所述，学校体育对学生体育锻炼习惯的培养，从实质上来看是实施《全民健身计划纲要》的一项奠基工程，而这也是学校体育教学的根本所在。

四、学校实施终身体育的作为

（一）培养学生终身体育观念和体育能力

学校体育教育思想上的变革是学校体育教学改革的首要工作，学校体育教育思想所强调的一方面是学生终身体育能力的培养，要求学生在校期间能够学到全面的体育知识与技能，同时能掌握 1～2 项突出的、热爱的、可以坚持终身的体育项目，在此基础上加强学生体育锻炼行为，进一步培养学生终身进行体育锻炼的态度和能力，形成正确的体育观和审美观；另一方面，在学生体育锻炼的独立性和自我评价性、自我设计性以及自我管理性等方面获得长足进步。

体育理论知识的传授应适当加深并拓宽，从而使学生在这一教育过程中对体育锻炼的意义和价值从理性上有充分的认识，这样有利于提高学生对体育锻炼的兴趣；强烈激发其内在动力，是培养学生体育锻炼习惯的有效途径。学生除了要掌握所学专业理论方面知识，诸如体育锻炼的原则、体育锻炼的方法以及体育保健等知识外，还需要掌握体育锻炼技能、体质测量与评价等方面的知识。这些理论知识的加强，一方面，激发了学生在体育锻炼方面的认识，并在此基础上产生了强烈的内在锻炼动机；另一方面，在自我锻炼能力的提高上以及自我健康状况和锻炼效果方面的评价上更为深入、全面和精确，并有助于进一步增强学生对体育锻炼的兴趣和信心。同时可以使学生不因生活条件或环境的变化抑或年龄的增长而改变自己的锻炼习惯，不论何时何地，都能够合理地调节体育锻炼的内容和运动强度。

（二）促使学生体育意识、兴趣及运动习惯的养成

体育兴趣和体育锻炼习惯是学生走上社会后自觉并坚持进行体育锻炼的关键。体育锻炼的本质是能够给人带来强烈的欢愉体验，非常有趣，很多内容能够吸引学生的目光并促使其参与其中。所以，学校体育教育在教学过程中应该摒弃一些传统的观念，如以运动技能为主，以身体素质提高为根本，围绕这一目标所采取的教学模式必然较为单一，教学过程必然公式化，训练对象必然成人化。为此，针对学生个体差异以及多样性的需要，结合趣味性较强的一些内容进行教学将是学校体育教学改革的必然。另外，学校体育教学在活动形式上也可以适当地灵活

多变。学校体育教学以学生能够掌握1～2种有专长技能的锻炼方法和身体娱乐的方法为手段，以体育锻炼兴趣培养以及体验体育运动乐趣为根本，使学生自发、自主、积极地从事体育锻炼。

多数人坚持参加体育锻炼的第一动因是其在学校体育过程中培养的体育锻炼兴趣以及养成的体育锻炼习惯。因此，体育教学大纲中将体育锻炼习惯养成作为学校体育教学的基本要求，意义深远。在学校体育教育期间，学校体育教师应该坚决地以此为终极目标，不论是在学生体育活动过程中的指导，还是对学生体育教学的组织，都应该围绕以吸引学生注意力、调动学生参与体育锻炼兴趣为根本，充分地调动学生体育锻炼的积极性，展示学生的运动才能，体验体育运动带来的乐趣，在此基础上激发学生对体育运动的喜爱。

步入21世纪，人们社会生活的内容和水平发生了巨大的变化，诸如健身、娱乐、休闲以及以兴趣为主的体育锻炼行为方式在人们的日常生活中变得不可或缺。因此，终身体育思想指导下的学校体育应该一方面结合社会盛行和普及的体育锻炼方法对学生进行体育教学内容传授，使他们具备相关的体育意识与锻炼方法，如开展比较广泛的太极拳、健身操、跳绳、轮滑、网球等活动内容；另一方面，在学校体育中开展职业实用性体育教育，为学生终身体育实践奠定基础。

综上所述，不论是从个体的角度看，还是从整个社会发展的需要看，终身体育都应该是不可或缺的。终身体育思想指导下的学校体育教学改革，一方面，从根本上巩固了学校体育的基础地位，明确了学校体育的教学目的，同时规范了体育教师的行为；另一方面，学校体育教学改革在体育课程内容、体育教学方法以及体育教学组织形式等方面产生了深远的影响。只有认真地探讨研究学校体育教育在内容、教法、组织、目的等方面的更新，才能树立终身体育教育观，而加强学校体育是终身体育思想的基础阶段。总的来说，终身体育思想是指导学校体育教学的重要动力来源，学校体育教学则是终身体育思想落实的主要手段和方法，二者相互促进、共同发展。

第二节　体育教学的休闲化

随着休闲教育的普及和发展，休闲体育教育思想逐渐走入人们的视野。休闲体育思想对高校体育教学也产生了巨大的影响，使高校体育教学向休闲化、娱乐化的方向发展。

一、休闲体育的概念及体育教学休闲化的构成体系

（一）休闲体育的概念

所谓休闲体育，是指人们在休闲时间里自愿参与、自主选择的，以身体参与为主要手段，以缓解压力、恢复体力、娱乐身心、调节情绪、强身健体为主要目的的一种健康科学的生活方式。休闲体育不是一种新的体育形式，休闲体育教育也不是一种新的体育教育形式，它们都是体育文化时代性的反映。尽管如此，休闲体育教育所具有的时代性依然在其教育的价值取向上表现出特殊性。也就是说，休闲体育教育理念的提出是具有时代性的体育教育价值取向的必然要求。休闲体育教育本身就包含了独特的教育价值取向的内涵，否则也就否定了休闲体育教育的时代性。

根据休闲体育定义的延伸，我们认为，体育教学休闲化是指体育教学的主体、客体和教学内容、教学方法、教学模式等均合乎体育教学的锻炼休闲目的，顺应大学生对休闲生活方式的追求，满足其缓解压力、转换心情、追求健康、增长知识、开阔视野、获取灵感、提高生命和生活质量、获取终身体育技能，达到全面发展等的休闲需求，促进学生主体自身的和谐、学校体育与社会的和谐、人与自然的和谐统一。

（二）体育教学休闲化的构成体系

1. 教学活动的内容突出运动项目休闲化

教学内容是教学活动的基本要素。体育教学休闲化在一定意义上也就是以"休闲运动项目"和"传统运动项目休闲化"为内容的体育教育活动。也就是说，要将休闲运动项目整合到教学内容体系之中。这种教学内容体系的整合既包含"竞技运动教材化"改造这一传统问题，又包含地方传统运动项目、新兴体育项目的引入，诸如心理拓展训练、紧急救护与逃生的身体活动技能、运动处方和锻炼处方、野外体育活动和时尚运动项目等。体育教学休闲化中的教学内容体系重建，相对来说是现行学校体育教材体系改造的重点和难点，我们应使之有效服务于学生身心健康和积极休闲方式的养成。

2. 教学过程突出休闲化的本质内涵

毛振明先生在《体育教学论》中也指出，"体育教学过程是体验运动乐趣的过程"，这种乐趣既是体育运动生命力的体现，也是体育教学的学习目标和内容。休闲化的体育教育过程并不是要超越一般意义上的体育教育过程，它要求在具体的

教学过程实施中突出休闲性和学生的乐趣体验。休闲体育是身体活动的较高阶段。它具有一些区别于传统意义上的体育运动的特征：它既不是以通过比赛追求成绩，也不以崇拜力量为目的；它既不要求遵守刻板的规则，也不要求有规律的强烈训练，而是通过非形式的、自发的体育活动追求身体放松和舒服。杰弗瑞·戈比在其著作中指出，要使教育更有休闲色彩，要"把它作为教育过程而不是教学内容的角度来理解""如果个体游戏（信息处理和刺激）的需要得到了考虑，学生的学习就有可能开始向自律的过程发展"。可见，"讲解、示范、练习、纠正错误动作、再练习"的传统教学过程已难以满足新时期大学生个性发展和健康追求的需要，体育教学休闲化是时代选择的必然。

3. 教学目标突出休闲习惯的养成

教学目标对体育课教学起到导向、调控和信息反馈作用，使教学目的明确化、培养学生能力具体化、教学评价科学化，有助于全面提高体育教学质量和完成高校体育教育目的和任务。从另一个方面来说，体育教学的核心目标是发展学生的身心素质，增强体质，增进健康，这是高校素质教育的重要内容之一。它符合社会的需要和学生主体的要求，是强国强民、振兴中华的重要举措和精神的呼唤。随着物质财富的丰富，体力劳动强度的降低，社会组织对个人社会约束的弱化，个人受教育水平的提高等，人们的休闲意识与日俱增，多元化的生活方式成为现代社会生活的一种常态。而多元化生活方式的选择，决定了人们休闲习惯的形成。无疑，休闲体育教育将在引导现代休闲生活方式的过程中发挥独特的作用。因此，大学体育要休闲化，教学目标更应突出休闲习惯的养成，休闲习惯在一定程度上决定着人们业余活动的内容、频率与持续的时间。

二、体育教学休闲化的发展

（一）休闲教育理论的发展历程

休闲理论思想源于西方社会国家，1 000 多年前，亚里士多德在他的《政治学》一书中指出，"休闲才是一切事物环绕的中心"。马克思认为，"休闲"一是指"用于娱乐和休息的余暇时间"，二是指"发展智力，在精神上掌握自由的时间"；是"非劳动时间"和"不被生产劳动所吸收的时间"，它包括"个人受教育的时间、发展智力的时间、履行社会职能的时间、进行社交活动的时间、自由运用体力和智力的时间"。虽然古代的思想家很早以前就对休闲提出了许多真知灼见，但真正把休闲放在学术层面加以考察和研究并形成学科体系是近一百年的事情。

我国对休闲的研究起步较晚，只有近几十年的历史。1983 年，我国著名经济学家于光远先生在他的《吃喝玩——生活与经济》一书中指出，"在中国的高等院校中没有一门研究游戏的课程，没有一门游戏专业，没有一个研究游戏的学者，这不是什么优点，而是弱点"。休闲理论思想一经提出，便受到人们的广泛关注，当前对于休闲教育学的研究出现了百花齐放的现象，国内诸多学者提出了不同的见解。休闲教育的提出不仅符合当今世界发展的新特点和新趋势，而且对于丰富当前教育体系带来新的机遇，提出新的挑战。

（二）高校体育教学休闲化的发展

1. 体育教学休闲化是时代发展的趋势

在休闲推动教育改革的同时，我国学校体育教育面临着休闲时代到来的巨大挑战。随着我国经济社会的发展，物质财富的增加，人民生活水平的不断提高，"普遍有闲的社会"已经到来，人们有时间享受体育休闲生活，然而学校的体育教育能否与休闲社会接轨成为当前应当解决的重大课题之一。纵观我国百年来学校体育发展的历史也可以看出，任何一种体育教育思想的提出都是特定历史背景下体育教育发展的必然。从"军国民体育思想""自然主义体育思想"到"快乐体育思想"都证实了社会发展大背景和学校体育思想、学校体育教育实践之间的必然联系。我国有学者指出，"传统体育教育是一种人类教化自然身体，使身体社会化的教育过程。当代体育教育是身体被规范化、编码化的'知识身体教育'过程，是一种泛机械化的教育过程。未来体育教育的发展趋向是发展身体、解放身体。休闲身体教育将取代知识身体教育"。

2. 休闲对学校体育教学目标的促进

突出休闲娱乐性质，把体育活动融入每个人的生活中去，是体育文化属性的回归。正是这种提倡文化属性的回归，使人们在培养学会做人、学会生活、学会学习、学会劳动，具备现代社会的适应能力和生存能力的教育目标的前提下，逐渐认识到，过去对体育课程的社会价值、工具价值过于偏重，违背了体育教育的本质属性，从而促进了学校体育教学目标的重新确立。罗素说："能否聪明地休闲是对文明的最终考验。"正如很多人认识到的那样，中国人现在所缺乏的不是休闲时间，而是休闲习惯和休闲文化。为此，学校体育教学目标应该从以下三个方面确立：第一，突出以实践活动为主的特征，把"增强学生健康"的目标落实到课堂及课堂以外的休闲体育活动中。第二，根据学校具体的物质条件设备和地方传统体育项目的特色以及学生的主体需要和不同学段学生身心发展的特征制定科学的体育教学目标。第三，结合时代的发展特征，发展学校体育的健身功能、教育功能和娱乐功能。确立以休闲资源、教导资源与社区体育相融合的教学目标。美国学者 CharlesK. Brightbill 指出，如果不能以一种整体的、文明的、有创造力的方式来享受新型的休闲，我们就根本不是生活。在我们现在的体育教学中，如果教学目标还只是停留在能否掌握技能，能否达到体质健康标准，甚至是参与课外运动的多少上，就与休闲时代要求的享受"生活"、追求健康的含义有较大的距离。为此，发展运动休闲教育将成为学校体育的一个重要内容。发展运动休闲教育，将会鼓励学生进行创造性的实践并学会指导如何以自己满意的方式来度过闲暇时光，从而为建立终身体育的意识和能力打下坚实的基础。学校应该尽早发展运动休闲体育，让学生真正自主地参与到学校和社区的休闲体育活动中来，帮助他们培养休闲运动技巧和休闲鉴赏能力，使运动休闲教育成为学生迈向终身体育的纽带和桥梁。

3. 体育教学休闲化在部分高校的各种尝试

据资料显示，深圳大学以俱乐部选项课和俱乐部活动课代替传统单一的专项技能课，专项选修讲求课内外一体化，学生可在场馆开放的任何时间参加学习和锻炼。广州大学倡导从情感入手，在发展体力的同时，进行知情意并重的人格教育，倡导以教师为主导、学生为主体和启发式的教法、发现式的学法；倡导学生主动地、愉快地学习。厦门大学的俱乐部制体育课是以校区的运动场馆为依托，由学生自选锻炼项目、自选锻炼时间、自选授课教师，是以俱乐部的组织形式将体育教学、课外体育、运动训练、群体竞赛等融为一体的体育教学模式。西安工程大学构建了学生"三自主"选课的体育俱乐部教学模式，设置了体育课、选修课及课外体育俱乐部三大块内容，开设了球类项目、操舞类项目、基本技能项目、武术搏击项目、户外运动项目、野外生存和体育保健课等共 19 个项目，基本上满足了学生不同的选课要求。山东大学体育教学采用"1＋6"的模式轮换教学，学生通过第一学期的学习，确立第二个学期的选项，第三、第四学期采用普通专项班和提高专项班相结合的办法，使学生的学习热情更高，兴趣更浓。华南理工大学设立了"体育俱乐部"，不仅满足了高年级体育爱好者健身的需求，培养了学生自身的创新意识和组织能力，更为部分特长学生提供了进一步提高技术素质的空间，为该校高水平运动队的建设储备了新生力量。合肥学院让学生成为各俱乐部会员，根据自身条件、运动基础对教学内容进行个性化选择；俱乐部课程教学不局限于传统体育课形式，其将晨练、训练、竞赛、活动都纳入教学范畴；在设计安排上，实现人性化，如根据冷热、早晚、季节以及气候变化灵活调整俱乐部活动时间，最大限度地融入学生日常生活，形成学生良好的健身习惯。

4. 体育教学休闲化呈现的特点

（1）教学观念——强调主体，追求健康，发展个性

其一，学生健康而全面发展成为首选。传统体育课程只关心学生的运动量，只重视学生反复地、机械地练习单一动作。现行体育课程的最高和最终目标不是

提高学生的运动技术水平，而是通过体育课程的教学，使学生的健康水平得到提高，并在各方面有所发展；其二，学生运动兴趣的培养是前提。体育教学休闲化将激发和保持学生的运动兴趣放在重要的地位。学生有了运动兴趣，才会经常参与体育锻炼，才能养成坚持体育锻炼的习惯，才能树立终身体育的意识，使体育成为自己生活中不可缺少的重要内容；其三，学生主体地位得到关注。强调以学生发展为中心，关注学生的心理感受和情感体验，使学生将体育学习和活动作为自己的内部需要，并产生强烈的求知欲望和探究意识，从而使学生课内学习体育的热情不断高涨，课外主动参与体育活动的积极性不断提高；其四，学生的不同需求得到满足。体育教学休闲化从教学内容的选择到教学评价的实施都充分关注学生之间的个体差异，不过分强调营造相互比较的氛围，不强调将学生分为不同等级，力求使每个学生的需要都得到满足，使每个学生都有进步和成功的体验，并在原有的基础上有所发展，从而提高每个学生进行体育学习和运动的自信心。

（2）教学内容——延续校本项目，引进新兴项目，革新传统项目

从部分高校已开展体育教学休闲化改革的情况看，教学内容是否适应终身锻炼要求，是否与社会接轨，是否符合"终身体育"思想是当前体育教学内容选择的三条原则。网球、羽毛球、乒乓球等项目尤其受到大学生的推崇和钟爱，这三个项目均属于小球类，运动量适中，运动方式优雅、灵巧；篮球、排球、足球等传统项目"改装"成街头篮球、三人制篮球、五人制足球、趣味排球等，仍然被大学生广泛地参与和喜爱；野外生存运动、跆拳道、极限运动、滑板和轮滑、溜冰和滑冰、有氧健美操、街舞、体育舞蹈、拉丁健身操、瑜伽等体育运动"新宠"正狂潮般涌入高校，并在体育运动的"休闲"风暴中逐渐走向主力军的位置；登山这一民族民间传统体育项目也跻身排行榜中，它是一种有氧运动，极其亲近大自然，学生在与天然山水的和谐相处中可以获得身体与心灵的自然回归，涤荡心胸。

（3）教学模式——转"教"为导，变"受"为"拿"，去"框"为"活"

近几年来，深圳大学已在学生中率先开展了俱乐部式体育教学，收到了良好的效果，受到了学生的普遍欢迎和教育主管部门、社会各界的一致好评。相比较，传统的体育教学模式框框太多，灵活性不够，不考虑学生的个体情况，要求规范统一，难以调动学生的兴趣；而俱乐部体育教学突破了传统模式，强调以人为本，完全按照学生兴趣分班，让学生各取所需。传统体育教育模式的另一个弊端就是课时太少，重理论传授轻实践锻炼；而俱乐部把课堂从课内延伸到了课外，锻炼时间明显增多，把"教授知识"变成了"学习指导"，学生体育锻炼不再盲目进行，健身效果显著增强。另外，各高校根据自身的不同特点，还采用了"三自主""三互动""三自治""三开放"模式，"选项课＋教学俱乐部＋选修课"体育教学

模式等。

三、休闲教育理念引进高校体育教学的意义

（一）促进学校体育指导思想的适应性转变

1999 年 6 月，第三次全国教育工作会议的召开与中共中央国务院《关于深化教育改革全面推进素质教育的决定》的颁布，极大地推动了学校教育的改革和发展，提出学校体育要树立"健康第一"的指导思想。2002 年 9 月试行颁布了新的《体育课程标准》。新《体育课程标准》突出了"健康第一"的指导思想，并确立"运动参与、运动技能、身体健康、心理健康与社会适应"五大教学目标。2002 年 8 月，教育部和国家体育总局下发了〔2002〕12 号文件，从 2002 年 9 月起在全国部分学校推行《学生体质健康标准》。2007 年 4 月 23 日，胡锦涛主持中央政治局会议，专门研究加强青少年体育工作。5 月 7 日，提出《中共中央国务院关于加强青少年体育增强青少年体质的意见》。尽管各种政策的出台从根本上引导着学校体育指导思想的良性发展，但学生体质健康下降趋势仍没有得到根本控制和改善，学生体育兴趣和需求仍没得到较大提升。席勒曾说："只有当人充分是人的时候，他才游戏；只有当人游戏的时候，他才完全是人。"而休闲体育所倡导的内容正是人本思想"回归自我"的最好阐释。马克思认为，"自由王国只是有必需和外在目的规定要做的劳动终止的地方才开始"，是在"真正物质生产领域的彼岸"。可见，休闲体育所倡导的身心健康与"健康第一"与体育基础教育改革总的指导思想和宗旨是一致的，在享受休闲时间的同时，充分发挥自己的一切兴趣、才能、创造性的思维空间，将会使人们在价值取向上达到人类生活的本质目的——全面自由发展。因此，贯彻素质教育和终身体育思想，全面落实"健康第一"和"求知创新"的体育教学思想，把体育与健康的知识融为一体，努力实现以"技术、技能"为中心向以"身心健康"为中心的教育思想的转变，是当前学校体育适应社会发展的趋势所在。

（二）促进健康观念的再认识

健康是人们永恒追求的主题。现阶段，我国的高校体育教育奉行的是"体质教育"。学校和教师都认为学生有好的体质可以直接为社会经济做贡献，因此他们的目标就是培养"体质好"的学生。而高校体育教学的休闲化使得我们必须重新认识健康的观念。

无论是在体力作为生产力重要组成部分的年代，还是劳动丧失对体力需求的

后工业化时代，甚至是社会和文明相对发达的现代，健康都是人们永恒追求的一个主题。但是，时代不同，人们对健康的理解和观念也不尽相同。面对休闲时代，我们有必要重新认识健康的观念，以顺利完成适应性的转变。一是从体质论到"三维健康"论。长期以来，由于怀着"强国强种"的民族情节，学校里执行的是"体质教育"。体育教师也以自己能铸造促进生产的"工具"而深感自豪。随着社会的发展和科学技术的进步，人们完全突破了原先的思维模式，对健康概念有了新的认识。美国学者奥林斯提出一种三维健康观，强调从生理、心理和社会三个方面来评价人的生命状态。1948 年世界卫生组织提出了一个明确和全面的定义："健康是指身体、心理和社会各方面都完美的状态而不仅是没有疾病和虚弱。"从而使健康的评价不仅基于医学生物学的范畴，而且扩大到心理和社会学的领域。二是《课程标准》维度的再扩展。在 2001 年出版的《体育（1～6 年级）、体育与健康（7～12 年级）课程标准》中，依据身体活动和健康两条主线索，将学习领域目标规定为运动参与目标、运动技能目标、身体健康目标、心理健康目标和社会适应目标五个维度，显然这是对 1993 年大纲中"三维化"（增强体质、传授"三基"、思想品德教育）目标体系的拓展和超越。但《课程标准》以"健康第一"为理念，仅把实现学生的健康作为体育课程的终极目标，而弱化了学校体育在教育方面的强身健体、文化传承、个性养成、愉悦身心和社会交往等其他功能。三是从个体健康到与环境的自主协调。对于学生来说，在传统强制性和半强制性学校体育教学模式下，追求个体的体质健康成为一种必然。然而，面对休闲时代的到来，人文精神将得到更广泛的认同，人们将更加关心自己与自然和谐的生活，将更加关注自己对社会环境的适应性和对社会环境适应的主动性。从这个意义上说，健康观念将被赋予更加丰富的内涵。

（三）促进大学生体育兴趣的个性化发展

大学生是一个承载社会、家庭高期望值和高关注度的特殊群体。随着社会的发展，大学生面临的社会环境、家庭环境和学校环境日益纷繁复杂，在学习、就业、经济和情感等方面的压力越来越大，这极大地影响着学生个性的发展。作为高校教育重要部分的体育教育，这些压力的存在直接影响着大学生体育兴趣的培养，这也是造成大学生身体素质下降的主要原因。

实施休闲化体育教学，学生自主选择感兴趣的运动。在没有传统"满堂灌""家长制"传授方法的禁锢中，休闲体育运动直接把学生从机械、单调的学习生活环境中解脱出来，使之进入一个没有压力、没有限制的自由空间，在这个空间内，个人通过与自然界的接触，通过与教师和同学伙伴的交流，通过完全由自己支配的各种自由性的身体运动，使积累下的疲劳感、疲倦感得以消除，使学生从学习的压抑感、枯燥感中摆脱出来，从日常学习生活的机械主义的思想和行为中解放出来，获得真正属于自己的个性发展空间。同时，由于休闲体育运动都是学生根据个人的爱好、习惯、意愿与体育生活价值标准自主选择的，所以能使学生建立一个适合、适应自己需要的闲暇体育生活模式和习得休闲技能。

（四）促进高校和谐安全校园的构建

构建安全和谐校园是高校发展的主题。高校要坚持"健康第一，以人为本"、服务学生的基本理念，要为广大高校师生创造一个美好的校园生活。实现休闲化体育教学，可以培养大学生"自律"的道德风貌，并在一定程度上消除大学生不良行为习惯。

构建和谐社会是党中央从全面建设小康社会，开创中国特色社会主义事业新局面的全局出发提出的一项重大任务，构建安全和谐校园则是当前和今后高校发展的主题。构建和谐校园反映了广大高校师生创造美好生活的共同愿望。作为和谐校园构成的重要主体——大学生，其健康观、人生观、价值观的形成对和谐校园的构建起着重要的作用。

实现休闲化体育教学。它的意义不仅表现在突破了教学活动的单纯传授形式，更重要的是体现在：一是改善了大学生之间的交流，并有助于调节大学生心情和自我感觉，缓解大学生的心理压力，预防"心理疾病"的产生，促进大学生的心理和谐，塑造大学生自尊自信、理性平和、积极向上的社会心态。二是休闲观念和休闲技能的建立，使平等主体之间在非功利性的场合中营造了娱乐、友好、真诚、愉悦和轻松的氛围。为人与人之间进行情感交流、增进了解、产生认同架起沟通的桥梁。三是培养了大学生"自律"的道德风貌，扫除了大学生不良行为习惯。随着科技的进步和社会的发展，计算机网络已成为当前大学生休闲的途径之一。不少大学生痴迷于网络游戏，大量的学习和闲暇时间被挤占，使科学健身观成为空谈。由通宵上网所带来的思想和健康问题已成为当前高校思想政治工作的主要难题，也是影响校园和谐发展的重要因素。要改变大学生不良行为习惯，关键在于大学生的"自律"，而不止于"他律"。只要做到"爱国守法，明礼诚信，团结友善，勤俭自强"，做到"发扬优点，正视缺点，并且敢于改正缺点"，做到"踏踏实实做事，堂堂正正做人"，就一定能展现校园新风貌，就一定能成为一个"德才兼备"的人，一个合格的大学生。

（五）促进校园体育文化的多元化发展

校园体育文化是校园文化和体育文化两者相互影响、融合、渗透、促进发展起来的，是在一定社会政治、经济、文化、教育、体育等条件依托下，由学校广大师生在实践过程中共同创造的体育精神和财富的总和。

全面实施校园体育文化建设是一项系统工程，它包括体育课程、运动竞赛、课外体育活动和对外体育交流等形式。要构建多元化的校园体育文化，就必须运用多种途径，全方位实施，从而充分发挥校园体育文化的综合效益。

实施休闲化体育教学，从精神层面来说，在学习中逐步养成一种现代生活休闲方式，将目标从过去单纯的休闲逐渐向提高人们健康素质的休闲过渡，把休闲的重心放在发挥休闲对身体健康有益的促进作用上来，以缓解紧张学习对人的生理和心理带来的各种不良影响。这种体育健康价值观正是校园体育文化的本质和核心。从制度、方法层面来说，休闲技能的培养、休闲化教学方法和教学模式的更新以及新兴时尚运动项目的设置等促进了学校体育教学、课余体育活动、体育科学研究、体育竞赛、体育协会、体育交流等全方位制度、方法的确立；从物质层面来说，实施休闲化体育教学，能促使体育教学部门挖掘和开发校本教材，合理开发利用场馆、场地和器材，最大限度地发挥它们的利用效率。特别是师资队伍方面，由于新兴时尚体育项目的引进和休闲技能等方面的要求，促使教师不断吸纳新技术，不断优化新的教学方法，个人的综合素质不断得到提高。因此，实施休闲化体育教学对校园体育文化的多元化发展起着积极的推动和促进作用。

实施休闲化体育教学，在学习中逐步养成一种现代生活休闲方式，把休闲的重心放在对身体健康有益的促进作用上来，以缓解紧张学习对人的生理和心理带来的各种不良影响。

（六）促进体育教学模式的不断科学创新

体育教学模式是指在一定的体育教学理论指导下，围绕体育教学目标所形成的相对稳定的教学程序及其实施的简要描述。它含有稳定而简明的教学结构理论框架和具体的教学活动程序及方式。在当前政治经济和社会文化不断前进的驱使下，在广大人民群众健康观念和休闲方式的革新下，为适应社会的需求，全国各个高校在体育教学模式上都进行了不同程度的摸索和创新，不断突破传统的教学模式。

当前较有代表性的教学模式如体验各种运动乐趣的快乐体育教学模式；通过学生互帮互学来提高学生的学习主动性和学习质量的团体体育教学模式；通过学习运动原理掌握灵活的运动学习方法来提高体育教学"智育"因素的发现式教学模式；通过学生个人的努力或与同伴进行协作，克服困难，完成任务，促进学生体育合作与竞争意识双重发展的合作竞争教学模式。尤其是体育俱乐部教学模式，具有优越性和先进性，它让学生参与组织教学和管理工作，在教学指导思想方面注重培养学生的体育兴趣和提高学生的体育能力。它的优越性在于能够较好地发挥学生学习的主观能动性，兼顾学生的兴趣爱好，调动学生学习的自觉性和积极性，有利于保持体育教学与课余体育活动的连贯性和统一性，把体育教学过程延伸到高等教育的全过程。从发展趋势来看，俱乐部型体育教学模式必将成为今后我国高校体育教学的主要模式。不论高校采取何种体育教学模式，它的指导思想还是坚持健康第一，以学生发展为中心，充分发挥学生的特长，充分张扬学生的个性，体现学生的主体地位，这是高校体育教学模式不断科学创新的不竭动力所在。

四、高校体育教学休闲化需要处理的几个关系

高校体育教学休闲化需要正确处理多方面的关系：第一，是"逼迫"和"引导"的关系。在我国传统体育教学中，非常重视教师的领导功能和组织功能，教师的主导作用被变形地得到强化，而且以抹杀学生的主体作用为代价。也就是说，倡导的是"逼迫"性的学习。现阶段的大学生大多是"独生子女"，逆反心理很强，如果"逼迫"他们学习体育，只会造成他们对体育的反感。因此，在体育教学中，既要发挥教师的主导作用，又要充分发挥学生的主体作用，教师起到"引导"作用，充当学生学习的引路人。第二，是课内休闲和课外休闲的关系。体育课课内与课外是缺一不可的整体，它们相互联系，相互补充。课内外一体化可使教学目标完美结合与统一。课外体育活动是课内体育活动的延伸，与生活相结合、与社会相结合、与家庭相结合，不断地培养学生的体育技能，锻炼学生的身体，愉悦学生的身心，使学生能够向着更好的方面发展。因此，两者都不能缺少，但要有所偏重。

五、促进高校体育教学休闲化发展的策略

促进高校体育教学休闲化的发展，主要从以下几个方面入手：第一，推广休闲体育理念。要让学生了解休闲体育的时代意义，使得他们能够引领休闲体育潮流。第二，强化运动休闲技能。要加强教师对新兴项目的技能培训，加强院校间特色项目、教学经验之间的交流，强化教师的运动休闲技能。对于学生则要根据其爱好、能力和特征，加强运动休闲技能形成的指导工作。第三，拓展人文体育教育的内容。应根据学校的实际情况和学生个体差异，尽可能开设学生感兴趣、乐于接受的体育项目，最大限度地满足个性与群体和社会发展的需要，让学生在体育中享受身体活动乐趣，培养强烈的生存意识。第四，加强校园文化管理。良好的学校体育文化环境会带给人一种无形的力量，激发起人们对体育运动的欲望。

优良的体育文化环境可以潜移默化地改变学生的生活方式，有助于弘扬传统体育文化，发扬爱国主义精神。高校应从本校的实际情况出发，建设具有学校特色的体育文化环境。学校领导者要把学校各部门组织起来，制定相应的制度，进行科学管理。第五，树立学生的主体发展意识。传统的教育模式扼制了大部分学生学习的积极主动性，过分强调教师的主体地位，而忽视了学生主动性的发挥。高校体育教学必须确立学生的主体地位，促进其发展主体意识，使其自愿、主动地去学习、去运动、去发展。

休闲体育所倡导的走进自然、娱乐身心、放松心情、释放个性是人本思想"回归自我"的最好阐释，也是阳光体育运动开展所倡导的。高校体育教学的休闲化在促进高校学生的健康发展中发挥着更为重要的作用。我们要正确地处理"逼迫"和"引导"的关系，正确地处理课内休闲和课外休闲的关系，推广休闲体育理念，强化运动休闲技能，拓展人文体育教育的内容，加强校园文化管理，更好地为休闲体育的发展服务。

第三节 体育教学的人性化

随着我国社会经济的不断发展以及生产力水平的提高，我国高校教育也得到发展。在当前的高校教育中，占有重要地位的一个教育思想就是人性化思想，而且教育部门也明确指出，高校体育教学应该向多元化发展，在人性化的教学理念的指导下进行课程设置、教学目标的明确以及教学方法的应用等，这不仅是为了提高高校体育教学的效率和质量，促进学生全面发展，也是高校体育教学改革的发展趋势。

"以人为本"推进人性化的现代教育理念，培养和造就全面发展的高素质人才是教育改革发展的必然趋势。《中共中央国务院关于深化教育改革全面推进素质教育的决定》指出，"改革人才培养模式，积极实行启发式教学，激发学生独立思考和创新的意识，切实提高教学质量，要让学生感受、理解知识产生的过程，培养学生的科学精神和创新思维习惯，重视培养学生收集处理信息的能力、分析和解决问题的能力、语言文字表达能力及团结协作和社会活动能力"。这表明教育的核心就是充分发挥学生的潜能，发现学生本身的价值，通过文化的传递、融合和创新，使个体社会化，引导完善人格的构建与发展，最终达到整个社会的和谐发展，充分体现了以学生为中心的人性化的现代教育理念。高校体育作为高等教育的重要组成部分，也应在教学改革中贯彻实施这一思想。

一、人性化体育教学的内涵

所谓人性，就是人独有的本性。所谓人性化，就是指让技术和人的关系协调，让技术的发展围绕人的需要来展开。人性化教育就是对人性的尊重、关怀的教育，就是以人性为出发点的教育，即教育的内容、方法、态度、理念及体制等均建立在合乎人的本性基础上，并按照人性的特点进行设计，教育的实施符合人性的成长规律，以促进人的全面和谐发展。而人性化体育教学是根据人性化教育的思想，将体育教学的内容、方法、态度、理念、模式等建立在合乎人性的基础上，按照人性的成长规律实施的体育教学活动。

人性化教育是一种以人为本，从人的根本属性出发，将人的内在需求、人的主动精神、人的个性化发展视为崇高目的的教育理念，这种内向型的、软性的弘扬人性和崇尚人性的教育对促进人的全面发展，提升生命的质量有着积极的意义。人性化的体育教学是指在整个体育教学过程中，充分注重人性要素，以充分挖掘人的潜能为目的，在体育课课程设置、教学过程、评价方法等环节摆脱传统的"灌输式"教学方式，坚持以学生为中心，营造平等、温馨、和谐的教学氛围，根据不同体质和体能，将学生的自由、尊严及终极价值联系起来，让学生在教学过程中实现各种能力、各项素质的提升，促进学生的全面发展。

二、新《纲要》的人性化

（一）彰显人性化教育思想

《国家中长期教育改革和发展纲要（2010—2020）》（以下简称"新《纲要》"）中的课程目标涵盖"运动参与、运动技能、身体健康、心理健康、社会适应"五个领域的内容，并且设立了基本目标与发展目标。从理论上看，它充分关注了学生的健康成长和全面发展，满足了人的自然属性需求和社会属性需求，体现了"以人为本"的时代理念，彰显了人性化教育思想。

（二）构建人性化教学平台

新《纲要》中规定，"面向全体学生开设多种类型的体育课程，可以打破原有的系别、班级建制，重新组合上课，以满足不同层次、不同水平、不同兴趣学生的需要"及"在教师的指导下，学生应具有自主选择学习内容、自主选择任课教师、自主选择上课时间的自由度，营造生动、活泼、主动的学习氛围"等。这种教学方式不仅尊重学生的兴趣爱好，正视学生的个体差异，还避免了传统体育课教学内容的繁杂、片面、重复，同时有利于学生自觉主动地掌握所需课程完整的理论知识、技术、技能，提高运用能力，确保学生在校期间掌握1～2项能用来作为终身锻炼的体育项目。按学生的选择，打破原有的系别、班级建制，重新组合上课的新型授课形式有利于优化教师资源，在教学中充分发挥教师的专业特长，以及构建实施人性化体育教学的平台。

（三）明确体育教学改革的方向

新《纲要》中，针对师生关系提出重建"民主化的师生关系"，旨在提倡师生在教学过程中要形成一个相互交流、相互理解、相互启发、相互补充的"学习共同体"。在教学方法上倡导开放式、探究式教学，加强对学生学习方法和练习方法的指导，提高学生自学、自练的能力，让学生不仅掌握知识，还掌握如何获得知识的方法，努力提高学生参与的积极性，最大限度地发挥学生的创造性。在教学过程上，打破传统的"重结论，轻过程"的观念。所谓教学的结论，是教学所要达到的目的；所谓教学的过程，是指获得结论而必须经历的程序。新《纲要》所构想的教学过程应是以学生为主体去探究知识和方法的过程。所以，教师与学生的角色定位、教学的方式方法、教学的过程与目的等都体现了以学生为中心的教学改革方向。

三、高校体育人性化改革的思路

（一）教学内容设计人性化

1. 树立"健康第一"理念，优选课程内容

大学阶段的体育是体质、素质和技能的教育，其主要任务是增进青年学生的身心健康和熟练地掌握多种科学锻炼身体的方法。因此，教学内容选择与设计应淡化以往的以竞技体育为中心的教材内容，注重从健身性、娱乐性、终身性、全民性、实用性、主动性和学生的可接受性方面加以充分考虑，除了对体育教学大纲所规定的一系列技能方面的教材进行节选、优化、创新外，还可将时尚体育（如健美操、拉丁舞、搏击操、现代舞、街舞、体育舞蹈、形体舞等）、实用体育（游泳、攀岩、野外生存技能、自卫防身术等）和传统体育项目（武术、太极拳、舞龙、舞狮、腰鼓、珍珠球、曲棍球、毽球等）作为选修的课程，以扩展教学内容，在让学生的好奇心和求知欲达到满足的同时，逐步树立"健康第一"理念，为学生的学习、工作以及终身体育打下一个良好的基础。

2. 以学生为中心，实现由标准化共性的教育向个体化教育发展

传统的体育教学大都是：教师按照自己的意图设计和组织课程内容，教师怎样说，学生就怎样做，学生被视为被动接受知识和技能的"容器"与再现知识和技能的"反映器"，处于被动的客体位置。"健康第一"人性化的体育教学理念则要求尊重学生的主体地位，在教师的指导下，不同性别、不同体质、不同运动能力水平和不同兴趣爱好的学生可以根据自己的实际情况选择适合自己并感兴趣的项目进行学习和锻炼，同时让学生参与所选项目教学计划的制订，使学生成为教学课程设计的积极参与者，发挥学生的学习潜能和训练学生团队协作的精神，提高学生对体育知识和技能的学习与掌握能力，并积极影响学生的人格和创新能力的发展，使标准化共性的教育向个体化教育发展。

（二）教学过程人性化

1. 优化体育设施和场所配置

子曰："工欲善其事，必先利其器。"高校应加大在体育硬件上的投入力度，以满足日益增多的生源对相应配套设施的需求，在体育器材、设施和场所设计、安排和配置上，应从人的心理和人体工效学的角度出发，在安全、卫生、视觉效果（如教学场所的光线、颜色等）方面多做考虑，让学生在学习中感受人与运动浑然一体的人性化体育教学环境。

2. 创设民主、宽松、和谐的教学氛围

美国心理学家罗杰说过，"创建良好的教学氛围是保证教学进行的主要条件，而这种良好的氛围正是以良好的师生关系为基础的"。教学过程是师生之间知识交替和情感交流的过程。因此教师在角色定位中必须坚持平等和尊严的人性化基本要求，摆脱中国传统文化中教师至上的"师道尊严"和"先贤"观念的影响，对学生多一点人情味，少一些冷漠感，避免"求全""求齐""求速"心理，杜绝粗暴训斥，应常用商讨、建议和肯定的方式去引导学生，达到以情动人、以情育人的效果，使体育教学的课堂充满民主气氛，变权威教学为共同探讨，让学生感受到教师的关爱，在快乐中学习体育技能和知识，同时享受体育学习所带来的心理愉悦和健美体魂，逐步使学生形成"快乐体育"和"终身体育"理念，从而达到体育教育"健身育人""健康第一"的目标，真正实现"人性化"体育教学目标。

3. 改善教学方法

高校体育的教学模式应由教师的主导性向学生的主体性转变，可以让学生参与教学计划的制订，使学生成为教学过程设计的积极参与者，充分发挥学生的主体作用，遵循"因人施教"和"因材施教"的策略，即根据学生、项目和锻炼目的的不同来选择适当的教学手段和方法，做到个别教学与集体教学兼顾，体现个性化和多样

化。在传授知识的同时，关注学生的发展和能力的提升，变注入式教学为启发式教学，激励表扬法、情境法、发现法、启发法、尝试法、合作法综合运用和相互配合，不断更新体育教师的知识领域，多通过多媒体展示体育的美和运动的奥妙，从而使抽象的概念外化、物化，减轻学生认知上的困难，激发学生的体育动机和学习兴趣，调动其自身的模仿与创造潜力，根据教师的指点与启发，使学生在学习中发现问题，在探究中提高能力，在实践中不断创新，从而由单纯的"育体""练身"向同时达成"启智、求知、调心、育人"的教学目标扩展。

（三）学生成绩评估体系人性化

1. 过程评估与终结性评价相结合

传统的教学评估是以一个项目、一个标准、一次考试见分晓的终结性评定方式，检查学生对知识的记忆、技能的掌握程度，把考试分数作为衡量学生等级的标准，这虽然在一定程度上对学生的身体素质有促进作用，但无法评定学生成长中学习态度、勤奋刻苦的程度、实践创新能力、心理素质与学习情绪等因素。人性化的评估体系不仅关注学生体育学习结果，更关注学生在学习过程中的变化和发展，强调评价的诊断功能和促进功能，在学生学习的过程中，随时进行各方面的评价，以便随时发现问题并加以反馈和改善，使学生在比较中体验自己的进步，最终再在学期末对学生各方面的发展做一个终结性评价，这既保证了评价结果的可信性和有效性，又调动和激发了其内在学习的积极性。

2. 评估结果个性化

传统的教学评估是采用一刀切的标准，其反映的结果更大程度上代表了被测试者的先天素质，无法准确反映被测试者努力锻炼后的提高程度，从而造成先天素质好的成绩优秀、先天素质差的成绩差的现象。人性化的教学评估体系是充分考虑不同学生的个体差异，将学生本身作为考察参照系，既考虑学生在实际测试中的量化成绩，也重视学生在体育学习中的进步幅度和努力求知程度，让每个学生都能得到符合实际的评价，并让学生通过纵向的评估数据（自我）和横向的评估数据（同学间）看到不同时间段自己的进步曲线以及与其他学生间存在的差距，从而对自己的能力有更正确的认识和评价，认识自己的潜能，促进自我发展与实现，真正体会到体育学习的目的和作用，享受体育健身的乐趣，并最终树立终身体育意识。

3. 注重学生评价中的主体地位

传统的教学评估均由任课教师单独完成。人性化的教学评估体系可以考虑导入多维度的评估模式，即考核成绩由被考核人的自评、学生间互评和任课教师的综合评定三个方面组成。在评估过程中充分尊重学生的价值判断，充分发挥学生的自我想象和创造力，让学生通过对评估过程的参与，有意识地构建学生是学习的主人、是发展中的主体等观念，提升学生的社会主体地位与意识。

四、人性化视野下高校体育教学获得的改革成果

（一）教学思想和观念中都贯穿了人性化思想

我国已正式步入体育教学的新时代，而且随着人们越来越关注锻炼和全面发展，人们的锻炼意识和需求都在不断增强，这也使得高校健康的个性化教育理念应运而生，同时该理论在教育发展过程中丰富了我国的教学理念，并从多元化和多角度审视当前高校体育教育，进而使高校体育教学更加人性化，而且其是站在学生的利益角度考虑问题，进而让学生学到符合他们需求的体育教学知识。

（二）体育教学的方式更合理

随着我国高校课程的不断调整和完善，我国教学改革获得了进一步进展，并且逐渐形成很多不同的教学模式，如分层式教学模式、并列式分层模式等，而且各高校会根据自身的特色和需要建立适合自身发展和改革的教学模式，并使其成为特色教学。正是这样的理念让高校的教育工作者们更加致力于教学方法的创新，而且加强了体育教师对现代化教学手段的应用，进而提高了学生对体育学习的兴趣和积极性，从而逐步提升了体育教学的效率和质量。

（三）体育课程更加科学丰富

在人性化教学理念的指导下，各大高校也积极开设特色体育课程，这些课程在数量和类别上都有很大发展，例如，各大高校在传统体育课程上也进行了改变，除了体操、健美操、排球、足球、篮球以及乒乓球等项目外，还增设了网球、瑜伽和街舞等具有时尚气息的项目。这些不仅是为学生锻炼身体、学习体育创设动机，还是基于学生需求和兴趣的课程内容，让体育课程设置变得更加人性化。

五、高校体育改革在人性化视野下的展望

（一）高校体育改革的发展趋势

随着国家的日益富强，社会文明的不断进步，人作为社会最基本、最重要的元素，将越来越受到尊重，"以人为本"的教学思想将不断深入，高校体育教学改

革将向着从理论研究到与实际运用并举，从理念的形成向理念的贯彻过渡，从教学模式的建立探讨到人性化教学模式的推广深入。人性化的教学是高校体育教学改革的必然趋势，是切实实施素质教育的有效保障，是真正促进学生全面发展的必要手段。

（二）高校体育改革的发展模式

在"三自主"的平台基础上，从一体制、两段式、三段式教学到五三教学模式，可以看出，高校教学模式越来越丰富，并在实践运用中不断优化；随着课程资源的不断开发，高校开设的体育课程的数量将越来越多，内容所涉及的范围将越来越广，人性化理念将越来越强，同时校级课程设置将越来越贴近学生的需要，更加理性化；随着课程资源的优化，校际间将形成区域资源共享，为学生提供最大限度的课程资源和学习机会。随着以人为本的人性化教学模式的推广、理念的不断更新，高校体育课的实践创新研究将越来越多，高校体育教学的空间将由传统的固定场地走向自然，学习时间由课堂向课外延伸，学习的形式将更加多样。

（三）高校体育改革的发展策略

1. 教学理念的转变

教师作为实施教育的主导者，必须有服务意识，有教育人性化的理念，只有这样，才能在具体的教学环节改进提高。加强高校体育教师职后的学习，在正确理解教师主导地位的同时，提倡师生平等，共同探讨"教与学"平等的观念，加强与学生的沟通与交流，在教学的各个环节充分考虑学生的当下需求与发展需求，以进行教学改革与实践活动。正确理解"以人为本"的指导思想，在教学过程中尊重学生，理性引导，不能从形式上满足却在实质上放纵，如有的学校开设棋类课程，部分学生为逃避身体活动而选择这类课程，这反而违背了体育教育的基本原则，与新《纲要》的思想背道而驰。以获取学分、逃避身体练习为目的来选择课程是曲解人性化的教学理念。

2. 评价体系的完善

建立科学全面的体育课程考核评价体系是高校体育改革的保障。体育课程成绩的评价体系是影响学生学习态度、学习结果及教师教学中选择内容及方法运用的风向标。体育课程评价从课程教学目标出发，导入人性化理念，重视对学生的学习态度、学习过程与学习进步幅度、学习方式等进行多角度、多视野综合评价；充分尊重个体差异，通过综合评价体系促进学生学习与锻炼的自信心和能动性，从而主动地、有效地学习，形成良好的体育锻炼习惯，磨炼出勇敢顽强的意志品质，为人性化高校体育教学提供保障。

3. 教学方法的优化

在当前的各大高校中，体育教学的方式和方法越来越丰富，并且在实际的运用过程中也能对其进行优化，同时高中体育课程资源也得到不断开发。这不仅增加了体育课程的数量，还增强了课程内容和人性化理念等方面的运用和贯穿；而且为了让更多学生喜欢上体育学习，体育课程都是根据学生的需求进行设置的，多站在学生的角度进行教学的安排、补充和调整，因而使得体育课程更符合学生的发展需要，这更加体现了体育教学的人性比。

4. 教学氛围的创设

人性化体育教学应从硬环境和软环境着手。合理利用现有各种教学资源，充分调配场地器材设施，不断改善教学硬环境。软件环境的人性化需要借助教师的理念认识，通过具体的教学环节实施达到人性化教学。加强与学生的交流沟通，倡导师生平等互动，既要从教的角度来设置课程、安排教学内容，又要从学生学的角度加以调整和补充，不断创新和完善教学模式。鼓励从多角度、多层面进行教学创新与实践研究，科学有效地为学生提供平等、融洽、宽松的学习软环境，全面营造人性化的教学氛围。

参 考 文 献

[1] 季浏，胡增荦. 体育教育展望 [M]. 上海：华东师范大学出版社，2001：12.

[2] 李瑾瑜. 课程改革与教师角色转换 [M]. 北京：中国人事出版社，2002.

[3] 李秉德. 教学论 [M]. 北京：人民教育出版社，2001.

[4] 毛振明. 体育教学论 [M]. 北京：高等教育出版社，2005.

[5] 朱慕菊. 走进新课程——与课程实施者对话 [M]. 北京：北京师范大学出版社，2002.

[6] 毛振明. 体育教学论 [M]. 北京：高等教育出版社，2005.

[7] 奚从清. 角色论：个人与社会的互动 [M]. 杭州：浙江大学出版社，2010.

[8] 王策三. 教学论稿 [M]. 北京：人民教育出版社，1985.

[9] 吴康宁. 教育社会学 [M]. 北京：人民教育出版社，1997.

[10] 张立昌，郝文武. 教学哲学 [M]. 北京：中国社会科学出版社，2011.

[11] 迈克·富兰. 变革的力量——透视教育改革 [M]. 北京：教育科学出版社，2000.

[12] 黄甫全. 课程与教学论 [M]. 北京：高等教育出版社，2002.

[13] 季浏. 体育课程与教学论 [M]. 桂林：广西师范大学出版社，2005.

[14] 周登嵩. 学校体育教学探索 [M]. 北京：人民体育出版社，2000.

[15] 深化学校体育教学改革研究课题组. 深化学校体育教学改革的研究 [M]. 北京：人民教育出版社，1999.

[16] 唐炎，宋会君. 体育教师教育论 [M]. 重庆：西南师范大学出版社，2006.

[17] 钟启泉. 课程与教学概论 [M]. 上海：华东师范大学出版社，2003.

[18] 钟启泉. 基础教育课程改革纲要（试行）解读 [M]. 上海：华东师范大学出版社，2002.

[19] 张天雪，等. 基础教育改革论纲 [M]. 重庆：重庆大学出版社，2008.

[20] 钱源伟. 基础教育改革研究 [M]. 上海：上海科技教育出版社：2003.

[21] 张天宝. 新课程与课堂教学改革 [M]. 北京：人民教育出版社，2003.

结　语

　　体育教学改革是一个由现实向理想化转变的过程，是动态发展的。推进体育教学改革既有社会发展的外部动力，也有教师发展的内在动力，要清晰理解体育教学改革的内在张力是教师。教学改革总是在一定理论指导下的科学行动，体育教学理论的发展应关注当代，在继承发展中回应时代学科的需求；立足本土，在批判借鉴中吸收融合不同视角；走向实践，在改革实践中提升凝练理论体系；形成具有自己特色的学科理论以指导体育教学改革实践；教学改革要取得更大的成功，必须是从观念到行动的转变，而行动的执行者是教师，教师是改革的关键。教学存在的具体方式无论是教师教什么和学生学什么，还是教师怎样教和学生怎样学，都包含教师的教学行动。在体育教学实践中，教师应坚定以人为本的教育理念，坚守教育理想，彰显教学智慧，在指导学生学会学的过程中更加善教，推动自己的专业成长，与学生在体育教学中共同体验生命的价值。

　　回顾改革开放以来学校体育教学改革发展的历史，我国体育教学形成许多优良的教学传统，如讲究课堂组织的严密性，追求适度的练习密度和运动负荷，重视教学的系统性和计划性，发展体能与掌握运动技能相结合，重视运动能力和运动技能的考核，重视学生的思想道德的培养，注重对学生进行意志品质的磨炼教育，等等，这些都应该在今后的基础教育体育教学中继承和发扬，并且随着社会的发展，不断推动基础教育体育教学的发展。

　　关心学生的成长应是每一位教师应有的情怀，无论教什么学科，人自身的发展都是根本。体育教学给学生参与体育、理解体育、感悟体育精神、展示自我、发现自我、发展自我提供了一个特殊的时空场所。学生自身是学习的能动体、创造体和自由的选择体，是自我教育和自我发展的绝对主体。"教育的过程是让受教育者在实践中自我练习、自我学习和成长，而实践的特性是自由游戏和不断尝试。""体育课则以学生身体素质的锻炼以及身体的健美来表现自我生命。"学生上体育课，应是学生"自己"的，而不是"外在"于学生；应是"肯定"学生的，而不是"否定"学生的；学生应是感到"幸福"的，而不是感到"不幸"的；学生应是"自愿"的，而不是"被迫"的；不是为了满足自上而下的他人的需要，而是人自身生命自由发展的需要。让学生上体育课真正成为一种愉悦的享受、灵魂的升华、对生命的敬畏、对人生意义的深思，是我们每一位体育教师的职责。培养学生的体育意识和理解能力，要以学生的社会生活经验为起点，再经过参与、体验。体育教师在教学中要努力营造一个宽松宜人的环境，选择学生喜爱的体育教学内容，激发学生对体育的兴趣，让学生热爱体育、参与体育，在不同的运动项目中享受生命的欢乐，在体育锻炼中增强体质，开启人性，滋养精神，以良好的心态去面对未来的挑战。体育课给学生打下健康身体的"底子"，让学生在律动中感受生命的价值，对生活充满热情，发挥体育教学在学生成长过程中其他学科不可替代的教学教育作用。因此，对于广大从事体育教育的工作者来说，深化基础教育体育教学改革和体育教师理念改革仍旧任重而道远。